民法学の展開

前田達明著

民法研究 第二巻

成 文 堂

はしがき
——本書の構成——

一　本書は三部構成となっている。
第一部「方法篇」においては、「法」の方法論を展開している。具体的には、裁判における「法」の運用についての方法論を展開している。すなわち、裁判は、「法」を大前提とし、「事実」を小前提とし、「法律効果」を結論とする三段論法によって行なわれる。裁判において、この大前提たる「法」について最も重要な方法論は、その「解釈」方法論である。というのは、「法解釈」とは、当該「法」の適用範囲の確定だからである。そこで**第一章「法解釈への提言」**においては、このテーマについて問題提起をし、**第二章「法の解釈について」**において、それを進展させ、**第三章「法解釈について」**において、前田達明の現在の到達点を提示した（したがって、本書においては、法曹時報掲載後の進展にもとづいて加筆修正を行なっている）。すなわち、前述のように、法解釈が裁判（憲法第七六条第三項）の一作業であるから、各法解釈は手続法的にも法的根拠を持たねばならず、また次元の異なった法解釈方法を適切に区別すべきことを主張した。

次に、小前提たる「事実」における最も重要な方法論は、「要件事実」の「主張責任」と「立証責任」の分配である。というのは、この「分配」、特に後者の「分配」は、訴訟進行をリードする、といわれているからである。

ここにおいて、この三つの用語は、法典には存在しない用語（なお、民事訴訟法第二五三条第一項第二号）ではあるが、これらも、裁判作業に関係する重要な法律用語であるから、その手続法的な法的根拠が不可欠であることは、周知のところである（要件事実は憲法第七六条第三項、主張責任は憲法第一三条、立証責任は憲法第三二条に、法的根拠を有する）。そこで、**第四章「主張責任と立証責任について」**において、主張責任と立証責任の法的根拠は異なるのであるから、両責任の所在は原則として一致するまたは一致しなければならないという通説的見解は、支持し得ないことを主張した。

二　第二部「歴史篇」においては、「法」の史的変遷論を展開している。それは、「法」も、また歴史的産物であることに立脚して、現代法解釈の基礎として歴史的考察を行なったものである。正に「温故知新」の実践である。**第一章「『神学大全』と民法学」**においては、私法原理のうちで最も重要な「意思原理」が、トマス・アクィナスによって集大成された中世神学に、その起源を有することを論証したものである。**第二章「パンデクテン体系における『家族法』について」**においては、家族の法すなわち「親族法」と、その経済的基盤たる「家産」の継承法たる「相続法」が、財産法から分離精製されていくプロセスを、その歴史的背景から考察したものである。**第三章「民法から観た英米法史管見」**においては、第二次大戦後、英米法が日本私法に大きな影響を与えたことは周知のところであるが、実は、日本民法典立法時においても、英米法は大きな影響を与えた（穂積陳重はイギリスに留学していた）。そのことに鑑み、英米法の歴史的変遷を概観したものである。
三　第三部「解釈篇」においては、日本民法における具体的解釈論を展開している。**第一章「医療契約について」**においては、一般に医療契約は「準委任契約」であるといわれているが、いま少し深く医療契約の法的構成について考察したものである。**第二章「誤振込の法律関係」**においては、判例研究を基礎として、**振込制度の法的構造**を解明した。**第三章「医師の転送義務」**においては、判例研究を基礎として、過失の実体法的訴訟法的意義を考察したものである。さらに、不作為不法行為の因果関係についての窪田充見氏の批判と誤振込についての森田宏樹氏の批判に対する反論を付加した。**第四章「権利侵害と違法性」**においては、違法性概念成立を概観し、過失違法二元論と過失一元論に対する批判を展開した。**第五章「違法一元論について」**においては、違法一元論を擁護するとともに、他説に対する批判を展開した。**第六章「詐害行為取消権について」**においては、佐藤岩昭氏の批判に対して、立法者は、詐害行為取消訴訟は債務者を共同被告とする必要的共同訴訟を予定していたことを論証した。

四　学問研究の発展のためには、相互の論争が不可欠であることは、いうまでもないことであり（ジュリスト六五五号一九七八年二四一頁）、本書を読まれた諸賢におかれては、是非、前田達明の考えに対して厳しい御高批を賜ることを大いに期待している（平井宜雄『法律学基礎論の研究』二〇一〇年（有斐閣）二六〇頁参照）。

五　学問研究は、これまでの先輩、同輩、後輩の研究から得た数多くの知識を融合させて、研究成果を開花させるものである。その意味で、本書は、**第一部第四章**、**第三部第一章**、**第二章**、**第三章**の他は、全て、京都大学在職中に得た数多くの知識を、同志社大学法科大学院の講義の中で融合させ、開花させた研究成果である。したがって、本書が成るについては、京都大学法学部と同志社大学法科大学院に心から感謝の意を表するものである。
さらに、本書作成にあたっては、関西学院大学法学部教授原田剛氏に多大の御助力を賜った。同氏の御助力がなければ、この時期に、このような形で本書は成らなかったであろう。衷心より御礼を申し上げる次第である。

また、いつものことながら、かかる純学術的著書の出版を御快諾下さった成文堂社長阿部耕一氏、出版に御尽力いただいた同取締役土子三男氏と同編集部飯村晃弘氏に深甚なる感謝の念を表するものである。
最後に、二〇〇九（平成二一）年五月一四日に逝った私の母美知子と二〇一一年（平成二三）年一一月二九日に逝った妻の母美知子に、万感の想いを籠めて、本書を捧げる。

二〇一二（平成二四）年一月三〇日
二〇〇四（平成一六）年に一〇八才で逝った
祖母石谷阿さ乃の祥月命日に

前田達明

目次

第一部　方法篇

第一章　法解釈への提言

――民法学において――

一　本稿の目的と構成

1　法解釈の方法論については、古来より、国の内外において、議論が進められているが、未だに、一応の決着をみていない。その原因は、種々、考えられるが、その一つに、そこで使われる用語について、多くの場合に、共通の認識がない、ということが挙げられる。例えば、「拡大解釈」と「類推解釈」という用語は同じなのか異なるのか[1]、といったことが挙げられる。
そこで、本稿は、法解釈方法論争の〝交通整理〟の意味で、そのような用語について、一定の提案を行なおう、とするものである。そして、それらは、いずれも、これまでの内外の学者の主張してきたところのものであり、特に、多くの示唆を受けた著作は、Larenz, Methodenlehre der Rechtswissenschaft, 3. Aufl., 1974、「法の解釈」法哲学年報一九五四年、来栖三郎「法の解釈における制定法の意義」法学協会雑誌七三巻二号一九五六年一二一頁（『来栖三郎著作集Ⅰ』二〇〇四年（信山社）九一頁所収）、石田穣『法解釈学の方法』一九七六年（青林書院）、磯村哲編『現代法学講義』一九七八年（有斐閣）、星野英一「民法の解釈をめぐる論争についての中間的覚書」『四宮和大先生古稀記念論集（民法・信託法理論の展開）』一九八六年（弘文堂）（『民法論集第七巻』一九八九年（有斐閣）七三頁所収）、同「民法の解釈のしかたとその背景」法学教室九五号、九七号（一九八八年）（『民法論集第八巻』一九九六年（有斐閣））、山本敬三「現代社会におけるリベラリズムと私的自治―私法関係における憲法原理の衝突（一）（二）」法学論叢一三三巻一九九三年四号一頁、五号一頁、広中俊雄『民法解釈方法に関する十二講』一九九七年（有斐閣）、であることを付言しておく。
2　右のように、〝交通整理〟という意味で、本稿の構成は、まず、二つのテーマに区別される。その第一は、法解釈は〝べき〟という「価値判断」であるから、その「価値判断」の基準を明らかにする必要がある。これを、法解釈の「実質的側面」と名付ける。第二に、そのような価値判断を現実の法文解釈に実現する〝技術〟が問題となる。これを、法解釈の「形式的側面」と名付ける。これは、さらに、「法文内の解釈」と「法文外の解釈」に区別するのが、理解を容易にするであろう。

二　法解釈の実質的側面

1　まず、法文解釈とは、どのような作業であるのか。それは、当該法文の適用範囲の確定である（石田穣・前掲書一五頁）。例えば、「桃中軒雲右衛門事件」（大判大正三年七月四日刑録二〇輯一三六〇頁）では、大審院は、民法第七〇九条の「権利」を、〝文字通り〟に解釈して、本件では、著作「権」を侵害していないとして、本件は民法第七〇九条の適用範囲外の事件であるとした。他方、「大学湯事件」（大判大正一四年一一月二八日民集四巻六七〇頁）では、大審院は、民法第七〇九条の「権利」を、厳密な意味で権利といえなくても「法律上保護される利益」を意味すると解釈して、本件は民法第七〇九条の適用範囲内の事件であるとした（もっとも、本稿における「法解釈の形式的側面」からみて、このような「大学湯事件」の解釈には疑問がある）。
2　合憲性の基準。そのような法解釈の実質的側面、すなわち価値基準は何か、ということになると、まず、第一に挙げられるべきは、憲法第七六条第三項、同第八一条から、その法解釈が、憲法の定める価値基準に合致していることが要請される。民法の解釈においては、その解釈が、特に基本権すなわち自由権と平等権さらに財産権という価値基準に違反していないか、が問題となろう。
自由権との関係でいえば、例えば、最高裁判所は、民法第七二三条の「名誉を回復するのに適当な処分」として、新聞紙に謝罪広告を掲載することが、被告に「屈辱的若しくは苦役的労苦を科し、又は被告の有する倫理的な意思、良心の自由を侵害することを要求するものとは解せられない」から、憲法第一九条の定める価値基準に違反しないとした（最大判昭和三一年七月四日民集一〇巻七号七八五頁。藤田八郎裁判官と垂水克己裁判官は、憲法第一九条違反として反対意見を述べている）。

ここで、確認しておくべきことは、法文の解釈とは別に、適用される法文自体が憲法の価値基準に合致しているか否かの問題がある。例えば、民法第七八七条但書の規定が憲法第一三条（幸福追求権＝自由権）や憲法第一四条（平等権）に違反しない（最大判昭和三〇年七月二〇日民集九巻九号一一二二頁）とか、民法第七六二条第一項が憲法第二四条（平等権）に違反しない（最大判昭和三六年九月六日民集一五巻八号二〇四七頁）とか、民法第七七二条、同第七七四条、同第七七五条、同第七七七条は憲法第一三条、同第一四条に違反しない（最判昭和五五年三月二七日判例時報九七〇号一五一頁）とか、民法第九〇〇条第四号但書前段は憲法第一四条に違反しない（最大判平成七年七月五日民集四九巻七号一七八九頁）とか、民法第七三三条は憲法第一四条に違反しない（最判平成七年一二月五日判例時報一五六三号八一頁）とか、あるいは旧借地法第四条第一項（現借地借家法第五条、同第六条）は憲法第二九条（財産権）に違反しない（最大判昭和三七年六月六日民集一六巻七号一二六五頁）といった場合である。

同様のことは、民法第九〇条（公序良俗違反）を通じて、契約規範（法律行為規範）[2]の条文の合憲性が問題となる。

例えば、女子の定年年齢を男子のそれより低く定めた「就業規則」は、「専ら女子であることのみを理由として差別したことに帰着するものであり、性別のみによる不合理な差別を定めたものとして民法九〇条の規定により無効であると解するのが相当である（憲法一四条一項、民法一条の二参照）」とした（最判昭和五六年三月二四日民集三五巻二号三〇〇頁）とか、あるいは「労働者には、自らの団結権を行使するために労働組合を選択する自由があり、またユニオン・ショップ協定を締結している労働組合（以下「締結組合」という。）の団結権と同様、同協定を締結していない他の労働組合の団結権も等しく尊重されるべきであるから、ユニオン・ショップ協定によって、労働者に対し、解雇の威嚇の下に特定の労働組合への加入を強制することは、それが労働者の組合選択の自由及び他の労働組合の団結権を侵害する場合には許されないものというべきである。したがって、ユニオン・ショップ協定のうち、締結組合以外の他の労働組合に加入している者及び締結組合から脱退し又は除名されたが、他の労働組合に加入し又は新たな労働組合を結成した者について使用者の解雇義務を定める部分は、右の観点からして、民法第九〇条の規定により、これを無効と解すべきである（憲法二八条参照）」とした（最判平成元年一二月一四日民集四三巻一二号二〇五一頁）といったことなどが挙げられる。

3　立法者意思という基準。憲法第四一条が、国会が「国の唯一の立法機関である」、と定めているところから明らかなように、法文とは、国会すなわち立法者の意思を国民に向かって伝達する手段である。したがって、法解釈においては、この法文をもって、立法者が何を国民に伝達しようとしたかの「意味」を解明しなければならない。すなわち、立法者意思という価値基準が、法解釈の第二の基準ということになる。

このような立法者意思説に対して、「言明を発した者の心理と言明の客観的内容の峻別」という「疎外論」を基礎として、「労働の生産物たる言明化された知識は、必ずや生産者とは独立した存在として、自ら成長し、あるいは生産者の期待を妨げ、あるいはその者の思いも及ばなかった結果をもたらす」ものである、という理由で、「認識論のレヴェルから、立法者意思説が退けられるべき」である、という批判がある（平井宜雄「立法者意思説と法律意思説」時の法令一四〇〇号一九九一年四頁）。確かに、発せられた言語が発信者の意思とは、別の意味で受けとられることは、否定できない。しかし、殆んどの場合は、おおむね一致するものであって、殆んどの契約が予定通りに正常に履行されているのが、その証左といえよう。百歩譲って、右の認識論が正しいとしても、立法者意思説は、そのような「事実」を問題としているのではなく、当該法文の適用範囲については、まず、可及的に立法者の意思を探究し、可能な限り、その意思通りに適用範囲を確定「すべき」であるという「規範」を問題としているのである。すなわち、前述のように、憲法第四一条が「国会は…国の唯一の立法機関である」と定め、同第七六条第三項が「すべて裁判官は、…この憲法及び法律にのみ拘束される」と定めていることからの当然の法的帰結なのである。すなわち、立法者たる国会の意思（立法者意思）に従って、裁判官は当該法文の適用範囲を確定しなければならない、というのが憲法上の要請である。さらに、「武器としての有用性に基づいて用いられる言明について『疎外』を根絶することは不可能であろう。自己に有益だと思って主張した法律論が逆に不利に働く場合のあることは、法律家が日常経験するところであ」り、「経験的にも、立法者意思説が採られるべきでない」という批判（平井宜雄・同五頁）も、同様に、「経験的」にそうであるからという「事実」の問題から「規範」の問題である立法者意思説を批判することは、次元の異なるところであって、妥当でない。さらに、敢えて、いうならば、右のような「事実」は例外事例であり、それを原則として論ずることは妥当でない、と考える。
4　法の目的あるいは趣旨という価値基準。第三番目に、当該法文の立法目的が基準として挙げられる。それは、ときに、法体系全体との調和、といった仕方で説明されることもあるが、典型例としては、近時の立法においては、割賦販売法第一条（昭和三六（一九六一）年）、特定商取引に関する法律第一条（昭和五一（一九七六）年）、住宅の品質確保の促進等に関する法律第一条（平成一一（一九九九）年）や消費者契約法第一条（平成一二（二〇〇〇）年）などが、その法律の目的あるいは趣旨を規定しており、これは、法文内あるいは法文外の解釈の基準とすべきであろう。ただ、注意すべきは、この基準は、しばしば、主として法の「空白」を埋めるために、立法者でない解釈者個人の価値判断を忍び込ませる危険性があるということである。したがって、立法者意思基準をもってする解釈を「主観的解釈」、法の目的ないし趣旨を基準とする解釈を「客観的解釈」（目的論的解釈）と呼ぶが、実は、この「目的論的解釈」こそが、解釈者の「主観的解釈」となる危険性を有しているのである（いわゆる「利益衡量論」）。したがって、法の目的や趣旨も、主として、この法文の立法者が、現在の具体的事件の解決のためにならば、どのような価値判断をしたかを、先の立法者意思説から推測するという方法が採用されるべきであろう。
5　第四番目の基準は、「歴史的解釈」というものである。すなわち、この基準は、法の意味内容を立法資（史）料から、まず明らかにし（この点は立法者意思説と同じである）、加えて、立法時の社会的諸条件の解明により、その条文の適用範囲（「射程距離」ともいう。）を確定し、その射程距離外は、「法の空白（欠缺）」部分として、後述の論理解釈を利用して、その「空白」を補充していく、というものである。したがって、これによれば、制定時の字句・文章の意味、制定時における全法体系との理論的・体系的関連及び制定時における趣旨・目的を問題とし（広中俊雄・前掲書八頁）、加えて制定時の社会状況と〝現在〟の社会状況との比較を行なうことになる。そこで、先述の「大学湯事件」についてみれば、民法第七〇九条の立法時（明治二八（一八九五）年頃）と大正一三（一九二四）年の判決時を比較すれば、判決時には、日清戦争、日露戦争、第一次世界大戦に勝利し、国際連盟の五常任理事国の一つとなり、領土も四一八万平方キロメートルから六七五万平方キロメートルに拡大し、正に、欧米に追いつき追い越せの目的を、形としては、達成し、しかも、昭和大恐慌（昭和四（一九二九）年）も、まだ発生しておらず、正に〝大正デモクラシーの時代〟ということになる。そこで、この時代の大きな変化から見て、制定時の「権利侵害」要件は〝時代遅れ〟として、「権利侵害」でない場合でも、不法行為による救済を必要とする社会的要請があった、ということになる。そこで、この「歴史的解釈」からすれば、「大学湯事件」は「法の空白」の事件で、民法第七〇九条の外における救済（類推解釈）ということになる（広中俊雄・前掲書一〇頁）[3]。

6　以上の実質的側面においては、それぞれの優先順位は、右の順番になる、と考えるべきであろう。第一の合憲性の基準は、憲法第八一条から、最も優先させるべき価値基準ということになる。次に、立法者意思基準は、憲法第四一条、同第七六条第三項から第二番目の価値基準ということになる。さらに、法の目的ないし趣旨という基準は、ときに「法の空白」部分を埋める基準でもあり、立法者意思基準に準ずるものという意味で、第三番目の価値基準ということになる。最後に「歴史的解釈」という基準は、専ら「法の空白」部分を埋める基準であり、後述のように、立法者意思から最も遠く、民法第一条や同第一条の二（平成一六（二〇〇四）年法律第一四七号によって、第二条となった）などを通じて、適用される価値基準であるから、前三者に劣後するものといえよう。

なお、これは「優先順位」であって、法解釈の「順番」ではないことを付言しておく。

三　法解釈の形式的側面

1　法文内の解釈

(1)　文理（文言）解釈とは、法文に用いられている字句の意味と文法に従って、その法文の意味を解明することであり、正に〝文字通り〟の解釈と呼ばれるものである。それでは、その「意味」とは何か。前述のように、憲法第四一条から明らかなように、法文とは国会すなわち立法者の意思を国民に向かって伝達する手段である。したがって、文理解釈とは、当該法文をもって立法者が何を国民に伝達しようとしたかの「意味」を明らかにすることである。それは、丁度、「古文」の解釈に似ている。例えば、国文学者が「源氏物語」の注釈を行なって、紫式部が何を読者に伝えようとしたかを可能な限り探究するのに似ている。(4) したがって、国会の議事録、委員会での議事録、さらに現実に起草にあたった法制審議会での議論（法典調査会民法議事速記録など。以下「速記録」にて引用）、あるいは起草にあたった人々の解説書などが手懸かりとなる。例えば、民法第七〇九条の「権利侵害」が如何なる意味かは、帝国議会では、何ら議論されずに、原案通りに承認されているので、その起草会議である「法典調査会」における議論が「立法者意思」となる。すなわち、起草者は、諸外国法典において漠然とした書き方になっているが、帰するところは生命とか財産とか名誉とか何か法が権利と認めたものの侵害でなければ不法行為債権は発生しないと論じ（速記録四〇巻一四七丁裏以下）、その権利は、財産権に限らず、生命、身体、名誉、自由（速記録四〇巻一五四丁裏）、債権（速記録四〇巻一五七丁表）など非常に広い概念である（速記録四〇巻一五五丁表）と説明している。しかし、起草者は、この要件を絶対的なものと考えていたので、横田国臣委員が、旧民法典より狭くて、救済から漏れるものが出て遺憾であるとし、「故意又ハ過失ニ因リ他人ニ損害ヲ加ヘタル者ハ其賠償ノ責ニ任ス」というのがよいのでないか、と問うたのに対して、穂積陳重委員は、〝とにかく、権利侵害という事だけの事実が通例としてありませぬと、誠に其境がありませぬのでありまして、幾か社会に住んでいる以上は、他人に損害を及ぼすということが度々あることでありますから、其境だけは存して置いて貰いたいと思います〟と答え（速記録四〇巻一七三丁表以下）、この不法行為規定は、既存の権利を保護するものであって、新たな権利を創造するものでないと論じている（速記録四〇巻一七七丁表以下）。そして、その損害の発生はあるが、権利侵害のない場合として、ある人から「並の救助」を受けていた書生が、その人の負傷失職によって救助を得られなくなったという場合に、書生への救助は（恩恵的なもので）権利義務でないから、書生は加害者に対して損害賠償請求できないとか（速記録四〇巻一六四丁表以下）、造る義務はないが、自己の土地防御のために築いた「掻上げ堤」を除去したところ、反射的利益を得ていた下流の土地所有者が損害を受けた場合などがあげられている（速記録四〇巻一八〇丁表以下）。

さらに、現行民法典が、ボワソナアド民法典（「既成法典」、いわゆる旧民法典）の改正法典であることに鑑みれば、ボワソナアド民法典の立法資（史）料も「立法者意思」探究の重要な手懸かりであり、その上、それがフランス民法典を模範としたことに鑑みれば、フランス民法典研究（特に、ボワソナアド時代のフランス民法典の解釈状況）が不可欠となり、くわえて、現行民法典が、ドイツ民法典草案その他の法典や判例を参照して起草されたことに鑑みれば、それらの研究も「立法者意思」の確定に不可欠といえよう。

さらに、立法者が特に「意味」を解説せずに用いている用語については、第一に、法律用語として、法律家の間における周知の意味を付与されているものと考えてよいであろう。この場合は、法学辞典や他の条文（例えば「準占有」の意味。民法第二〇五条）などが手懸かりとなるであろう。例えば、民法第七〇九条において、「権利」については、特に解説なしに議論されているが、これなどは、法学辞典によって容易に明らかとなろう。第二に、それは、まったくの一般用語として、法学辞典などにも載っていない場合には、国語辞典などによって、その意味を解明すべきであろう。例えば、民法第七〇九条の「よって」とは、『広辞苑（第六版）』二〇〇八年二九〇六頁によれば、「そういうわけで、そのために」という意味が解説されており、「理由を述べた文から、結論を述べる文に続ける場合に用いる語」（『新装改訂新潮国語辞典』一九八二年二〇五九頁）ということになる。すなわち「故意又は過失」が「理由（原因）」で「他人の権利又は法律上保護される利益を侵害」が「結論（結果）」であり「故意又は過失によって他人の権利又は法律上保護される利益を侵害」が「理由（原因）」となって「生じた損害」が「結論（結果）」ということになる。

以上のように「文理解釈」が「立法者意思」の解明である、とすれば、それは、法文の文言についての現在の社会通念などによる理解とは離れたものとなることがある。すなわち、法文内においても、「すきま」（四宮和夫＝能見善久『民法総則　第八版』二〇一〇年（弘文堂）「はしがき〔初版序〕」）、すなわち、法の「空白」が出来る。そこで、これを埋めるべく、法文内においても「論理解釈」の作業が必要となる。
(2)　論理解釈とは、論理の力を借りて、その法文の適用範囲を確定することである。それは、法文内解釈において、次の二種類がある。すなわち、拡大（拡張）解釈と縮小解釈（目的論的制限解釈）である。
①拡大（拡張）解釈とは、文理解釈によって確定された当該法文の「意味」を拡げる解釈である。それは、法文

に用いられた言語の外延は、立法者意思を超えることが一般であることから可能となる解釈である（一般人の予測可能性）。例えば、民法第七一一条の「子」については、血縁関係があって戸籍上も「子」として記載されている者（民法第七七二条、同第七七九条。戸籍法第四九条）と、血縁関係はないが戸籍上に「養子」として記載されている者（民法第八〇九条。「特別養子」は勿論。戸籍法第六六条、同第六八条の二）が、それにあたることは、文理解釈上、問題ないであろう。それでは、血縁関係はあるが未認知の「子」は、どうであろうか（大判昭和七年一〇月六日民集一一巻二〇二三頁は否定。福岡地飯塚支判昭和三四年一〇月三〇日下民集一〇巻一〇号二二九二頁は肯定。東京高判昭和三六年七月五日高裁民集一四巻五号三〇九頁は肯定。神戸地伊丹支判昭和四六年四月一二日判例タイムズ二六七号三四四頁は肯定）。さらに、血縁関係はないが嫡出子として戸籍上は記載されいてる〝子〟はどうであろうか（最判昭和五〇年四月八日民集二九巻四号四〇一頁は、この法律上は「子」でない〝藁の上からの養子〟について肯定）。これらの「子」は、自然科学上さらに社会通念上は「子」という用語の中に入れても不自然ではない。もし、これらの「子」についても、具体的事件において、民法第七一一条を〝適用〟して慰謝料請求を認めるとすれば、これを「拡大解釈」と名付ける。なお、同様のことは、民法第七八七条の「子」の解釈において、夫の死後に、妻（元妻）（民法第七三三条第一項）が、凍結保存された夫の精子を用いて、人工授精し出産した場合、自然科学的には父である者に対して、その「子」は認知の訴えができるかが問題となっている。第一審は否定したが（松山地判平成一五年一一月一二日判例時報一八四〇号八五頁）、第二審はこれを肯定した（高松高判平成一六年七月一六日判例時報一八六八号六九頁）。したがって、第二審は、民法第七八七条を「拡大解釈」した、ということになる。
②縮小解釈（目的論的制限解釈）とは、文理解釈によって確定された当該法文の「意味」を狭く解することである。すなわち、「適用範囲」を縮小することである。例えば、民法第一七七条の「第三者」の範囲を「正当な利益

を有する第三者」と解する（大連判明治四一年一二月一五日民録一四輯一二七六頁）などが、その例で、これは、当該法文の「目的あるいは趣旨」によって、縮小して解釈する故に、「目的論的制限解釈（Teleologische Reduktion）」とよばれるものである（Larenz, a. a. O., S 377ff.）。

2　法文外における解釈

(1)　類推解釈。本来、文理解釈や「拡大解釈」によって、その法文の適用範囲外とされたところは、法の保護はないわけであるが（先述の「桃中軒雲右衛門事件」参照）、法の「目的あるいは趣旨」、さらに、「歴史的解釈」といった価値判断から、法文の「文言」を離れて、その法文が対象としている事件と類似した事件に、その類似性を根拠として、論理解釈をもって、その法文を類推適用することを「類推解釈」という。例えば、自然科学上も一般社会通念上も、「義姉」にとって「義妹」は「子」でないが、具体的事件において、民法第七一一条の「子」に類似する者としても、妻の死につき夫の妹（最判昭和四九年一二月一七日民集二八巻一〇号二〇四〇頁）に、同条を類推適用して、遺族固有の慰謝料を認める場合である。
(2)　反対解釈。前述の如く文理解釈や「拡大解釈」による法文の適用範囲外については、本来、規制がないわけであり、その通りに、論理解釈をもって、規制がないと解するのが、「反対解釈」である。例えば、民法第七三七条第一項には「未成年の子が婚姻をするには、父母の同意を得なければならない」とある。しからば、成年の子の婚姻については父母の同意を要するか否かという点については、明示規定はないが、民法第七三七条第一項の反対解釈として同意は不要と解釈する場合である（林修三『法令解釈の常識　第二版』一九七五年（日本評論社）一二五頁）。

3　反制定法的解釈（contra legem）

法文がある場合、それに該当する事件に、その法文を適用するのが、憲法第七六条第三項の要請であるが、その法文の「法理」に優先する法理がある場合は、むしろ、後者の法理を適用するのが、憲法第七六条第三項に合致するものとして、その法文を適用しない、という解釈を「反制定法的解釈」という。例えば、民法第五一三条第二項後段（平成一六（二〇〇四）年法律第一四七号で削除）は、「手形の無因性」という「法理」が、更改「法理」より優先するとして、この法文の適用を排除する場合である。さらに、憲法第八一条との関係で、当該法文の適用を排除することのあるのは当然である。

四　民法第一条および同第二条の機能

以上のように、文理解釈により確定された法文の適用範囲を、「法の目的や趣旨」あるいは「歴史的解釈」によって、拡げたり狭めたりすることと憲法第四一条との関係における法的根拠は何であろうか。そもそも、「法の空白」の存在は、当然に予想し得るところであり、立法者は、それに対して、予め、それを如何に処理すべきかを用意しておく義務がある。すなわち、憲法第九九条を通じて、国民の基本権保護のために、立法者は、しかるべき立法をする憲法上の義務を負う。それが、私法上においては、民法第一条（特に第二項）及び同第二条である。すなわち、立法者によって（憲法第四一条）、民法第一条及び同第二条を通じて、予め、裁判所に対して、具体的事件において、法文の適用範囲を拡げたり狭めたりする権限が授権されているのである。いわゆる「信義則の法修正的機能あるいは法創造機能」である（谷口知平＝石田喜久夫『新版注釈民法（一）』二〇〇二年（有斐閣）八九頁以下（安永正昭))。民法第一条第二項は既に存在する権利や義務についての規定の如くであるが、私法上の権利義務は、根源的には、本来、予め憲法において認められた幸福追求権(私法上の私的自治権)、自由権、平等権そして財産権を基礎としているのであるから、右のように解しても背理ではない。例えば、民法第七一一条の「子」を、「藁の上からの養子」に「拡大解釈」したり、義姉の死についての「義妹」に「類推解釈」したりすることが許されるのは、その人々の「幸福追求権」(憲法第一三条)が侵害されたわけであり、それらが、当該事件において、民法第七一一条の本来の「子」の幸福追求権と同等の保護を受けるほどのものである、と法の「目的あるいは趣旨」から価値判断されたときは、その幸福追求権の侵害者は、憲法上、それを救済する義務を負うことになり(憲法第一二条第二文)、それが、民法第一条第二項の「信義則」によって、民法第七〇九条、同第七一一条の賠償義務として、具体化するのである。[5][6]

五　今後の課題

以上のように、一方において、「法解釈の実質的側面」として四つの価値基準、すなわち①合憲性、②立法者意思、③法の目的あるいは趣旨、④歴史的解釈を挙げた。他方において「法解釈の形式的側面」として、法解釈技術の方法を、⑴法文内の解釈と⑵法文外の解釈に分け、前者⑴を、さらに、①文理解釈と②論理解釈に分け、その論理解釈を拡大解釈と縮小解釈(目的論的制限解釈)に分けた。後者⑵については、論理解釈として、①類推解釈と②反対解釈に分けた。以上の他に、論理解釈の一つとして、反制定法的解釈を挙げた。いずれも、これまでの議論で明らかにされたものを〝交通整理〟したわけであるが、その整理の仕方には、当然、異論も予想される。その前に、それぞれの解釈の定義そのものについても、当然、異論が予想される。さらに、思わぬ誤解に基づいて、的外な議論を展開しているかもしれない、と危惧している。その上に、「法の空白」（これまで「欠缺（Lücke）」と呼ばれてきたが、より平易に、「空白」と呼ぶべきであると考える。）について、何ら詳細な検討を、本稿においては、行なっていない（例えば、「明らかな空白」と「隠れた空白」といった問題。Larenz, a. a. O., S. 366ff.、石田穣・前掲書二九頁）。加えて、拡大解釈や類推解釈の法的根拠について、民法第一条を介することなく、直接に憲法第九九条（「裁判官…は、この憲法を尊重し擁護する義務を負ふ」）と同第七六条第三項（「裁判官は、…この憲法…に拘束される」）を、その法的根拠とするというのも背理ではないと考えられる。この点についても、なお、究明を要する。

今後、本稿への御高批に基づく再検討と「法の空白」などの研究を行なうことが、民法学における法解釈への本提言の課題であると考える。

（1）　刑法学における「拡大（拡張）解釈」と「類推解釈」の関係については、大谷實『新版刑法講義総論（追補版）』二〇〇四年六六頁以下参照。そこには、「一般人の予測可能性」を拡大解釈の限界とされているが、私見は、この見解から、大きな示唆を得ている。
（2）　行為（Akt）としての法律行為（契約）と規範（Regelung）としての法律行為（契約）の区別は、内外の学者が、つとに主張するところであり、それは、「代理」制度の説明に有益であるばかりでなく、要件事実論においても有益である。すなわち、まず、民法第九〇条などを通じて法律行為（契約）が当事者間において有効であるとされると、その契約条文が、当事者間における「法文」となる。例えば、賃貸借契約において「第九条　賃借人は、賃貸借期間内においても、六ヶ月前に解約告知して契約を解約することができる」という条文があるとき、六ヶ月前の解約告知が「法律要件」となり、約定解除権の発生が「法律効果」となり（民法第五四〇条）、借主の現実の六ヶ月前の解約告知という事実が要件事実となる。そして、その要件事実の主張責任と立証責任を、解約を主張する側が負うことになり、この構造は法文の場合と同様ということになる。唯、法文と異なるのは、この契約規範の存在自体の主張立証責任が民法第五四〇条第一項（「契約…の規定により」）に従って、まず問われるところである。

なお、この契約が当事者間の法規範であるという命題は、フランス民法第一一三四条の「適法に形成された合意（convention）は、それをなした者に対して、法律（loi）に代わる。合意は、その相互の承諾（consentement mutuel）または法律が許す原因によってでなければ撤回できない（revoquer）。合意は誠実（bonne foi）に履行されなければならない」に由来する。この法文に倣って、旧民法財産編第三二七条は「適法ニ為シタル合意ハ当事者ノ間ニ於テ法律ニ同シキ効力ヲ有ス。此合意ハ当事者ノ双方カ承諾スルニ非サレハ之ヲ廃罷スルコトヲ得ス但法律カ一方ノ意思ヲ以テ廃罷スルコトヲ許セル場合ハ此限ニ在ラス」と定めた。それに対して、現行民法典の立法に際して、起草者の富井政章は、これはフランス民法などに倣って置いた規定で、「合意」というものは当事者間に於いては法律に均しい力を持っている、だから一方の意思を以て解除することはできない、といった規定は不要である、すなわち当事者間に法律に均しい力がある、といった「無用ノ言葉」を言う必要がない、何故ならば、その意味は、当事者は、その契約上の義務を履行しなければならないということだけであって、そのようなことは疑いもないことだからである。また、法律が一方当事者の意思だけで「取消」を許さないときは、元来合意によって出来たものは合意によってしか解除できないことも、いうまでもない、として削除したのである（法典調査会民法議事速記録（学振版）第二四巻一九八丁裏～一九九丁表）。これについて、異論なく原案通り可決され、帝国議会においても何ら議論なく承認されている。したがって、立法者意思としては、この規定は、当然の内容を定めたもので不要であるとして、削除したものといえよう。ゆえに、これは現行法の中にも、当然生きている法理といえよう。

（3）平成一六年法律第一四七号によって、民法第七〇九条は、「故意又は過失によって他人の権利又は法律上保護される利益を侵害した者は、これによって生じた損害を賠償する責任を負う」と改正された。
（4）勿論、谷崎潤一郎が、円地文子が、瀬戸内寂聴が、源氏物語の「解釈」を行なっているが、それらは、「源氏物語」を題材として、自己を表現しているのであって、それらは「谷崎源氏」、「円地源氏」、「瀬戸内源氏」であって、ここにいう「解釈」ではない。同様のことが、次の場合にもいえる。

近時、法の解釈は、演劇（例えば、シェイクスピアの『ヴェニスの商人』。内田貴「探訪『法の帝国』（一）（二・完）」法学協会雑誌一〇五巻一九八八年三号二一九頁・四号四〇八頁）や楽譜の解釈と似ている、という主張がある（星野英一『民法のもう一つの学び方』二〇〇二年六七頁）。たしかに、そのような一面のあることは否定できない。しかし、両者には大きな差がある。というのは、演劇や楽譜の解釈は、法解釈と違って、作家の意図に忠実である必要はなく、演者（解釈者）の自由に委されているからである。例えば、ローレンス・オリビエの「ハムレット」と仲代達矢の「ハムレット」は大いに異なるし、バッハの無伴奏チェロ組曲を、カザルス、ロストロポービッチ、マイスキーと聴き比べると、驚くほど、それぞれ異なっている。ましてや、ベートーヴェンの「第九」をフルトベングラー、カラヤン、トスカニーニ、朝比奈隆と聴き比べれば、大いに異なる。このように、演劇や楽譜の解釈は、法の解釈と異なり、作者の意図通りである必要がないのである。しかも演劇や楽譜の「解釈」は、どの解釈も、価値的には同等である。例えば、誰も、その解釈を良しとしないし、誰一人として認めず、聴いてもくれない、としても、その解釈は、多くの人々の共感を得る解釈と比較して、価値が劣る、とはいえないと考える。すなわち、演劇や楽譜の解釈は、「自己目的」であって、そこにこそ、芸術至上主義、すなわち芸術の崇高さがある。「あまりに突飛なものは聴衆に受け容れられないという限界はあるでしょう」（星野・前掲書六九頁）というのは、確かにプロの演奏者にとって大切なことで、ほとんどの場合、これが「限界」であろう。しかし、その「限界」を超えたからといって、芸術として価値が低いわけではない。演者ただ一人が良しとすれば、それでよい（入場料は返さなければならないかもしれないが⁉）。それに対して、「法」の「解釈」は、具体的事件の解決に役立たなければならないので、裁判所において採用されなければ、採用された解釈に比べて、残念ながら価値が低いと評価せざるを得ない。すなわち、法の解釈は実用的でなければならない。そして、しかも、それは法学的に支持されなければならない。なぜなら、法は社会共同体のルールとして、大方の社会構成員の支持を必要とするからである（星野・前掲書六九頁）。その上、そのような解釈が憲法第四一条に違反しないという法的根拠が必要である。

（5）加害者の側からみれば、彼の私的自治権をはじめとする幸福追求権の行使によって、被害者に損害を与えたことになる。ときには、その損害を賠償しなくてよい場合もあり、ときにはその損害を賠償しなければならない場合がある（社会において、人は他人に損害を与えることなくして生活はできない）。後者の場合に、それを賠償しないことが、幸福追求権の「濫用」なのである。そして「公共の福祉」が基本権相互の矛盾・衝突を調整する公平の原理であるから（佐藤幸治『憲法第三版』一九九五年（青林書院）四〇三頁）、憲法第一二条第二文が、加害者の義務の根拠といえる。そこで、今一つ民法第一条第三項をもって、拡大解釈や類推解釈の法的根拠とする法的構成も可能である。なお、民法第一条第二項と第三項の関係については、我妻栄「公共の福祉・信義則・権利濫用の相互の関係」末川先生古稀記念『権利の濫用上』一九六二年（有斐閣）四六頁が示唆に富む。加えて、民法第一条第一項をもって、加害者の「私権」すなわち私的自治権と「公共の福祉」すなわち被害者の私的自治権の調整という法的構成も可能であろう。
（6）憲法上の基本権と私法、特に不法行為法との関係については、山本敬三『公序良俗論の再構成』二〇〇〇年（有斐閣）、同「前科の公表によるプライバシー侵害と表現の自由」民商法雑誌一一六巻四＝五号一九九七年一一五頁、同「基本法としての民法」ジュリスト一一二六号一九九八年二六一頁、同「基本権の保護と私法の役割」公法研究六五号二〇〇三年一〇〇頁、同「憲法システムにおける私法の役割」法律時報七六巻二号二〇〇四年五九頁、同「不法行為法学の再検討と新たな展望」法学論叢一五四巻四＝五＝六号二〇〇四年二九二頁が示唆深い。

（同志社法学　第五六巻第六号　二〇〇五年）

第二章　法の解釈について

——民法の解釈を例として——

一　法解釈の具体例と「法の空白」

1　まず、法文解釈とは、どのような作業であろうか？　それは、その条文が適用される範囲を確定することである。逆にいえば、その法文が適用されない範囲、すなわち「法の空白」（法の欠缺《ケンケツ》（Lücke））を確定する作業である。その具体例を見てみよう。例えば、有名な「桃中軒雲右衛門事件」（大判大正三（一九一四）年七月四日刑録二〇輯一三六〇頁）では、大審院は、民法旧第七〇九条[1]（明治二九（一八九六）年法律第八九号）の「権利」を、〝文字通り〟に解釈して、本件では、著作「権」を侵害していないとして、本件は民法旧第七〇九条の適用範囲外の事件である、とした。すなわち、一定の「利益」が侵害されていても、それが、「権利」侵害でなければ、民法旧第七〇九条の適用がない（法の空白）、したがって、損害賠償は認められない、としたのである。実は、後に詳しく述べるように、この条文を作った立法者は、「権利」侵害以外には、本条を適用しない、と考えていた。したがって、大審院は、この事件で、立法者の意思通りの判決をしたのである。他方、「大学湯事件」（大判大正一四（一九二五）年一一月二八日民集四巻六七〇頁）では、大審院は、同じ民法旧第七〇九条の「権利」を、厳密な意味で「権利」といえなくても、「法律上保護される利益」であればよい（「権利」侵害はその代表例として規定されているに過ぎない）、と解釈して、本件は民法旧第七〇九条の適用範囲内の事件である、とした。すなわち、本来は（立法者の考えでは）「法の空白」部分にも、本条を〝適用〟したのである。以上の二つの判決から、次のことが解る。法文解釈、すなわち、条文の適用範囲を確定するとは、その条文が定める法律効果の発生を認める（適用する）か否（適用しない＝法の空白）かという価値判断である、[2]ということである。

以上のような、元来、立法者が法的救済を与えない〝範囲〟と考えていた「法の空白」を**「否定型空白」**と呼ぶことにする。
2　さて、以上から明らかなように、法文解釈にとって、「法の空白」というものが大切である。それについて、もう少し考えておこう。例えば、債務不履行（民法第四一五条）においては、その損害賠償の範囲についての規定がある（民法第四一六条）。しかし、不法行為（民法第七〇九条）においては、その損害賠償の範囲についての規定が存在しない。これも「法の空白」である。それは、立法者が、不法行為にもとづく損害賠償の範囲は、有権的解釈者たる裁判官の解釈に委ねる、として、規定を置かなかったのである。さらに、民法第四四六条第二項において、保証契約の効力要件として、「書面」の作成を要求しているが、その「書面」の内容については、何の規定もない。したがって、どのような「書面」が要求されるのかは、解釈に委ねられている（大阪高判平成二〇（二〇〇八）年一二月一〇日金融法務事情一八七〇号五三頁）。[3]これを**「授権型空白」**と呼ぶことにする。
3　次に、保証人が、主たる債務者に代わって債権者に弁済すると、債権者の主たる債務者に対する債権が保証人に移転し、保証人は、主たる債務者に対する求償権の他に、その移転した債権をも行使することができる（民法第五〇一条）。この場合に、複数の保証人と複数の物上保証人がいて、しかも、その内の〝独り〟が保証人と物上保証人を兼ねるとき、民法第五〇一条の適用について、その人を〝独り〟の保証人としてのみ計算するのか（物上保証人としては計算しない。保証人一人説）、〝独り〟の物上保証人としてのみ計算するのか（保証人としては計算しない。物上保証人一人説）、〝独り〟の保証人であると共に〝独り〟の物上保証人でもあるとして計算するか（二人説）、という問題がある。このような保証人と物上保証人を兼ねる人のいる場合を、民法第五〇一条の立法時に、立法者は想定していなかった。これを**「想定外型空白」**と呼ぶことにする。[4]
4　さらに、民法第一七七条の「第三者」については、善意悪意など何らの制限も設けていない（旧民法財産取得編第四五条参照）。これは、立法者が、不動産登記の普及をはかろうという価値判断のもとに、不動産登記を「公示法」として〝絶対的〟なもの、すなわち、全ての第三者に対抗するために登記しなければならないとしたのである（無制限説）。しかし、その後、判例（大連判明治四一（一九〇八）年一二月一五日民録一四輯一二七六頁）学説は、〝登記欠缺を主張する正当な利益を有する者〟という「制限説」を採用するに至った。この説では、そのような利益を有しない第三者（例えば、不法占拠者）に対しては、登記なくして不動産物権変動を対抗できる（すなわち、正当な権利者の保護を厚くしようという価値判断をした）。すなわち、民法第一七七条の適用がない〝法の空白〟を作出したのである。これは、前三者が立法時から存在する〝法の空白〟であるのに対して、立法後に作出された〝法の空白〟である。そこで、前三者を**「原始型空白」**、最後のものを**「後発型空白」**と呼ぶことにする。

二　法文解釈の価値判断基準

以上のように、法文解釈は価値判断であることが解ったが、それでは、その基準は何であろうか。

1　立法者意思という基準

そこで、まず考えるべきは、そもそも、「言語」とは、〝話し手〟の「意思」の伝達手段である（新村出編『広辞苑（第六版）』平成二〇（二〇〇八）年（岩波書店）八九八頁）、ということである。ところで、法も「言語」である。では、法文の〝話し手〟は誰か。法文の〝話し手〟は立法者である。そして、立法者とは、憲法第四一条が、国会が「国の唯一の立法機関」である、と定めているところから明らかなように、国会である。したがって、法文とは、立法者すなわち国会の意思を国民に向かって伝達する手段なのである。そこで、法解釈においては、この法文をもって、その〝話し手〟たる立法者が〝何を〟国民に伝達しようとしたか、という「意味」を解明しなければならないことになる（後述の「文理解釈」を参照）。すなわち、「立法者意思」を確定することが、まず第一に必要となる。それは、立法者が定めた価値判断を確定することなのである。例えば、民法第一七七条の「第三者」は「無制限」である、という立法者の価値判断の確定である。したがって、この価値判断基準が、法解釈の第一の基準ということになる。そして、それに従って解釈することは、正に、憲法第四一条の要請するところである。

2　法の目的という価値判断基準

次に、当該法文の〝立法目的〟が挙げられる。それは、法体系全体との調和、あるいは立法趣旨といった仕方で説明されることもあるが、典型例としては、近時の立法においては、割賦販売法第一条（昭和三六（一九六一）年）、特定商取引に関する法律第一条（昭和五一（一九七六）年）、住宅の品質確保の促進等に関する法律第一条（平成一一（一九九九）年）や消費者契約法第一条（平成一二（二〇〇〇）年）などが、その法律の立法目的あるいは趣旨を規定しており、これを、解釈の基準とすべきであろう。ただ、注意すべきは、この基準は、立法者でない解釈者個人の価値基準を忍び込ませる危険性があるということである。したがって、立法者意思基準をもってする解釈を「主観的解釈」、法の目的あるいは趣旨を基準とする解釈を「客観的解釈」（目的論的解釈）と呼ぶが、実は、この「客観的解釈」（「目的論的解釈」）こそが、解釈者の「主観的解釈」となる危険性を有しているのである（いわゆる「利益衡量論」）。したがって、法の目的や趣旨も、主として、この法文の立法者が、この具体的事件のためならば、どのような価値判断をしたかを、可能な限り、先の立法者意思説から推測するという方法が採用されるべきであろう。

3　歴史的（変化）解釈という価値判断基準

さらに、第三に、「歴史的解釈」というものがある。この基準は、法の意味内容を立法資料から、まず明らかにし（立法者意思の確定）、加えて、立法時の社会的諸条件の解明により、その条文の適用範囲（「射程距離」ともいう。）を確定し、それと対比して、現在の歴史的変化という事実を価値判断の基礎とするものである。したがって、これによれば、制定時の字句・文章の意味、制定時における全法体系との理論的・体系的関連および制定時における目的・趣旨を問題とし、加えて制定時の社会状況と〝現在〟の社会状況との比較を行なうことになる。そこで、前掲の「大学湯事件」についてみれば、民法旧第七〇九条の立法時（明治二九（一八九六）年）と大正一三（一九二四）年の判決時を比較すれば、判決時には、日清戦争（明治二七（一八九四）～明治二八（一八九五））、日露戦争（明治三七（一九〇四）～明治三八（一九〇五））、第一次世界大戦（大正三（一九一四）～大正七（一九一八））に勝利し、国際連盟の五常任理事国の一つとなり、領土も四一八万平方kmから六七五万平方kmに拡大し、正に、欧米に追いつき追い越せの目的を、形としては、達成し、しかも、昭和大恐慌（昭和四（一九二九年））も、まだ発生しておらず、正に〝大正デモクラシーの時代〟ということになる。そこで、この時代の大きな変化から見て、制定時の「権利侵害」要件は〝時代遅れ〟として、「権利侵害」でない場合でも、不法行為法による救済を必要とする社会的要請があった、ということになる。そこで、「大学湯事件」は、立法者意思からすれば、「法の空白」にある事件として民法旧第七〇九条の外におかれるが、「歴史的解釈」によって、損害賠償請求が認められた、すなわち救済された、ということになる。

4　合憲性の基準

以上のような価値判断の基準を用いて、裁判官は有権的解釈（裁判）を行なうのである。しかし、それは、裁判官の個人的な〝好み〟による価値判断であることは許されない（いわゆる〝裁判ファッショ〟。憲法第七六条第三項）。それでは、その価値判断の正当性を検証する価値判断基準は何であろうか。それこそ、「合憲性の基準」である。すなわち、憲法第七六条第三項、同第八一条から、その法解釈が、憲法の定める価値判断基準に合致していることが要請される。民法の解釈においては、その解釈が、特に基本権すなわち自由権と平等権さらに財産権の保護という価値判断基準に違反していないか、が問題となる。

自由権との関係でいえば、例えば、最高裁判所（最大判昭和三一（一九五六）年七月四日民集一〇巻七号七八五頁）は、民法第七二三条の「名誉を回復するのに適当な処分」として、新聞紙に謝罪広告を掲載することが、被告に「屈辱的若しくは苦役的労苦を科し、又は被告の有する倫理的な意思、良心の自由を侵害することを要求するものとは解せられない」から、憲法第一九条の定める価値判断基準に違反しないとした（藤田八郎裁判官と垂水克己裁判官は、憲法第一九条違反として反対意見を述べている）。

5　価値判断基準と「法の空白」の関係

以上の価値判断基準と法の「空白」との関係は、どのようになるのであろうか。

まず、原始型空白のうちの「否定型空白」と「後発型空白」は、立法目的（立法趣旨）という基準あるいは歴史的解釈という基準によって、立法者意思を変更し、最後に、その変更が合憲性の基準に合致するかの検証が行なわれるべきである。

次に、原始型空白のうちの「授権型空白」と「想定外型空白」は、まず、立法目的（立法趣旨）という基準により、さらに歴史的解釈という基準によって、「空白」を補充し、最後に、その補充が合憲性の基準に合致するかの検証が行なわれるべきである。

6　各価値判断基準の関係

以上の価値判断基準相互の順位は、どのようであろうか。まず、第一に、「合憲性の基準」は、憲法第八一条から、最も優先させるべき第一番目の価値判断基準ということになる。次に、「立法者意思基準」は、憲法第四一条から第二番目の価値判断基準ということになる。さらに、「法の目的（立法趣旨）という基準」は、後述のように、憲法第一二条、同第一三条、同第二四条の具体化として、憲法第九九条を通じて、これも、第二番目の基準と同等といえる。最後に「歴史的解釈という基準」も、同様の理由から、第二番目の基準と同等といえる。

そして、当該事件において、いずれの基準を適用すべきかは、次の作業によって決定される。すなわち、いずれの権利を、衝突する他の権利に優先させるべきかを、憲法の保護しようとする〝権利序列〟を探究することによって、定める、という作業である。それこそが〝リーガル・マインド〟（憲法が守ろうとしている〝もの〟への同調）、すなわち憲法第七六条第三項の「良心」によって定める、ということである。そして、その手続は、まず、第一に「立法者意思基準」を探究し、次に「法の目的（あるいは趣旨）という基準」あるいは「歴史的解釈」という基準をもって、ときには、「立法者意思基準」を、変更あるいは補充し、最後に、それが「合憲性の基準」に反しないかを検証するという作業である。

7　民法第一条および第二条の機能

ところで、そもそも、法が不完全であることは、当然に予想し得るところであり、立法者は、それに対して、予め、それを如何に処理すべきかを用意しておく義務がある。すなわち、憲法第九九条を通じて、国民の基本権保護のために、立法者は、しかるべき立法をする憲法上の義務を負う。それが、私法上においては、民法第一条（特に第二項）および民法第二条である。すなわち、立法者によって（憲法第四一条）、民法第一条および民法第二条を通じて、予め、裁判所に対して、具体的事件において、法文の適用範囲を拡げたり狭めたりする権限が授権されているのである。そして、民法第一条第一項は、私権、すなわち私法上の権利（例えば、所有権など）は、公共の福祉に適合しなければならない、と定めている。これは、憲法第一二条、同第一三条、同第二九条第二項に由来する。

その例としては、例えば、Xらが、自己の河川使用権を根拠に、材木を流すのに必要な河水量を流すようにダムを所有する電力会社に訴求したのに対して、「現在わが敗戦後の経済の復興、再建における電力事業の重要性に」かんがみて、Xらの求める河水量を放流すれば、電力事業に大きな障害を与えることになり、他方、Xらには死活に関するような特に甚大な損害を発生させず、「補償契約の厳存する以上は」、Xらは、「忍受」しなければならない、とした判決がある（最判昭和二五（一九五〇）年一二月一日民集四巻一二号六二五頁。他に、最判昭和四〇（一九六五）

年三月九日民集一九巻二号二三三頁、最判昭和四三（一九六八）年一月二六日判時五四四号三二頁参照）。

次に、第二項は、「信義則」を定めている。これは、憲法第一二条に、権利行使は、「公共の福祉」のために利用すべきである、と定め、憲法第一三条に、生命、自由、幸福追求権は、公共の福祉に反しない限りで認められる、と定めていることに由来する。すなわち、権利行使は信義誠実に行なうべきであるというのは、その権利行使によって「公共の福祉」、すなわち他人の権利をも尊重しなければならない、ということである。その例としては、例えば、無効な売買契約ではあるが、七年間以上も放置しておいて、後に無効の訴えを起こして売買物件の返還請求又は損害賠償請求するのは「信義則上許されない」（最判昭五一（一九七六）年四月二三日民集三〇巻三号三〇六頁。他にも、最判平成三（一九九一）年一〇月一七日判時一四〇四号七四頁、最判平成六（一九九四）年九月一三日民集四八巻六号一二六三頁、最判平成一〇（一九九八）年四月三〇日判時一六四六号一六二頁、最判平成一三（二〇〇一）年三月二七日民集五五巻二号四三四頁、最判平成一四（二〇〇二）年三月二八日民集五六巻三号六六二頁、最判平成一七（二〇〇五）年七月一九日民集五九巻六号一七八三頁、最判平成一九（二〇〇七）年二月六日民集六一巻一号一二二頁）といったことである。さらに、義務の履行は信義誠実に行なうべきである、というのは、「公共の福祉」すなわち他人の権利（自己の義務は、裏返せば他人の権利）実現に信義誠実に尽さなければならない、ということである。すなわち、憲法第一二条、同第一三条に定める「公共の福祉」を最も尊重すべきである、という思想の現われである。その例としては、例えば、医師は、診療債務の履行について、信義則上の（付随的）義務として十分な説明義務を尽さなければならない（単に、病気を治せばよい、というのでない。最判平成一三（二〇〇一）年一一月二七日民集五五巻六号一一五四頁）といったことである。

さらに、第三項は、「権利の濫用」を禁止している。すなわち、権利の行使であっても、それが濫用であれば、法律効果の発生が認められないとか、さらに、不法行為として、損害賠償責任を負うこともある、というのである。これは、憲法第一二条にもとづくものである。その例としては、例えば、「宇奈月温泉事件」（大判昭和一〇（一九三五）年一〇月五日民集一四巻一九六五頁）や「信玄公旗掛松事件」（大判大正八（一九一九）年三月三日民録二五輯三五六頁）といったものである。

ところで、この第二項の「信義則に従って権利の行使をせよ」、というのは、元来、すでに権利義務関係で結ばれている人と人との間に適用されるものであり（債権法の原則であった）、第三項の「権利濫用は許さない」というのは、権利義務関係で結ばれていない人と人との間に適用されるものであった（所有権法の原則であった）。もっとも、現在の判例は同一事件において「信義則に反し、権利の濫用として許されない」として、両者を区別しないことが多い（例えば、最判昭和五一（一九七六）年五月二五日民集三〇巻四号五五四頁、最判平成八（一九九六）年六月一八日家庭裁判月報四八巻一二号三九頁など）。しかし、解釈論としては、第二項と第三項は、両条項を同時に適用するのは不適当であり、先述のような適用範囲の違いを採用すべきであろう。したがって、先述の最判昭和五一（一九七六）年五月二五日の事件は、信義則違反だけで処理すべきであり、最判平成八（一九九六）年六月一八日の事件は、権利濫用だけで処理すべきである。

次に、民法第二条は、民法そして広く私法の解釈基準として「個人の尊厳」と「両性の本質的平等」を挙げている。これは憲法第一三条、同第一四条にもとづくものである。「個人の尊厳」についていうならば、例えば、個人情報保護のために、プライバシーが侵害される可能性のあるときは、物権よりも重要な人格権侵害を理由として、その差止め請求を認めるべきである（民法第一九九条の類推適用）。最高裁判所も、次のように述べている。「人格権としての名誉権に基づき、加害者に対して」「侵害行為の差止めを求めることができる」「名誉は生命、身体とともにに極めて重大な保護法益であり、人格権としての名誉権は、物権の場合と同様に排他性を有する権利」である（「北方ジャーナル事件」（最判昭和六一（一九八六）年六月一一日民集四〇巻四号八七二頁））。

「両性の本質的平等」についていえば、例えば、女子の定年年齢を男子のそれより低く定めた「就業規則」は、「性別のみによる不合理な差別」として、民法第九〇条を介して、無効とした判例（最判昭和五六（一九八一）年三月二四日民集三五巻二号三〇〇頁）が挙げられる。

8　憲法第九九条の機能

次に、「法の目的（あるいは趣旨）という基準」や「歴史的解釈という基準」によって「立法者意思」を変更することが許されるための第二番目の法的根拠は（民法第一条、同第二条を適用しないところでは）、憲法第七六条第三項（「すべて裁判官は、……この憲法……に拘束される」）、そして憲法第九九条である。[5]憲法第九九条は、裁判官が憲法尊重擁護義務を負うことを定めている。したがって、裁判官が裁判をするにあたって、その法文の「立法者意思」に従ったのでは、憲法が保障する基本権を、実質的には保護することにならないと判断したときは、むしろ、その「立法者意思」を変更して、憲法の保障する基本権を、実質的に保護しなければならないのである。

三　法解釈の技術的側面

以上のような価値判断基準に従って出された結論、すなわち価値判断（法律効果を認めるべきか、認めるべきでないか。）を理由付けるためには、その言語的表明方法が必要となる（民訴法第二五三条第一項第三号）。すなわち、法解釈の〝技術的〟側面である。その「方法」としては、法文内における方法（法文内解釈と名付ける。）と、法文外の方法（法文外解釈と名付ける。）に区別すると理解が容易である。

1　法文内解釈

(1)　まず、「文理（文言）解釈」とは、法文に用いられている字句の意味と文法に従って、その条文の意味を解明することであり、正に〝文字通り〟の解釈と呼ばれるものである。それでは、その「意味」とは何であろうか。前述のように、憲法第四一条から明らかなように、法文とは、立法者すなわち国会の意思を国民に向かって伝達する手段である。したがって、文理解釈とは、その法文をもって、立法者が、何を国民に伝達しようとしたか、の「意味」を明らかにすることである。それは、丁度、「古文」の解釈に似ている。例えば、国文学者が「源氏物語」の注釈を行なって、紫式部が何を読者に伝えようとしたかを可能な限り探究するのに似ている。したがって、国会の議事録、委員会での議事録、さらに現実に起草にあたった法制審議会での議論（法典調査会民法議事速記録など。以下、速記録という）、あるいは起草にあたった人々の解説書などが手懸かりとなる。例えば、民法旧第七〇九条の「権利侵害」が如何なる意味かは、帝国議会では、何ら議論されずに、原案通りに承認されているので、その起草会議である「法典調査会」における議論が「立法者意思」となる。すなわち、起草者は、諸外国法典において漠然とした書き方になっているが、帰するところは、生命とか財産とか名誉とか何か法が「権利」と認めたものの侵害でなければ不法行為債権は発生しないと論じ（速記録四〇巻一四七丁裏以下）、その権利は、財産権に限らず、生命、身体、名誉、自由（速記録四〇巻一五四丁裏）、債権（速記録四〇巻一五七丁表）など非常に広い概念である（速記録四〇巻一五五丁表）、と説明している。しかし、起草者は、この要件を絶対的なものと考えていたので、横田国臣委員が、旧民法典より狭くて、救済から漏れるものが出て遺憾であるとし、「故意又ハ過失ニ因リ他人ニ損害ヲ加ヘタル者ハ其賠償ノ責ニ任ス」というのがよいのではないか、と問うたのに対して、穂積陳重委員は、〝とにかく、権利侵害という事だけが通例としてありませんと、誠に其境がありませんのでありまして、幾か社会に住んでいる以上は、他人に損害を及ぼすということが度々あることでありますから、其境だけは存して置いて貰いたいと思います〟と答え（速記録四〇巻一七三丁表以下）、この不法行為規定は、既存の権利を保護するものであって、新たな権利を創設するものではない、と論じている（速記録四〇巻一七七丁表以下）。そして、損害の発生はあるが、権利侵害のない場合として、ある人から「並の救助」を受けていた書生が、その人の負傷失職によって救助を得られなくなった、という場合に、書生への救助は（恩恵的なもので）権利義務でないから、書生は加害者に対して損害賠償請求できないとか（速記録四〇巻一六四丁表以下）、造る義務はないが、自己の土地防御のために築いた「掻上げ堤」を除去したところ、反射的利益を得ていた下流の土地所有者が損害を受けた場合など、があげられている（速記録四〇巻一八〇丁表以下）。

さらに、現行民法典が、ボワソナアド民法典（「既成法典」、いわゆる旧民法典）の改正法典であることに鑑みれば、ボワソナアド民法典の立法資（史）料も立法者意思探究の重要な手懸かりであり、その上それがフランス民法典を模範としたことに鑑みれば、フランス民法典研究（特に、ボワソナアド時代のフランス民法典の解釈状況）が不可欠となり、加えて、現行民法典が、ドイツ民法典その他の法典や判例を参照して起草されたことに鑑みれば、それらの研究も「立法者意思」の確定に不可欠といえるであろう。

さらに、立法者が特に「意味」を解説せずに用いている用語については、第一に、法律用語として、法律家の間における周知の意味を付与されているものと考えてよいであろう。この場合は、法学辞典や他の条文（例えば「準占有」の意味。民法第二〇五条）などが手懸かりとなるであろう。例えば、民法旧第七〇九条において、「権利」については、特に解説なしに議論されているが、これなどは、法学辞典によって容易に明らかとなるであろう。第二に、それは、まったくの一般用語として、法学辞典などにも載っていない場合には、国語辞典などによって、その意味を解明すべきであろう。例えば、民法第七〇九条の「よって」とは、『広辞苑（第六版）』（平成二一（二〇〇〇）年（岩波書店）二九〇六頁）によれば、「それがために、それゆえに。」という意味が解説されており、「理由を述べた文から、結論を述べる文に続ける場合に用いる語」（『新装改訂新潮国語辞典』（昭和五七（一九八二）年（新潮社））二〇五九頁）ということになる。すなわち「故意又は過失」が「理由（原因）」で「他人の権利又は法律上保護される利益を侵害」が「結論（結果）」であり「故意又は過失によって他人の権利または法律上保護されている利益を侵害」が「理由（原因）」となって「生じた損害」が「結論（結果）」ということになる。

以上のように、「文理解釈」は「立法者意思」の解明である、[6]とすれば、前述のように、ときに、その他の価値判断基準によって、その「立法者意思」を拡張して法の適用範囲を拡大したり、逆に制限して法の適用範囲を縮小しなければならな場合もある。そこで、まず、法文内においても「論理解釈」の作業が必要となる。
(2)　論理解釈とは、論理の力を借りて、その法文の適用範囲を確定することである。それは、法文内解釈においては、次の二種類がある。すなわち、拡大（拡張）解釈と縮小解釈（目的論的制限解釈）である。
①「拡大（拡張）解釈」とは、文理解釈によって確定された当該法文の「意味」を拡げる解釈である。すなわち、「法の空白」部分に、その法文の適用範囲を拡げる解釈である。それは、法文に用いられた言語の外延は、立法者意思を超えることが一般であることから可能となる解釈である（一般人の予測可能性）。例えば、民法第七一一条の「子」については、血縁関係があって戸籍上も「子」として記載されている者（民法第七七二条、同第七七九

条、戸籍第四九条）と、血縁関係はないが戸籍上に「養子」として記載されている者（民法第八〇九条。「特別養子」は勿論。戸籍法第六六条、同第六八条の二）が、それにあたることは、文理解釈上、問題ないであろう。それでは、血縁関係はあるが未認知の「子」は、どうであろうか（大判昭和七（一九三二）年一〇月六日民集一一巻二〇二三頁は否定。福岡地飯塚支判昭和三四（一九五九）年一〇月三〇日下民一〇巻一〇号二二九二頁は肯定。東京高判昭和三六（一九六一）年七月五日高民一四巻五号三〇九頁は肯定。神戸地伊丹支判昭和四六（一九七一）年四月一二日判タ二六七号三四四頁は肯定）。さらに、血縁関係はないが嫡出子として戸籍上は記載されている〝子〟はどうであろうか（法律上は「子」でない〝藁の上からの養子〟。最判昭和五〇（一九七五）年四月八日民集二九巻四号四〇一頁）。これらの「子」は、自然科学上さらに社会通念上は「子」という用語の中に入れても不自然ではない。もし、これらの「子」についても、具体的事件において、民法第七一一条を〝適用〟して慰謝料請求を認めるとすれば、これを「拡大解釈」と名付ける。なお、同様のことは、民法第七八七条の「子」の解釈において、夫の死後に、妻（元妻）（民法第七三三条第一項）が、凍結保存された夫の精子を用いて、人工授精し出産した場合、自然科学的には父である者に対して、その「子」は認知の訴えができるかというときにも、問題となる[7]。
②「縮小解釈（目的論的制限解釈）」とは、文理解釈によって確定された当該法文の「意味」を狭く解することである。すなわち、「適用範囲」を縮小して、「法の空白」部分をつくることである。例えば、前述の民法第一七七条の「第三者」の範囲を「正当な利益を有する第三者」と解する（大連判明治四一（一九〇八）年一二月一五日民録一四輯一二七六頁）などが、その例で、これは、多くの場合、当該法文の「目的あるいは趣旨」によって、縮小して解釈する故に、「目的論的制限解釈（teleologische Reduktion）」と呼ばれるものである。

2　法文外解釈

(1)　まず、「反対解釈」、といわれるものがある。前述の如く文理解釈や「拡大解釈」による法文の適用範囲外については、規制がないわけであり、その通りに、論理解釈をもって、規制がない、すなわち「法の空白」部分であると解するのが、「反対解釈」である。例えば、民法第七三七条第一項には「未成年の子が婚姻をするには、父母の同意を得なければならない」とある。では、成年の子の婚姻については父母の同意を要するか否かという点については、明示規定はないが、民法第七三七条第一項の反対解釈として同意は不要、とする場合である。
(2)　次に、「類推解釈」、といわれるものがある。本来、文理解釈や「拡大解釈」によっても、その法文の適用範囲外とされたところは、これも「法の空白」部分であって、法の保護はないわけであるが、法の「目的あるいは趣旨」、さらに、「歴史的解釈」といった価値判断基準から、法文の「文言」を離れて、その法文が対象としている事件と類似した事件に、その類似性を根拠として、論理解釈をもって、その法文を類推適用することを「類推解釈」という。例えば、自然科学上も一般社会通念上も、「義姉」にとって「義妹」は「子」でないが、具体的事件において、民法第七一一条の「子」に類似する者として、妻の死につき夫の妹（最判昭和四九（一九七四）年一二月一七日民集二八巻一〇号二〇四〇頁）に、同条を類推適用[8]して、遺族固有の慰謝料を認めるといった場合である。なお、「勿論解釈[9]」というのも類推解釈のことである。
(3)　さらに、「法理（法意）解釈」というものがある。これは、個々の法文の解釈ではなく、法文や法制度の基礎となっている「法理」（法の根本原則）にもとづいて法創造することである。例えば、〃意思無能力者の行為は無効である〃ということは、明文の規定はないが（「法の空白」）、判例（大判明治三八（一九〇五）年五月一一日民録一一輯七〇六頁[10]）学説の一致して認めるところである。これは、法律行為制度（民法第九〇条〜同第一三七条）と制限行為能力者制度（民法第四条〜同第二一条）などの基礎となっている「私的自治原則」という「法理」から導かれるものである。しかし、憲法第四一条、同第七六条第三項から、この解釈方法は、類推適用が困難な場合に限るべきである。[11] 何故なら、その要件効果が不明確であり、裁判官の裁量の余地が大き過ぎるからである。

3　反制定法的解釈（contra legem）

法文がある場合、それに該当する事件に、その法文を適用するのが、憲法第四一条と憲法第七六条第三項の要請である。しかし、その法文の「法理」に優先する法理がある場合は、むしろ、後者の法理を適用するのが（法の目的や趣旨、さらに全法律体系からみて）、憲法第七六条第三項や憲法第九九条に合致するものとして、その法文を適用しない、という解釈を「反制定法的解釈」という。例えば、民法第五一三条第二項後段（平成一六（二〇〇四）年法律一四七号で削除[12]）について、「手形の無因性」という「法理」が、更改「法理」より優先するとして、この法文の適用を排除する場合である。また、利息制限法第一条旧第二項[13]についての最判昭和四三（一九六八）年一一月一三日民集二二巻一二号二五二六頁の解釈（過払利息の返還請求を認める。）も、実質的には、反制定法的解釈といえよう。さらに、憲法第八一条との関係で、法文の適用を排除することのあるのは、前述の通りである。

4　まとめ

以上のことを、要約すると、次のようになる。
法解釈＝法文の適用範囲の確定（価値判断）
(A)法解釈における価値判断基準

①(i)立法者意思基準（憲法第四一条）
(ii)法の目的あるいは趣旨という基準（憲法第九九条）
(iii)歴史的解釈という基準（憲法第九九条）
②合憲性の基準（憲法第七六条第三項、同第八一条）

(B)法解釈の技術的側面
①法文内解釈
(i)文理（文言）解釈＝立法者意思の探究
(ii)拡大（拡張）解釈
(iii)縮小解釈（目的論的制限解釈）
②法文外解釈
(i)反対解釈
(ii)類推解釈
(iii)法理（法意）解釈
③反制定法的解釈
（(ii)拡大（拡張）解釈〜③反制定法的解釈：論理解釈）

(C)法の空白
①原始型空白
(i)否定型空白　↑　立法者意思の変更
(ii)授権型空白　↑　立法者意思の補充

└(iii)想定外型空白　↑　立法者意思の補充
②後発型空白　＝　立法者意思の変更

より詳しく勉強したい人には、来栖三郎「法の解釈における制定法の意義」法協七三巻二号昭和三一（一九五六）年一二一頁『来栖三郎著作集Ⅰ』二〇〇四年（信山社）九一頁所収、石田穣『法解釈学の方法』昭和五一（一九七六）年（青林書院）、星野英一「民法の解釈をめぐる論争につての中間的覚書」『四宮和夫先生古稀記念論集（民法・信託法理論の展開）』一九八六年（弘文堂）『民法論集第七巻』昭和六四（一九八九）年（有斐閣）七三頁、広中俊雄『民法解釈方法に関する十二講』平成九（一九九七）年（有斐閣）を、お勧めする。本稿も、これらに負うものである。

(1)　民法旧第七〇九条は、次のように定めていた。「故意又ハ過失ニ因リテ他人ノ権利ヲ侵害シタル者ハ之ニ因リテ生シタル損害ヲ賠償スル責ニ任ス」
(2)　「権利」侵害の場合にのみ損害賠償を認めるとか、「法律上保護される利益」侵害の場合にも損害賠償を認める、というのは、水が高い所から低い所へ流れるといった自然的〝事実〟ではなく、損害賠償を認める〝べき〟（あるいは、認める〝べき〟でない）という人間の「価値判断」なのである。
(3)　同様に、貸金業法第一七条も「書面」の交付を義務付けているが、これについても、筆者が、かつて予想したように（前田達明『口述債権総論第三版』平成五（一九九三）年（成文堂）六三頁）、判例は、立法目的（あるいは立法趣旨）という価値判断基準によって、「書面」が不備であることを理由に、「みなし弁済」（貸金業法旧第四三条）を無効とした（最判平成一六（二〇〇四）年二月二〇日民集五八巻二号四七五頁）。

（4）この民法第五〇一条については、判例（最判昭和六一（一九八六）年一一月二七日民集四〇巻七号一二〇五頁）は、「保証人一人説」を採用して、〝独り〟の保証人としてのみ民法第五〇一条を〝適用〟する、という価値判断をしている。それは事件を簡単に解決できる、すなわち、代位制度の運用の容易化、ひいては、代位制度利用の容易化という利益を採用したのである（価値判断）。
（5）憲法第四一条が要請するところの「立法者意思」という価値判断基準を変更する作業は、憲法第四一条を制限する作業である。憲法は、法形式のなかで、最も強力な法であるから、憲法規定を制限することのできるのは、憲法規定以外にはあり得ない。丁度、ダイヤモンドを研磨できるのは、ダイヤモンドしかないのに類似する。この議論の前提は、裁判官が具体的事件において法の解釈を行なう場合に、立法者意思に反した解釈をすることが憲法第四一条や同第七六条第三項の定める「権力分立」に違反しないか、という疑問である。
（6）「立法者意思」の確定作業が、史料や資料を駆使して、歴史学や国文学のように、客観的に検証可能な作業であるから、一見、〝科学〟的作業のように思えるが、実は、歴史学や国文学もそうであるように、そこには、作業〝者〟の価値判断が入り込む危険性が大である。したがって、このことを大いに留意すべきである。
（7）第一審は否定したが（松山地判平成一五（二〇〇三）年一一月一二日判時一八四〇号八五頁）、第二審はこれを肯定した（高松高判平成一六（二〇〇四）年七月一六日判時一八六八号六九頁）。しかし、第三審はこれを否定した（最判平成一八（二〇〇六）年九月四日民集六〇巻七号二五六三頁）。したがって、第二審は、民法第七八七条を「拡大解釈」した、ということになる。
（8）条文においては、「準用」と書かれている（民法第一一〇条、同第三〇五条、同第三六一条、同第三七二条など）。
（9）法文の規定内容からより強い理由で、法律効果が認められるというものである。例えば、民法第七三八条から、被保佐人は婚姻するについて〝勿論〟保佐人の同意を必要としない。
（10）本件で、大審院は次のように述べている。
「法律カ禁治産者等無能力者ヲ特定シ其行為ヲ取消スコトヲ許シタルハ無能力者ノ利益ヲ保護センカ為メ意思欠缺ノ事実ヲ證

明スルコトナク当然之カ取消ヲ為スコトヲ得セシメタルモノニシテ此等無能力者ニ非サルモノノ行為ハ絶対ニ其効力ヲ有スルノ趣旨ニ非ス故ニ例ヘハ禁治産宣告前ノ行為タリトモ事実上意思能力ヲ有セサリシトキハ其行為ハ無効タルヘク又之ト等ク縦令禁治産中ニ為シタル行為タリトモ全ク意思能力ヲ有セサル事実アルニ於テハ何等取消ノ意思ヲ表示スルコトナク当然無効タルヘキハ誠ニ明白ナル法理ナリトス」。

さらに、民法（債権法）改正委員会案では、明文の規定を設けている『債権法改正の基本方針』別冊NBL No. 126（平成二一（二〇〇九）年）二四頁。
(11) 例えば、不実登記事件について、民法第九四条第二項と同第一一〇条の「法意」にもとづいて善意無過失の第三者保護をはかる判決があるが、このような場合は、端的に両条の「類推適用」とすべきである。現に、最判昭和四三（一九六八）年一〇月一七日民集二二巻一〇号二一八八頁、最判昭和四五（一九七〇）年六月二日民集二四巻六号四六五頁などは、民法第九四条第二項と同第一一〇条の「法意に照らし、外観尊重および取引保護の要請」から善意無過失の第三者の保護をはかったが、最判平成一八（二〇〇六）年二月二三日民集六〇巻二号五四六頁は、このような「法意型」と呼ばれる判決群よりも、その要件事実が民法第九四条第二項や同第一一〇条よりも遠い事件について（「自ら外見の作出に積極的に関与した場合やこれを知りながらあえて放置した場合」とは違うが「同視し得る」と価値判断している）、両条の「類推適用」に改めている。
(12) 民法旧第五一三条は次のように定めていた。「当事者カ債務ノ要素ヲ変更スル契約ヲ為シタルトキハ其債務ハ更改ニ因リテ消滅ス
条件附債務ヲ無条件債務トシ、無条件債務ニ条件ヲ附シ又ハ条件ヲ変更スルハ債務ノ要素ヲ変更スルモノト看做ス債務ノ履行ニ代ヘテ為替手形ヲ発行スル亦同シ」
(13) 利息制限法第一条旧第二項は、次のように定めていた。「債務者は、前項の超過部分を任意に支払ったときは、同項の規定にかかわらず、その返還を請求することができない。」

（法学セミナー第六六〇、六六一号　二〇〇九年、二〇一〇年）

第三章　法解釈について

一　本稿の目的＝法解釈方法論の再構成

1　法解釈については、これまで、数多くの基礎法学者、実定法学者が、議論を重ねて来た。しかし、この議論は、未だ、まったく決着をみていない。
その理由は、種々、考えられるが、重要な理由は次の二点である。

第一点は、後述の如く、法解釈という作業が、「裁判」の一部であるにも拘わらず、その法的根拠が殆んど語られることはなかった。せいぜい、「立法者意思説」が、憲法第四一条に、その法的根拠が求められる、と説かれるくらいであった。そのために、〃法解釈〃の実体が不鮮明であった。

第二点は、次元の異なった法解釈方法が、同一次元で並列的に論ぜられてきた。例えば、「価値判断」と「論理解釈」が並列的に論ぜられている。そのために、議論が紛糾した。
2　そこで、本稿では、以上の二点に留意しながら、法解釈の方法について再構成を試みるものである。まず、第一点は、各法解釈方法の法的根拠は何か、ということを、自覚的に究明した。それは、法解釈が「裁判」の一部であり、しかも、「裁判」は（実体法的にも手続法的にも）憲法と法律に拘束されるのであるから（憲法第七六条第三項）、法的根拠のない法解釈方法は違憲であると断ぜざるを得ないからである（本書八三頁）。つぎに、第二点として、法解釈方法の再構成のためには、次のような分類が有益である、と考える。すなわち、その第一は、法解釈は〝べき〟（sollen）という「価値判断」であるから、その「価値判断」の基準を明らかにする必要がある。これを、法解釈の「実質的側面」と名付ける。その第二に、そのような価値判断を現実の法文解釈に実現する〝技術〟が問題となる。これを、法解釈の「形式的側面」と名付ける。これは、さらに、「法文内の解釈」と「法文外の解釈」に分類するのが、理解を容易にするであろう。

二　議論の前提＝法解釈の意義

1　本稿の目的からして、まず、法解釈とは一体どのような作業なのか、ということを確定しておく必要がある。
簡単な具体例を挙げよう。例えば、「桃中軒雲右衛門事件」（大判大正三年七月四日刑録二〇輯一三六〇頁）では、大審院は、浪花節の如き「即興的音楽」で「純然タル瞬間創作」芸には「著作権」は生じないとし、そして、民法旧第七〇九条の「権利」を、〝文字通り〟に解釈して、本件では、著作「権」を侵害していないとし、本件は民法旧第七〇九条の適用範囲外の事件である、とした。他方、「大学湯事件」（大判大正一四年一一月二八日民集四巻六七〇頁）では、大審院は、民法旧第七〇九条の「権利」を、厳密な意味で「権利」といえなくてもよく、「法律上保護セラルル一利益」を意味すると解釈して、本件は民法旧第七〇九条の適用範囲内の事件である、とした（もっとも、後述のように、本稿における「法解釈の形式的側面」からみて、このような「大学湯事件」の解釈には疑問がある）。

そして、この「大学湯事件」を契機として、判例学説が展開し、平成一七（二〇〇五）年の改正によって、民法第七〇九条に「又は法律上保護される利益」という文言が、加えられたことは、周知のところである。

この二つの判決から解るように、法の解釈、すなわち民法旧第七〇九条という条文の解釈において、「桃中軒雲右衛門事件」では同条の適用を否定しているのに対して、「大学湯事件」では同条の適用を肯定している。ということは、実は、「法解釈」というのは、当該条文の適用の〝範囲〟を確定する作業である、ということが解る。

そして、「権利」侵害の場合にのみ損害賠償を認めるとか、「法律上保護される利益」侵害の場合にも損害賠償を認める、というのは、水が高い所から低い所へ流れるといった自然的〝事実〟ではなく、損害賠償を認める〝べき〟（あるいは、認める〝べき〟でない）という人間の「価値判断」なのである。

この「価値判断」について、今少し詳述しておく。まず、これは、原告側（当該原告のみではない。）の利益と被告側（当該被告のみではない。）の利益を衡量し、どちらの利益が価値が高いかを判断する。これを〝狭義の〟価値判断と呼ぶ。このとき、価値判断の客観性を〝担保〟するために、予め「価値の序列」（価値のヒエラルヒア）が存在すると考えるのが妥当である（星野英一『民法論集第一巻』（一九七〇年、有斐閣）四四、五七頁）。この考えに対しては厳しい批判があるが（石田穣・前掲書九五頁、平井宜雄『平井宜雄著作集Ⅰ』（二〇一〇年、有斐閣）一一三頁）、しかし、それは、「意思自由原則」と同次元のものと考えるべきである（前田達明『不法行為帰責論』（一九七八年、創文社）一九八頁）。しかし、手懸りはある。我々法律家は、憲法をはじめ法のなかに、それを見付けるべきである。それこそが、後述の憲法第七六条第三項の「良心」である。次に、当該利益あるいは不利益を当該原告側あるいは被告側に〝帰属〟させるのが妥当であるのか、という価値判断すなわち〝正義の判断〟（正義論）がある。具体的法解釈論としては、例えば、民法第七一五条の「第三者」の解釈において〝重大な過失〟のある第三者は排除される（最判昭和四二年一一月二日民集二一巻九号二二七八頁）というのが挙げられる（後述の法意解釈）。他に、個別規定（例えば、民法第四一五条、同第七〇九条、同第一九二条）において、あるいは一般規定（例えば、民法第一条、同第二条）において、この〝正義〟の価値判断についての立法者の判断（意思）を表明しているのである。そして、その狭義の価値判断と〝正義〟の価値判断を合わせて〝広義の価値判断〟と呼ぶ。そして、これの法的根拠も憲法第七六条第三項の「良心」である。この広義の価値判断によって、いずれの当事者を勝訴させるのが妥当かの結論を出し、言語的表明方法をもって、当該事件は、当該法文の〝適用範囲〟であるとして法律効果の発生を認めたり、あるいは〝適用範囲外〟であるとして法律効果の発生を認めない、というのが「法解釈」という作業である。
2　そして、この作業は、前述のように、憲法第七六条第三項の要請により、裁判が法律の適用であることの必然的帰結なのである。すなわち、裁判は、法律を大前提とし、認定事実を小前提とし、法律効果を結論とする、という三段論法を採る故に（前田達明「主張責任と立証責任について」民商一二九巻六号二〇〇四年七七七頁（本書六六頁））、小前提たる認定事実が大前提たる法律の適用範囲内であるか否かを確定する作業が不可欠となるからである。この作業こそが「法解釈」なのである。すなわち、「具体的法規範」の設定作業である。
3　ここで、付言すると、例えば、民法第七〇九条をめぐって、〝違法一元論〟、〝過失一元論〟、〝過失違法二元論〟という理論の対立がある。しかし、どの理論を採用しても、同条の適用範囲に差はない。したがって、これは「法解釈」の対立ではない（本書二六五頁）。これらは、民法第七〇九条をめぐる法現象を如何に適切に説明出来るかの「法理論」の対立である。もっとも、これは、後述の「法の目的あるいは趣旨（法意あるいは法理）」に深く関係するところであるから、将来「法解釈」の対立となる可能性はある。例えば、民法第一七六条と同第一七七条をめぐって、〝不確定物権変動説〟、〝第三者主張説〟、〝法定制度説〟などの「法理論」の対立があるが、〝公信力説〟

が主張され、民法第一七七条の「第三者」は〝善意無過失〟の「第三者」に制限される、と主張されるに至って、それは「法解釈」論に発展した。

三　法解釈の実質的側面＝価値判断

1　「立法者意思」という基準

(1)　以上のように、「法解釈」が価値判断であることは、明らかとなったが、「判断」である限り、その判断のための「基準」が不可欠となる。それは、解釈者（最終的には裁判官）の〝主観的〟「基準」であってならないことは当然である（憲法第七六条第三項）。それでは〝客観的〟「基準」とは何か。
その第一に挙げられるべきは「立法者意思」という基準である。

そもそも、「言語」とは〝話し手〟の「意思」を〝聞き手〟に伝える手段、すなわち「意思」の伝達手段である（新村出編『広辞苑（第六版）』（二〇〇八年、岩波書店）八九八頁）。法文も言語であるからには、法は、その〝話し手〟すなわち「立法者」の「意思」の〝聞き手〟すなわち「国民」に対する伝達手段である。とすれば、その法文の「解釈」においては、必然的に「立法者」の「意思」を「基準」とすべきこととなる。そして、憲法第四一条が、「国会」が、国の唯一の立法機関である、と定めているところから、国会の「意思」を基準としなければならない。正に、「立法者意思」基準は憲法第四一条の要請するところなのである。後述のところから、明らかなように、「桃中軒雲右衛門事件」は、正に、この価値判断基準に従った判決なのである。
(2)　このような「立法者意思」基準に対しては、「言明を発した者の心理と言明の客観的内容の峻別」という

「疎外論」を基礎として、「労働の生産物たる言明化された知識は、必ずや生産者とは独立した存在として、自ら成長し、あるいは生産者の期待を妨げ、あるいはその者の思いも及ばなかった結果をもたらす」ものである、という理由で、「認識論のレヴェルから、立法者意思説が退けられるべき」である、という批判がある（平井宜雄「立法者意思説と法律意思説」時の法令一四〇〇号一九九一年四頁）。確かに、発せられた言語が発信者の意思とは、別の意味で受け取られることは、否定できない。しかし、殆んどの場合は、おおむね一致するものであって、殆んどの契約が予定通りに正常に履行されているのが、その証左といえよう。百歩譲って、右の認識論が正しいとしても、立法者意思説は、そのような「事実」を問題としているのではなく、当該法文の適用範囲については、まず、可及的に立法者の意思を探究し、可能な限り、その意思通りに適用範囲を確定「すべき」であるという「規範」を問題としているのである。すなわち、前述のように、憲法第四一条が「国会は……国の唯一の立法機関である」と定め、同第七六条第三項が「すべて裁判官は、……この憲法及び法律にのみ拘束される」と定めていることからの当然の法的帰結なのである。すなわち、立法者たる国会の意思（立法者意思）に従って、裁判官は当然に法文の適用範囲を確定しなければならない、というのが憲法の要請である。さらに、「武器としての有用性に基づいて用いられる言明について『疎外』を根絶することは不可能であろう。自己に有利だと思って主張した法律論が逆に不利に働く場合のあることは、法律家が日常経験するところであ」り、「経験的にも、立法者意思説が採られるべきでない」という批判（平井・前掲書五頁）も、同様に、「経験的」にそうであるからという「事実」の問題から「規範」の問題である立法者意思説を批判することは、次元の異なるところであって、妥当でない。さらに、前述のところと同様に、そのような「事実」は例外事例であり、それを原則として論ずることは妥当でない、と考える。

結論としていえることは、可能な限り「立法者意思」を探究することが憲法第四一条の要請であるということである。こうはいっても、勿論、「立法者意思」で全てが解決する、といっているのではない。
(3)　ところで、法には「空白」（欠缺。Lücke）が多い。さらに、「桃中軒雲右衛門事件」のように、当該法文を、そのまま具体的事件に適用するのは妥当でない場合がある。そこで、立法者は、予め、そのような場合に、別の解釈基準を用意しておく必要がある。それらも立法者が予定したものであるから、「立法者意思」基準である。例えば、民法第一条、同第二条が、それである。それはまた、憲法第九九条の「国会議員の義務」でもある。
①　民法第一条第一項は、「私権は、公共の福祉に適合しなければならない」と定めている。私権、特に民法上の重要な私権の一つである「財産権」は、憲法第二九条第一項によって保護されている。しかし、それも、同法第二、第三項によって「公共の福祉」による制限が認められている。それを受けて、立法者は、民法第一条第一項を定めた。例えば、最判昭和二五（一九五〇）年一二月一日民集四巻一二号六二五頁の「天の川事件」が、それである。事件はこうである。奈良県に「天川村」という村がある。そこに「天の川」という川が流れている。天川村周辺の吉野杉を切り出して、「天の川」へ流して、下流へ送って、木材にして売りさばく、ということが、慣習上、古くから行なわれていた。これは「河川使用権」という慣習法上の「物権」として認められていた。ところで、第二次大戦後、産業復興のために、電力事業が強力な役割を担っていた。そして、この「天の川」の水力発電も、その一翼を担うこととなった。しかし、そのために、木材を流すのが非常に不便になってしまった。すなわち、水力発電のために水量を調節しなければならない。そうすると木材を流せるときもあるし、流せないときもある。そこで、住民達が「河川使用権」を侵害するものであるとして、常に木材を流せるだけの水量を放流せよ、という請求をした。それに対して、大阪高裁は、確かに、住民達の居住地域における河川使用権は認められるが、そのような権利は、その上流（水力発電所の地域）には及ばない、と判示して、この請求を認めなかった。何か「ヴェニスの

商人」における判決のようであるが、その実質的価値判断は、もし、この請求を認めれば、「直ちに現在我が敗戦後の経済の復興再建に強力な役目をなす三大重要産業の一つである電力事業に大きな障害を与えることはいうまでもないことである」「然るに」こ「の河川使用権は所有権のように完全な不可侵的独占的の権利ではなく、天然に依つて与えられている流水を流材の目的のために利用することを内容とするのに過ぎないから」住民達「は同じ流水における控訴人等の使用権よりもはるかに公益上必要である他の河川使用権である」「発電を目的とする使用権に対しては原則として譲歩することを必要とし」発電所「の河川使用権の行使によつて受ける権益の侵害が」住民達「の死活に関する様な特に甚大のものでない限り」住民達は「これを忍受しなければならぬ義務があるものといわなければならぬ。このことは国民に基本的人権の濫用を禁止し公共の福祉のために利用する責任を負わせた憲法の精神からいつても当然であ」る（民集四巻一二号六四九頁）というのである。そして、最高裁は、この判断を是認したのである。
②　次に、民法第一条第二項は、「信義則」を定めている。これは、憲法第一二条に、権利行使は、「公共の福祉」のために利用すべきである、と定め、憲法第一三条に、生命、自由、幸福追求権は、公共の福祉に反しない限りで認められる、と定めていることに由来する。すなわち、権利行使は信義誠実に行なうべきであるというのは、その権利行使によって「公共の福祉」、すなわち他人の権利をも尊重しなければならない、ということである。その例としては、例えば、無効な売買契約ではあるが、七年間以上も放置しておいて、後に無効の訴えを起こして売買物件の返還請求又は損害賠償請求するのは「信義則上許されない」（最判昭和五一（一九七六）年四月二三日民集三〇巻三号三〇六頁「京都施薬院協会事件」）。他にも、最判平成三（一九九一）年一〇月一七日判時一四〇四号七四頁、最判平成六（一九九四）年九月一三日民集四八巻六号一二六三頁、最判平成一〇（一九九八）年四月三〇日判時一

六四六号一六二頁、最判平成一三（二〇〇一）年三月二七日民集五五巻二号四三四頁、最判平成一四（二〇〇二）年三月二八日民集五六巻三号六六二頁、最判平成一七（二〇〇五）年七月一九日民集五九巻六号一七八三頁、最判平成一九（二〇〇七）年二月六日民集六一巻一号一二二頁）が参照されるべきである。さらに、義務の履行は信義誠実に行なうべきである、というのは、「公共の福祉」すなわち他人の権利（自己の義務は、裏返せば他人の権利）実現に信義誠実に尽さなければならない、ということである。すなわち、憲法第一二条、同第一三条に定める「公共の福祉」を最も尊重すべきである、という思想の現れである。その例としては、例えば、医師は、診療債務の履行について、信義則上の（付随的）義務として十分な説明義務を尽さなければならない（単に、病気を治せばよい、というのでない。最判平成一三（二〇〇一）年一一月二七日民集五五巻六号一一五四頁「乳がん手術事件」）としたものがある。
③　さらに民法第一条第三項は、権利の濫用を禁止している。すなわち、権利の行使であっても、それが「濫用」であれば、法律効果の発生が認められないとか、さらに、不法行為として、損害賠償責任を負うこともある、ということである。これは、憲法第一二条にもとづくものである。その例としては、例えば、「宇奈月温泉事件」（大判昭和一〇（一九三五）年一〇月五日民集一四巻一九六五頁）や「信玄公旗掛松事件」（大判大正八（一九一九）年三月三日民録二五輯三五六頁）といったものである。
ところで、元来、先述の第二項の「信義則に従って権利を行使せよ」、というのは、すでに権利義務関係で結ばれている人と人との間に適用されるものであり（債権法の原則であった）、この第三項の「権利濫用は許さない」というのは、権利義務関係で結ばれていない人と人との間に適用されるものであった（所有権法の原則であった）。もっとも、現在の判例は同一事件において「信義則に反し、権利の濫用として許されない」として、両者を区別しな

いことが多い（例えば、最判昭和五一（一九七六）年五月二五日民集三〇巻四号五五四頁、最判平成八（一九九六）年六月一八日家庭裁判月報四八巻一二号三九頁など）。しかし、解釈論としては、第二項と第三項は、両条項を同時に適用するのは不適当であり、先述のような適用範囲の違いを採用すべきであろう。したがって、先述の最判昭和五一（一九七六）年五月二五日の事件は、信義則違反だけで処理すべきであり、最判平成八（一九九六）年六月一八日の事件は、権利濫用だけで処理すべきである。
④　また、民法第二条は、民法そして広く私法の解釈基準として「個人の尊厳」と「両性の本質的平等」を挙げている。これは憲法第一三条、同第一四条にもとづくものである。「個人の尊厳」についていうならば、例えば、個人情報保護のために、プライバシーが侵害される可能性のあるときは、物権よりも重要な人格権侵害を理由として、その差止め請求を認めるべきである（民法第一九九条の類推適用）。最高裁判所も、次のように述べている。「人格権としての名誉権に基づき、加害者に対して」「侵害行為の差止めを求めることができる」「名誉は生命、身体とともに極めて重大な保護法益であり、人格権としての名誉権は、物権の場合と同様に排他性を有する権利」である（「北方ジャーナル事件」（最判昭和六一（一九八六）年六月一一日民集四〇巻四号八七二頁）。
「両性の本質的平等」についていえば、例えば、女子の定年年齢を男子のそれより低く定めた「就業規則」は、「性別のみによる不合理な差別」として、民法第九〇条を介して（すなわち「公序良俗」の解釈として）、無効とした判例（最判昭和五六（一九八一）年三月二四日民集三五巻二号三〇〇頁「日産自動車事件」）が挙げられる。
⑤　最後に、立法者は、当該法文解釈の基準として、近時は、その法律の「目的」として冒頭に規定することが多い（特に特別法において）。例えば、割賦販売法第一条、特定商取引に関する法律第一条、住宅の品質確保の促進等に関する法律第一条や消費者契約法第一条などが挙げられる。これらは、次の「法の目的あるいは趣旨」という

価値基準であるが、特に立法者が予め明文の規定を定めているところから、これも「立法者意思」基準に分類すべきである。事例としては、説明義務の有無について消費者契約法第一条を用いて判断しているものがある（大津地判平成一五年一〇月三日「消費者法判例百選三二事件」「パソコン講座受講契約事件」）。

2　「法の目的あるいは趣旨（法意あるいは法理）」という価値判断基準

次に、当該法文の〝立法目的〟が挙げられる。それは、法体系全体との調和、あるいは立法趣旨といった仕方で説明されることもある。ただ、注意すべきは、この基準は、立法者でない解釈者個人の価値基準を忍び込ませる危険性があるということである。すなわち、立法者意思基準をもってする解釈を「主観的解釈」、法の目的あるいは趣旨を基準とする解釈を「客観的解釈」（目的論的解釈）と呼ぶが、実は、この「客観的解釈」（「目的論的解釈」）こそが、解釈者の「主観的解釈」となる危険性を有しているのである（いわゆる「利益衡量論」）。したがって、法の目的や趣旨も、主として、この法文の立法者が、この具体的事件のためならば、どのような価値判断をしたかを、可能な限り、先の立法者意思説から推測するという方法が採用されるべきであろう。

この価値基準にもとづく事件としては、例えば、〝意思無能力者の行為は無効である〟ということは、明文の規定はないが（「法の空白」）、判例（大判明治三八（一九〇五）年五月一一日民録一一輯七〇六頁「意思無能力者事件」）学説の一致して認めるところである。これは、法律行為制度（民法第九〇条～同第一三七条）と制限行為能力者制度（民法第四条～同第二一条）などの基礎となっている「私的自治原則」という「法理」から導かれるものである。なお、民法（債権法）改正委員会案では、明文の規定を設けている『債権法改正の基本方針』別冊 NBL No. 126（平成二一（二〇〇九）年）二四頁。

さらに、例えば、不実登記事件について、民法第九四条第二項と同第一一〇条の「法意」にもとづいて善意無過失の第三者保護をはかる判決がある（最判昭和四三（一九六八）年一〇月一七日民集二二巻一〇号二一八八頁、最判昭和四五（一九七〇）年六月二日民集二四巻六号四六五頁などは、民法第九四条第二項と同第一一〇条の「法意に照らし、外観尊重および取引保護の要請」から善意無過失の第三者の保護をはかった。なお、最判平成一八（二〇〇六）年二月二三日民集六〇巻二号五四六頁も参照）。

3　「歴史的変化」という価値判断基準

さらに、「歴史的変化」というものがある。この基準は、法の意味内容を立法資（史）料から、まず明らかにし（立法者意思の確定）、加えて、立法時の社会的諸条件の解明により、その条文の適用範囲（「射程範囲」ともいう。）を確定し、それと対比して、現在の「歴史的変化」という事実を価値判断の基礎とするものである。したがって、これによれば、制定時の字句・文章の意味、制定時における全法体系との理論的・体系的関連および制定時における目的・趣旨を問題とし、加えて制定時の社会状況と〝現在〞の社会状況との比較を行なうことになる。そこで、「大学湯事件」についてみれば、民法旧第七〇九条の立法時（明治二九（一八九六）年）と大正一三（一九二四）年の判決時を比較すれば、判決時には、日清戦争（明治二七（一八九四）～明治二八（一八九五））、日露戦争（明治三七（一九〇四）～明治三八（一九〇五））、第一次世界大戦（大正三（一九一四）～大正七（一九一八））に勝利し、国際連盟の五常任理事国の一つとなり、領土も四一八万平方kmから六七五万平方kmに拡大し、正に、欧米に追いつき追い越せの目的を、形としては、達成し、しかも、昭和大恐慌（昭和四（一九二九）年）も、まだ発生しておらず、正に〝大正デモクラシー〞の時代ということになる。そこで、この時代の大きな変化から見て、制定時の「権利侵害」要件は〝時代遅れ〟として、「権利侵害」でない場合も、不法行為法による救済を必要とする社会的要請があった、ということになる。そこで、「大学湯事件」は、立法者意思からすれば「法の空白」に存在する事件として民法旧第七〇九条の外におかれるが、「歴史的変化」という基準によって、損害賠償請求が認められた、すなわち救済された、ということになる。

4 「合憲性」という基準

「裁判」が憲法第八一条の「処分」に該当するというのが判例（最大判昭和二三（一九四八）年七月八日刑集二巻八号八〇一頁）通説である。そして、「法解釈」は、その「裁判」の一部であるから、当然「法解釈」も合憲性のテストを受けなければならない。すなわち、憲法第八一条から、その法解釈が、憲法の定める価値判断基準に合致していることが要請される。民法の解釈においては、その解釈が、特に基本権すなわち自由権と平等権さらに財産権の保護という価値判断基準に違反していないか、が問題となる。

自由権との関係でいえば、例えば、最高裁判所（最大判昭和三一（一九五六）年七月四日民集一〇巻七号七八五頁「謝罪広告事件」）は、民法第七二三条の「名誉を回復するのに適当な処分」として、新聞紙に謝罪広告を掲載すること（梅謙次郎は、これを例としている。梅謙次郎『民法要義巻之三債権篇』（一八九七年、有斐閣書房）九〇二頁）が、被告に「屈辱的若しくは苦役的労苦を科し、又は被告の有する倫理的な意思、良心の自由を侵害することを要求するものとは解せられない」から、憲法第一九条の定める価値判断基準に違反しないとした（藤田八郎裁判官と垂水克己裁判官は、憲法第一九条違反として反対意見を述べている）。

5　憲法第九九条の機能

次に、「法の目的あるいは趣旨（法意あるいは法理）」という基準や「歴史的変化」という基準によって「立法者意思」を補充あるいは変更（修正、訂正）することが許されるための法的根拠は、憲法第七六条第三項（「すべて裁判官は、……この憲法……に……拘束される」）、そして憲法第九九条である。憲法第九九条は、裁判官が憲法尊重擁護義務を負うことを定めている。したがって、裁判官が裁判をするにあたって、その法文の「立法者意思」に従ったのでは、憲法が保障する〝利益〟を、実質的には保護することにならないと判断したときは、むしろ、その「立法者意思」を変更して、憲法の保障する基本権を、実質的に保護しなければならないのである。ところで、憲法第四一条が要請するところの「立法者意思」という価値判断基準を変更する作業は、憲法第四一条を制限する作業である。憲法は、法形式のなかで、最も強力な法であるから、憲法規定を制限することのできるのは、憲法規定以外にはあり得ない。丁度、ダイヤモンドを研磨できるのは、ダイヤモンドしかないのに類似する。さらに、補充作業も、授権型空白（本書二二頁）を除いて、いわば新たな〝立法作業〟であるから、憲法第九九条が、その法的根拠となる。

この議論の前提には、裁判官が具体的事件において「法解釈」を行なう場合に、立法者意思に反した解釈をすることが憲法第四一条や同第七六条第三項に定める「権力分立」に違反しないか、という疑問である。その解答が本節の論述である。

なお、もし、憲法第九九条が存在しない場合を想定するならば、そのときは、憲法第七六条第三項と憲法第八一条に鑑み、裁判官には法律の補充、修正、訂正の権限と義務があると構成することが可能である。

四　法解釈の形式的側面＝言語的表明方法

以上のような価値判断基準に従って出された結論、すなわち価値判断（法律効果を認めるべきか、認めるべきでないか。）を理由付けるためには、その言語的表明方法が必要となる（憲法第三二条、民訴法第二五三条第一項第三号）。それは、憲法第三二条が基本権の一つとして「裁判を受ける権利」を認めていて、それは、どんな裁判でもいいのではなく、当然に〃筋の通った〃（論理の整った）裁判を受ける権利を保障しているからである。これが、法解釈の〃技術的〃側面である。その方法としては、法文内における方法（法文内解釈と名付ける。）と、法文外における方法（法文外解釈と名付ける。）に区別すると理解が容易である。

1　法文内解釈

(1)　まず、「文理（文言）解釈」とは、法文に用いられている字句の意味と文法に従って、その条文の意味を解明することであり、正に、〃文字通り〃の解釈と呼ばれるものである。それでは、その「意味」とは何であろうか、前述のように、憲法第四一条から明らかなように、法文とは、立法者すなわち国会の意思を国民に向かって伝達する手段である。したがって、文理解釈とは、その法文をもって、立法者が、何を国民に伝達しようとしたか、の「意味」を明らかにすることである。それは、丁度、「古文」の解釈に似ている。例えば、国文学者が「源氏物語」の注釈を行なって、紫式部が何を読者に伝えようとしたかを可能な限り探究するのに似ている。したがって、国会の議事録、委員会の議事録、さらに現実に起草にあたった法制審議会での議論（法典調査会民法議事速記録など。以下、速記録という）、あるいは起草にあたった人々の解説書などが手懸りとなる。例えば、民法旧第七〇九条の「権利侵害」が如何なる意味かは、帝国議会では、何ら議論されずに、原案通りに承認されているので、その起草会議の議論を見る必要がある。そこでは、諸外国法典において漠然とした書き方になっているが、帰するところは、生命とか財産とか名誉とか何か法が「権利」と認めたものの侵害でなければ不法行為債権は発生しないと論じ（速記録四〇巻一四七丁裏以下）、その権利は、財産権に限らず、生命、身体、名誉、自由（速記録四〇巻一五四丁裏）、債権（速記録四〇巻一五七丁表）など非常に広い概念である（速記録四〇巻一五五丁表）、と説明している。しかし、起草者は、この要件を絶対的なものと考えていたので、横田国臣委員が、旧民法より狭くて、救済から漏れるものが出て遺憾であるとし、「故意又ハ過失ニ因リ他人ニ損害ヲ加ヘタル者ハ其賠償ノ責ニ任ス」というのがよいのではないか、と問うたのに対して、穂積陳重委員は、〃とにかく、権利侵害という事だけが通例としてありませんと、誠に其境がありませんのでありまして、幾か社会に住んでいる以上は、他人に損害を及ぼすということが度々あることでありますから、其境だけは存して置いて貰いたいと思います〃と答え（速記録四〇巻一七三丁表以下）、この不法行為規定は、既存の権利を保護するものであって、新たな権利を創設するものではない、と論じている（速記録四〇巻一七七丁表以下）。そして、損害の発生はあるが、権利侵害のない場合として、ある人から「並の救助」を受けていた書生が、その人の負傷失職によって救助を得られなくなった、という場合に、書生への救助は（恩恵的なもので）権利義務ではないから、書生には加害者に対して損害賠償請求できないとか（速記録四〇巻一六四丁表以下）、造る義務はないが、自己の土地防御のために築いた「掻上げ堤」を除去したところ、反射的利益を得ていた下流の土地所有者が損害を受けた場合など、が挙げられている（速記録四〇巻一八〇丁表以下）。

さらに、現行民法典が、ボワソナアド民法典（「既成法典」、いわゆる旧民法典）の改正法典であることに鑑みれば、ボワソナアド民法典の立法資（史）料も立法者意思探究の重要な手懸りであり、その上それがフランス民法典を模範としたことに鑑みれば、フランス民法典研究（特に、ボワソナアド時代のフランス民法典の解釈状況）が不可欠となり、加えて、現行民法典が、ドイツ民法典草案その他の法典や判例を参照して起草されたことに鑑みれば、それらの研究も「立法者意思」の確定に不可欠といえるであろう。

なお、この外国（比較）法研究は、立法者が立法の前提としていた場合（例えば、民法第四一六条）以外は、「法の目的あるいは趣旨（法意あるいは法理）」や「歴史的変化」の問題ともなる。

さらに、立法者が特に「意味」を解説せずに用いている用語については、第一に、法律用語として、法律家の間における周知の意味を付与されているものと考えてよいであろう。この場合は、法学辞典やその他の条文（例えば「準占有」の意味。民法第二〇五条）などが手懸りとなるであろう。例えば、民法第七〇九条において、「権利」については、特に解説なしに議論されているが、これなどは、法学辞典によって容易に明らかとなるであろう。第二に、それは、まったくの一般用語として、法学辞典などにも載っていない場合には、国語辞典などによって、その意味を解明すべきであろう。例えば、民法第七〇九条の「よって」とは、『広辞苑（第六版）』（二〇〇八年、岩波書店）二九〇六頁）によれば、「それがために、そのゆえに。」という意味が解説されており、「理由を述べた文から、結論を述べる文に続ける場合に用いる語」（『新装改訂新潮国語辞典』（昭和五七（一九八二）年（新潮社）二〇五九頁）ということになる。すなわち「故意又は過失」が「理由（原因）」で「他人の権利又は法律上保護される利益を侵害」が「結論（結果）」であり「故意又は過失によって他人に権利又は法律上保護されている利益を侵害」が「理由（原因）となって「生じた損害」が「結論（結果）」ということになる。

なお、「立法者意思」の確定作業が、史料や資料を駆使して、歴史学や国文学のように、客観的に検証可能な作業であるから、一見、〝科学〟的作業のように思えるが、実は、歴史学や国文学もそうであるように、そこには、作業〝者〟の価値判断が入り込む危険性が大である。したがって、このことを大いに留意すべきである。

以上の作業を通じても「立法者意思」が不明の場合も存在する。むしろ、そのような場合の方が多いであろう（特に「一般条項」の場合）。そのときは、その他の価値判断基準をもって補充することになる。例えば、「乳がん手術事件」（民法第四一五条の「債務」の解釈）、「日産自動車事件」、「パソコン講座受講契約事件」が、それである。さらに、民法第四二三条の「自己の債権を保全するため」の意味は、具体的に、どのようなことかは明確でなく（梅謙次郎は、例えば、不動産売買契約で買主は登記移転を民法第四二三条で行なえるとしている。梅謙次郎『民法要義巻之三債権篇』一八九七年（有斐閣書房）七四頁）、「無資力」という判例通説の要件は「法の目的あるいは趣旨」という基準による補充といえよう。あるいは民法第七七〇条の「有責配偶者の離婚請求」について、立法者意思は不明である。そこで、かつては法の目的あるいは趣旨という基準で否定したが（最判昭和二七（一九五二）年二月一九日民集六巻二号一一〇頁）、近時は、家族制度の変化や家族観の変化によって認められる方向にある（最大判昭和六二（一九八七）年九月二日民集四一巻六号一四二三頁）。正に「歴史的変化」という基準による変更である。

さらに、原則として「文理解釈」は「立法者意思」の解明である、とすれば、前述のように、ときに、その他の価値判断基準によって、その「立法者意思」を拡張して法の適用範囲を拡大したり、逆に制限して法の適用範囲を縮小しなければならない場合もある。そこで、まず、法文内においても「論理解釈」の作業が必要となる。
(2)　論理解釈とは、論理の力を借りて、その法文の適用範囲を確定することである。それは、法文内解釈においては、次の三種類がある。すなわち、拡大（拡張）解釈と縮小解釈と目的論的制限解釈である。
①　「拡大（拡張）解釈」とは、文理解釈によって確定された当該法文の「意味」を拡げる解釈である。すなわ

ち、「法の空白」部分に、その法文の適用範囲を拡げる解釈である。それは、法文に用いられた言語の外延は、「立法者意思」を超えることが一般であることから可能となる解釈である（言語の意味が許容する範囲（die durch den möglichen Wortsinn gezogene Grenze）Larenz, Methodenlehre der Rechtswissenschaft, 3. Aufl., 1975, S. 377ff.）。例えば、民法第七一一条の「子」については、血縁関係があって戸籍上も「子」として記載されている者（民法第七七二条、同第七七九条、戸籍法第四九条）と、血縁関係はないが戸籍上に「養子」と記載されている者（民法第八〇九条。「特別養子」は勿論。戸籍法第六六条、同第六八条の二）が、それにあたることは、文理解釈上、問題ないであろう。それでは、血縁関係はあるが未認知の「子」は、どうであろうか（大判昭和七（一九三二）年一〇月六日民集一一巻二〇二三頁は否定。福岡地飯塚支判昭和三四（一九五九）年一〇月三〇日下民一〇巻一〇号二二九二頁は肯定。東京高判昭和三六（一九六一）年七月五日高民一四巻五号三〇九頁は肯定。神戸地伊丹支判昭和四六（一九七一）年四月一二日判タ二六七号三四四頁は肯定）。さらに、血縁関係はないが嫡出子として戸籍上は記載されている〝子〟はどうであろうか（法律上は「子」でない〝藁の上からの養子〟。最判昭和五〇（一九七五）年四月八日民集二九巻四号四〇一頁）。これらの「子」は、自然科学上さらに社会通念上は「子」という用語の中に入れても不自然ではない。もし、これらの「子」についても、具体的事件において、民法第七一一条を〝適用〟して慰謝料請求を認めるとすれば、これを「拡大解釈」と名付ける。なお、同様のことは、民法第七八七条の「子」の解釈において、夫の死後に、妻（元妻）（民法第七三三条第一項）が、凍結保存された夫の精子を用いて、人工授精し出産した場合、自然科学的には父である者に対して、その「子」は認知の訴えができるかというときにも、問題となる。すなわち、第一審は否定したが（松山地判平成一五（二〇〇三）年一一月一二日判時一八四〇号八五頁）、第二審はこれを肯定した（高松高判平成一六（二〇〇四）年七月一六日判時一八六八号六九頁）。しかし、第三審はこれを否定した（最判平成一八（二〇〇六）年九月四日民集六〇巻七号二五六三頁）。したがって、第二審は、民法七八七条を「拡大解釈」した、ということになる。
②「縮小解釈」とは、文理解釈によって確定された当該法文の「意味」を、当該法文以外の法文の「法目的」や「法理」あるいは「歴史的変化」によって、狭く解することである。すなわち、「適用範囲」を縮小して、「法の空白」部分をつくることである。例えば、「天の川事件」、「京都施薬院協会事件」において、民法第七〇四条を「信義則（民法第一条第二項）によって「他人」を制限したり、また、前述の民法第一七七条の「第三者」の範囲から「信義則」によって「背信的悪意者」を排除する（最判昭和四三（一九六八）年八月二日民集二二巻八号一五七一頁）などが、その例である。
③「目的論的制限解釈」（teleologische Reduktion）とは、文理解釈によって確定された当該法文の意味を、当該法文に内在する「法目的」によって、狭く解することである。例えば、民法第一〇八条において、本人の「利益保護」という同条の法目的から、本人の利益のみをはかる自己代理行為には同条を適用しない（大判昭和一四（一九三九）年三月一八日民集一八巻一八三頁）、民法第一七七条において、対抗問題をもって不動産物権変動の安定をはかるという法目的から、登記不存在を主張する正当な利益を有しない第三者には同条を適用しない（大連判明治四一年（一九〇八）年一二月一五日民録一四輯一二七六頁）といった場合である。

2　法文外解釈

(1)　まず、「反対解釈」、といわれるものがある。前述の如く「文理解釈」や「拡大解釈」による法文の適用範囲外については、規制がないわけであり、その通りに、論理解釈をもって、規制がない、すなわち「法の空白」部分であると解するのが、「反対解釈」である。例えば、「桃中軒雲右衛門事件」がそれである。さらに、民法第七三七条には「未成年の子が婚姻をするには、父母の同意を得なければならない」とある。他方、成年の子の婚姻については父母の同意を要するか否かという点についいては、明示規定はないが、民法第七三七条の反対解釈として同意は不要、とする場合である。
(2) 次に、「類推解釈」、といわれるものがある。本来、「文理解釈」や「拡大解釈」によっても、その法文の適用範囲外とされたところは、これも「法の空白」部分であって、法の保護はないわけであるが（前述の「反対解釈」）、法の「目的あるいは趣旨（法意あるいは法理）」、さらには「歴史的変化」といった価値判断基準から、法文の「文言」を離れて、その法文が対象としている事件と類似した事件に、その類似性を根拠として、論理解釈をもって、その法文を類推適用することを「類推解釈」という。例えば、「大学湯事件」（「権利」と「法律上保護される利益」は異なった要件事実を要求する）や「北方ジャーナル事件」や「意思無能力者事件」や「不実登記事件」が、それである。さらに、自然科学上も一般社会通念上も、「義姉」にとって「義妹」は「子」ではないが、具体的事件において、民法第七一一条の「子」に類似する者として、妻の死につき夫の妹（最判昭和四九（一九七四）年一二月一七日民集二八巻一〇号二〇四〇頁）に、同条を類推適用して、遺族固有の慰謝料を認めるといった場合である。なお、「勿論解釈」というのも類推解釈のことである。例えば、法文の規定内容からより強い理由で、法律効果が認められるというものである。例えば、民法第七三八条から、被保佐人は婚姻するについて〝勿論〟保佐人の同意を必要としない。

3　反制定法的解釈（contra legem）

法文がある場合、それに該当する事件に、その法文を適用するのが、憲法第四一条と憲法第七六条第三項の要請である。しかし、その法文の「保護する〝利益〟」に優先すべき〝利益〟がある場合、むしろ、後者の〝利益〟を保護するのが（法の目的や趣旨、さらに全法律体系からみて）、憲法第七六条第三項や憲法第九九条に合致するものとして、その法文を適用しない、という解釈を「反制定法的解釈」という。その第一類型は、法文自体が「憲法違反」の場合である（憲法第八一条。例えば、最大判昭和六二（一九八七）年四月二二日民集四一巻三号四〇八頁）。また、利息制限法第一条旧第二項[1]についての最大判昭和四三（一九六八）年一一月一三日民集二二巻一二号二五二六頁の解釈（過払利息の返還請求を認める。[2]）も、実質的には、反制定法的解釈といえよう（実質的憲法違反）。その第二類型は、「立法者の誤解」の場合である（憲法第九九条にもとづく裁判官の訂正義務）。例えば、民法第五一三条第二項旧後段[3]は、手形法理についての立法者の誤解にもとづく法文であり（磯村哲編『注釈民法（一二）』（一九七〇年、有斐閣）四八五頁（石田喜久夫））、現在は削除されている（手形法理（無因性）についての誤解。平成一六（二〇〇四）年法律一四七号で削除。本書八三頁）。この解釈は、憲法第四一条に鑑み、抑制的であるべきで、原則として、この二類型に限定すべきであろう。

五　結論＝最終決定基準と要約

1　このような法解釈作業の思考順序は、次の如くである。まず第一に憲法第四一条からして「立法者意思」基準を探究し、それが当該事件の解決にとって不適当（不明の場合も含めて。）であるというときに、憲法第九九条によって「法の目的あるいは趣旨（法意あるいは法理）」基準あるいは「歴史的変化」基準をもって、「立法者意思」基準を変更あるいは補充し、最後に、憲法第八一条によって、それが「合憲性」基準に反しないかを検証するのである。以上のうちで、いずれの基準を採用するかを決定する「最終決定基準」こそ「リーガル・マインド（憲法が当該事件において最も守ろうとしている〝利益〟への同調・Sympathy）」と呼ばれるものである。そして、この「リーガル・マインド」は憲法第七六条第三項の定める「良心」である（正義論、利益衡量論に繋がる。）、と考える。
2　そして、その価値判断によって選択された結論を、前述の法解釈の形式的側面すなわち言語的表明方法によって判決文に表示して、原告と被告に告げ、以て、両当事者を法的に拘束するのである。
3　以上のことを、要約すると、次のようになる。
法の解釈＝法文の適用範囲の確定（価値判断）
(A)法解釈における価値判断基準
①(i)「立法者意思」という基準（憲法第四一条）
(ii)「法の目的あるいは趣旨（法意あるいは法理）」という基準（憲法第九九条）
(iii)「歴史的変化」という基準（憲法第九九条）
②「合憲性」という基準（憲法第八一条）
③最終決定基準＝「リーガル・マインド」（憲法第七六条第三項「良心」）
(B)法解釈の言語的表明方法（憲法第三二条）
①法文内解釈
(i)文理（文言）解釈＝立法者意思の探究
(ii)拡大（拡張）解釈
(iii)縮小解釈

(iv)目的論的制限解釈
論理解釈
②法文外解釈
(i)反対解釈
(ii)類推解釈
③反制定法的解釈

（1）利息制限法第一条旧第二項は、次のように定めていた。「債務者は、前項の超過部分を任意に支払ったときは、同項の規定にかかわらず、その返還を請求することができない。」
（2）もっとも、過払金を元本に充当するということは、立法者意思であったといえよう。最大判昭和三七（一九六二）年六月一三日民集一六巻七号一三四〇頁（一三四八頁）。この事件については、亀本洋『法哲学』（二〇一一年、成文堂）三四頁に、優れた分析がある。
（3）民法旧第五一三条第二項旧後段は、次のように定めていた。「債務ノ履行ニ代ヘテ為替手形ヲ発行スル亦同シ」

（法曹時報　第六四巻第一号　二〇一二年）

第四章　主張責任と立証責任について

一　本稿の成り立ちと目的

1　先般、民商法雑誌第一二八巻三号（二〇〇三年）四三四頁に、伊藤滋夫＝山崎敏彦編著『ケースブック要件事実・事実認定』（二〇〇二年、有斐閣）の書評（以下、「書評」にて引用）を掲載させていただいた。それに対して、多くの方々から御高批を賜り、特に、賀集唱弁護士、吉原省三弁護士、村上正敏判事、本多俊雄判事、笠井正俊教授からは、多大の教示をいただき、自説を大いに発展させることができた。さらに、二〇〇三年一二月一一日に京都大学法経第四教室で開催された京都大学法学会大会において、退官記念講演の機会を与えられ、「民事裁判に勝つ方法――要件事実の話――」と題して、右の自説を公表させていただいた。本稿は、その講演原稿を基にして、執筆したものである。
2　本稿は、表題のテーマについての司法研修所の立場（以下、「通説」と呼ぶ。）に対する疑問と、その問題点を明らかにしようとするものである。そこで、まず議論の前提として、要件事実、主張責任そして立証責任（挙証責任、証明責任、Beweislast）について、共通の認識を再確認しておく。

二　議論の前提

1　(1)　第一に、「要件事実」とは何か。通説によれば「法律要件に該当する具体的事実」（司法研修所編『増補民事訴訟における要件事実　第一巻』（一九九八年、法曹会）二頁。以下、「司研・前掲書」にて引用）とする。これが「主要事実」乃至「直接事実」と、どのような関係にあるのかは、議論にあるところであるが（さしあたり、松本博之「要件事実と法学教育（1）」自由と正義六五八号（二〇〇三年）一〇一頁）、現在は、この通説に従い、同じものである、としておく。そして、法律要件を構成する要素（法律要件構成要素）に該当する個々の事実（遠藤浩ほか『民法(7)』（一九七〇年、有斐閣）九七頁）も、法律要件全体に該当する事実も、共に「要件事実」としておく。
(2)　次に、何故に、この「要件事実」という法概念が必要なのか。それは憲法第七六条第三項にもとづく。すなわち、裁判官は裁判をするにあたって、憲法と法律に拘束される。したがって、憲法と法律に従って裁判をしなければならない（憲法第七六条第三項）。これは、法の支配と三権分立理論である。[1] そして、法律に従って裁判するとは、次のことを指す。すなわち、法律は、法律要件の充足によって法律効果が発生する（大前提）、という構造になっていて、裁判では、その法律要件に該当する事実、すなわち「要件事実」の存在が認められるとき（小前提）、その法律効果が発生する（結論）、という三段論法をとることによって、法律に従って裁判をする、ということが実現されるのである（これを、後述の憲法第七六条第三項の手続法的意義に対して、憲法第七六条第三項の実体法的意義と名付ける）[2]。これによって、裁判官の恣意や個人的事情によって、結論に差が出ないことが保障され、ひいては国民の基本権が保護される、というわけである（裁判ファッショの防止）。すなわち、「モンテスキュー裁判官自動機械説」と名付けられるところである（米倉明『民法の聴きどころ』（二〇〇三年、成文堂）一三八頁）。例えば、コーヒーの自動販売機に、「一〇〇円を入れると（法律要件）、コーヒー一本が出る（法律効果）」と表示されているとき（大前提）、現実に「一〇〇円玉一個」を入れる（「要件事実」）と（小前提）、現実に「コーヒー一本が出でくる」（結論）、というわけである。モンテスキューは、「裁判官は、法律の文言を宣言する口（la bouche qui prononce les paroles de la loi）に過ぎない」（Montesquieu, L'esprit des lois, nouvelle edition, 1878, p. 149）といっている。勿論、現実の裁判が、そう単純でないことは、周知のところであり、裁判官のパーソナリティが、裁判の行方に大きく影響していることは、つとに指摘されている。それよりも、もっと理論的なところで、右のような仮設は妥当しないことが明らかである。すなわち、「過失」や「正当事由」といった「規範的要件」（かつては、「不確定概念」とか「不特定概念」といった用語が用いられたが、現在は、価値判断を含む要件という意味で「規範的要件」と呼ばれるのが一般であるので、これに従う。）の存在である。そして、何が「規範的要件」かについては問題があり、例えば、「建物」なども価値判断を要することが多いとの指摘があり（石川義夫「主要事実と間接事実」『新・実務民事訴訟講座Ⅱ』（一九八一年、日本評論社）二六頁。以下、「実務民訴」にて引用）、近時は、殆どの要件が規範的要件であるという主張もなされている（笠井正俊「不動産の所有権及び賃借権の時効取得の要件事実に関する一考察――いわゆる規範的要件の評価根拠事実と評価障害事実という観点から――」判タ九一二号（一九九六年）四頁）。自説においても、実は、全ての法律要件は、裁判官の価値判断を必要としているという意味で、「規範的要件」であると考えている。[3]例えば、民法第三条の「二十年」は、規範的要件でなくて、裁判官の「価値判断」を介入させない要件として、「事実的要件」と呼ばれているが、実は、これとても、立法趣旨や全法体系から価値判断の介入の余地がないわけではなく、さらに、その起算点や当該契約の成立時を操作することも可能である。すなわち、裁判とは、憲法や法律といった抽象的法規範の範囲内（どこまでが範囲内かは、正に実体法の解釈の問題である。）において、具体的事件にのみ適用される「具体的法規範」の定立なのである。したがって、裁判とは、理論的帰結として、裁判官の価値判断を当然に内包しているのである。
⑶　さて、要件事実は、訴訟物を特定して、裁判所が法に従った裁判をすることを可能にし、さらに相手方にとって攻撃防御の対象を明らかにする機能を有するから、原則として、社会的具体的事実は、いわゆる5のW、すなわちＷｈｏ（誰）、Ｗｈａｔ（何）、Ｗｈｅｎ（何時）、Ｗｈｅｒｅ（何処）、Ｗｈｙ（何故。例えば動機）をもって「特定」する必要がある（賀集唱「民事裁判における訴訟指揮」法曹時報二四巻四号（一九七二年）六六一（六七一）頁、司研・前掲書五二頁）。もっとも、あまりに、厳格に、それを要求することは、不可能を強いることになる場合もあり、そうでないとしても、訴訟経済に反することになる場合もある。そして、結果として、その要件事実の主張がないものとして、その法律効果を否定することは、実質的に憲法第三二条に違反することになるであろう。したがって、前述の機能に適合する程度に「特定」できた、とみなし得るときは、それをもって可とすることが必要になる（例えば、最判昭和三二年五月一〇日民集一一巻五号七一五頁（新堂幸司・別冊ジュリスト『民事訴訟法判例百選Ⅱ（新法対応補正版）』（一九九八年）一一二事件））。
⑷　ところで、この「法律に従った裁判」原則に違反した場合、すなわち、法律上に認められていない法律要件や法律効果を裁判所が創造して判決した場合には、そのサンクションとして、如何なる上告理由が考えられるであろうか。理論的には、憲法第七六条第三項違反として、民事訴訟法（以下、民訴とする。）第三一二条第一項の上告理由にあたるといえよう。しかし、すべての法令は、憲法の定める価値実現のための手段であるから、すべての法令違反は最終的には憲法違反となるわけであり、そのことをもって上告理由とすることは許されず、法令の問題に

留めるべきこと（民訴第三一八条、同第三二五条第二項、民訴第三一二条第二項第六号）は、当然のことである。さもなくば、法体系を無視することになり、すべての法令は無に帰するのである。いわゆる「法の空白」の場合も、まず、反対解釈や類推解釈などをもって補充し、解釈をもって補充できず、十分な説得力ある法理論が得られないときに、はじめて憲法問題とする可能性（山本敬三「人格権」別冊ジュリスト『民法判例百選Ⅰ（第六版）』（二〇〇九年）一〇頁、同「憲法による私法制度の保障とその意義」ジュリスト一二四四号（二〇〇三年）一三八頁）を検討すべきであろう。したがって、現実には、法律の解釈の問題として（例えば、民法第七〇九条の効果として「差止請求」を認める、といった場合。最判平成七年七月七日民集四九巻七号二五九九頁も、人格権（憲法第一三条、同条二五条）侵害についての受忍限度を前提としたものである）、民訴第三一八条の「上告受理申立理由」、あるいは民訴第三二五条第二項の破棄理由となるであろう。もっとも、民訴第三一二条第二項第六号の上告理由に該当する可能性もあるであろう。

2　(1)　第二に、「主張責任」とは何か。それは「法律効果の発生要件（法律要件）に該当する事実（要件事実）が弁論に現れないために、裁判所がその要件事実の存在を認定することが許されない結果、当該法律効果の発生が認められないという訴訟上の一方の当事者の受ける不利益」（司研・前掲書一一頁）と定義されている。この定義については、表現方法に差はあっても、実務界そして学界において異論はないであろう。自説も、これに従うものである。

(2)　では、この主張責任という法概念は、何故に、必要なのか。それは、憲法第一三条に基づくものである（自説によれば、憲法第一二条にも、基づくものであると考える）。すなわち、憲法第一三条は、私的生活空間に関する事項については当事者の自治にまかせるべきである、という「私的自治原則」を定めている（山本敬三『民法講義Ⅰ総則』（二〇〇一年、有斐閣）九五頁）。そして、このような私的自治の支配する領域の紛争についても、当然に、当事者の自治が尊重され、裁判所に、その解決を求めたときも、その審理の主役は当事者である（通説）。正確にいうと、判決の基礎となる事実の鑑定に必要な資料（訴訟資料）の提出を、当事者の権限と責任において行なう、ということであり、これを「弁論主義」という。[4] そして、この弁論主義の一内容として、先の「要件事実」も、当事者の弁論に現れない限り、裁判所は判決の基礎にできないのである（もし、弁論に現れないのに、それを裁判所が判決の基礎とすれば、それは私的自治原則の侵害なのである）。すなわち、その「要件事実」は存在しないもの、として扱われ、したがって、それを要件とする法律効果は発生せず、その法律効果の発生を望む当事者は不利益を受けるのである。この不利益を「主張責任」というわけである。

そして、それは、憲法第一三条（同第一二条）にもとづくが、より具体化した規定が民訴第二五三条第二項である。すなわち、主文が請求認容であれば、その法律効果の前提たる法律要件該当事実（要件事実）の主張が必要であり、請求棄却ならば、その主張がないか（「ない」と判決書に書かれる）、抗弁たる法律効果の法律要件該当事実（要件事実）の主張が必要であることを定めているのである。
(3)　ところで、弁論主義のもとにおいては、権利の発生、障害、消滅の法律効果の判断に直接必要な要件事実は、当事者の弁論に現れない限り、裁判所が判決の基礎とすることは許されないが、当事者の弁論に現れた場合には、その事実について主張責任を負う当事者から陳述されたものであるかどうか、を問うことなく（主張共通の原則）[5]、また主張された事実についての法律効果の判断は、裁判官の職権事項に属するから、主張された要件事実を確定した以上、裁判所は、法律効果に関する当事者の主張がなくても、その法律効果を判断して請求の当否を決することができる、と判例はいう（最判昭和四三年一一月一九日民集二二巻一二号二六九二頁）[6]。すなわち、〝事実は当事者が提出せよ、法律の適用は裁判所の職権事項である〟、という原則である。[7] ただ、この原則については、次の二点において、注意を要する。

第一点は、こうである。例えば、売買契約にもとづく代金支払請求訴訟で買主が未成年者であり、しかも法定代理人の同意を得ていなかった、という「要件事実」は、当事者の弁論に現れていたが、買主は「弁済した」と抗弁し、「取消（民法第四条）」を主張しなかったというとき、裁判所は、民法第四条によって、その契約は取り消された、と判決することは、当然できない。何故なら、民法第四条は、法律効果として、取消権の発生を認めたもので、その権利の行使は当事者にまかされているからである。

だから、法律効果によっては、当事者の主張が必要な場合がある、ということである（時効についても同様である。民法第一四七条）。

第二点は、こうである。例えば、無効は、特定人の行為を必要とすることなく、最初から当然に無効である、といわれている。しかし、無効には、絶対的無効と相対的無効がある（近江幸治『民法講義Ⅰ民法総則（第四版）』（二〇〇三年、成文堂）二四八頁）。後者は、私益保護を目的として（例えば、意思無能力、そして、心裡留保（民法第九三条但書）、錯誤（民法第九五条）、虚偽表示（民法第九四条第一項）も、それである、といわれている）、この場合は、当事者の弁論に、その「要件事実」が現れていても、先の「取消」と同じく、法律効果（無効）の主張がなければ、裁判所は、その法律効果を判断することはできない、と解すべきであろう（「取消的無効」と呼ばれるものである。山本克己「当事者の一方しか「主張」し得ない無効と主張共通の原則――錯誤無効を例に――」前田達明ほか編『民事法理論の諸問題　奥田昌道先生還暦記念　下巻』（一九五五年、成文堂）一一三頁）。他方、前者は、公益保護を目的とし、公序良俗違反（民法第九〇条）、強行法規違反（民法第九一条。筆者は、強行法規違反は、民法第九〇条の問題であると解釈している。）が、それである、とされている。この場合は、「要件事実」が当事者の弁論に現れている場合は勿論

（最判昭和三六年四月二七日民集一五巻四号九〇一頁（篠田省二・別冊ジュリスト『民事訴訟法判例百選Ｉ（新法対応補正版）』（一九九八年）九七事件））、当事者の弁論に現れていなくても（例えば、証拠調べによって）、その事実が確定できれば、当事者が、その法律効果（無効）を主張していなくても、裁判所は、その法律効果を判断できる、というのが、近時の通説であろう。すなわち、適法な手続きによって、裁判所にとって公序良俗違反（民法第九〇条）の要件事実が明らかとなれば、それを放置することは、裁判所が、その公序良俗違反に手を貸すことになるからである。[8] もっとも、明白な強行法規違反（例えば、殺人依頼契約）の場合は、それでよいとしても、公序良俗違反といえるか否か争いのある場合[9]（多くの取締法規違反や良俗違反）、当事者が、その法律効果（無効）の主張をしていない場合は、「不意打ち防止[10]」の観点から、釈明義務があると解すべきであろう（奈良次郎「釈明権と釈明義務の範囲」鈴木忠一・三ケ月章監修『実務民事訴訟講座Ｉ』（一九六九年、日本評論社）二二五頁、二三二頁）。

以上、要件事実が当事者の弁論に現れていないときでも（ましてや、その法律効果の主張がなくても）、裁判所は、その法律効果の判断ができる場合がある、ということである。
(4) なお、要件事実（主要事実）の他に、要件事実の存否（真偽）の推認に役立つ「間接事実」（例えば、「雨が降った」という「要件事実」に対して、「地面が濡れている」という「間接事実」。もっとも、散水車が水を撒いたかもしれない）、あるいは、証拠の証拠力（信用性）に関する「補助事実」（例えば、その証人は以前に偽証罪で有罪になったことがある。）などがある。そして、当事者の弁論に現れることを必要とするのは、要件事実だけで、他は、弁論に現れる必要はないとされている（もっとも、「顕著な事実」（中野貞一郎編『新民事訴訟法講義（第2版補訂2版）』（二〇〇八年、有斐閣）二八五頁［春日偉知郎］）以外は、裁判所において当該訴訟手続中に適法に収集されなければならないことは当然である）。その理由は、要件事実以外の事実は、要件事実の存否（真偽）を証する事実であるから、証拠法の問題であり、ここは、弁論主義ではなく、裁判所の「自由心証主義」（民訴第二四七条）の支配する領域であるから、弁論に現れる必要はないと考えるからであろう（青山善充「主要事実・間接事実の区別と主張責任」（新堂幸司ほか編『講座民事訴訟（4）』（一九八五年、弘文堂。以下、『講座民訴』にて引用）三九九頁、中野貞一郎編・前掲書一九七頁［鈴木正裕］）。
(5)　次に、要件事実の主張についての手続き上の違反の効果が問題となる。すなわち、①要件事実が当事者の弁論に現れているのに、裁判所が、その法律効果を認定しない（勿論、判決の結果に影響を及ぼさない場合は別である）、あるいは、②要件事実が弁論に現れていないのに、その法律効果について認定する、という場合である（先の公序良俗違反のような場合は別である）。これらの場合は、民訴三一二条第二項第六号の上告理由に当てはまる場合もあろうし、民訴第三一八条第一項の上告受理申立理由にあたる場合もあるであろう。さらに、釈明義務違反[11]にあたる場合は、民訴第三一八条第一項の上告受理申立理由にあたる場合もあろうし、さらに、職権事項として（民訴第三一二条）、破棄事由にあたる場合もあるであろう（民訴第三二五条第二項）[12]。

3　(1)　第三に、「立証責任」とは、何か。それは「要件事実の存在が真偽不明に終ったために、当該法律効果の発生が認められないという不利益」と、通説は定義する（司研・前掲書五頁）。これを以下では「小ドグマ」と呼ぶ。そして、「法律効果の発生が認められないという不利益」というところから、その立証責任を負う者は当該法律効果の発生を望む者であることが、当然に帰結し（実は、「立証責任の分配」という操作は残っていない）、したがって、先の主張責任を負う者が立証責任も負うことになる。したがって、通説によれば、これを転倒させて、〝立証責任の所在と主張責任の所在は一致する〟と定義する（同旨、司研・前掲書二一頁）。これを以下では「大ドグマ」と呼ぶ。

(2)　では、この立証責任という法概念は、何故に、必要か。それは、憲法第三二条にもとづくものである。憲法第三二条は、国民に裁判を受ける権利を保障している。ところで、裁判をするには、以上のような「要件事実」の存否を確定しなければならないが、当事者も裁判所も能力に限界があるから、裁判所は、その「要件事実」の存否について「確信」（最判昭和二三年八月五日刑集二巻九号一一二三頁、最判昭和五〇年一〇月二四日民集二九巻九号一四一七頁）を得られないことがある。しかし、その場合に、真偽不明として裁判をしない、というわけにはいかない。すなわち、それでは、当事者の裁判を受ける権利は、実質的に保障されないことになり、先の憲法第三二条違反ということになるからである。そこで、止むを得ず、裁判所が「要件事実」の存否を確信し得ないときには、その「要件事実」は存在するとは認められない（結果として「存在しない」）、として（通説判例）、それを要件とする法律効果を不発生とし、そこで、その法律効果の発生を望む当事者は不利益を受けることになる。そして、この不利益を、「立証責任（証明責任、挙証責任）」というわけである。したがって、前述のように、一定の法律効果の発生を望む当事者が、その法律効果の前提となる法律要件に該当する「要件事実」について主張責任と立証責任を負う、ということになるのである。
(3)　通説の立場に立てば、この「立証責任」について、確信が得られないとしながらも、要件事実の存在を認めたり、あるいは逆の場合には、民訴第三一二条第二項第六号の上告理由にあたるであろう。さらに、「立証責任」の〝分配〟については、「法令の解釈」の問題と考えられるから、民訴第三一八条の「上告受理申立理由」か民訴第三二五条第二項の「棄却理由」となるであろう。

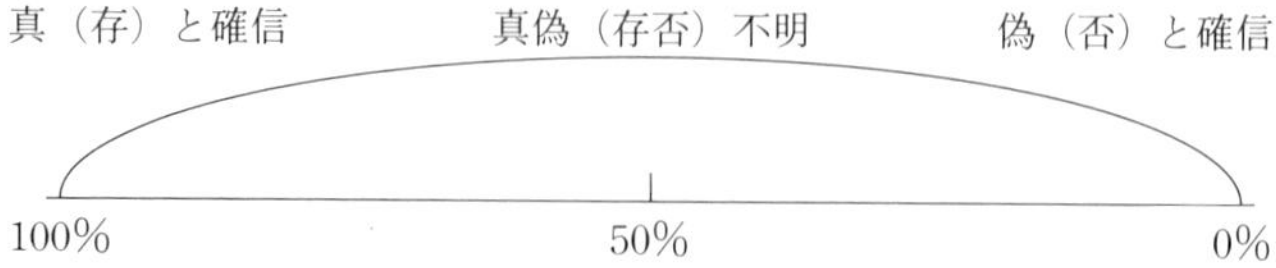

三　通説への疑問

1　(1)　まず、小ドグマから検証しよう。要件事実が存否不明に終ったら（すなわち、口頭弁論終結時に存在するとも存在しないとも「確信」が得られないときは）、当該法律効果の発生が認められない、すなわち、真偽（存否）不明のとき、結局、訴訟では、その要件事実は存在しない、という扱いにする、というのである。何故に、そのような扱いが正当化されるのであろうか。それが、「人の通常の思考方式」に合う（「書評」本誌第一二八巻三号（二〇〇三年）四四二頁）、というのならば、それは誤解である。
例えば、「弁済した」という事実について、「確信」を得られたときを一〇〇％とすると、「確信」を得られない状態については、九九％から〇％まで段階が存在する。すなわち、ほぼ、弁済したと思われるが「確信」は得られないという九九％から、弁済したかどうかは五〇％、五〇％であるという状態があって、弁済していないと「確信」を得られたという〇％までである。このとき、九九％から五一％の場合は「弁済した」と価値判断し、五〇％のときは不明と価値判断し、四九％から一％のときは「弁済していない」と価値判断することこそ、「公平」という概念（憲法第一四条の定める「法の下の平等」）に適合する考え方なのである。すなわち、「要件事実の存否不明」ということは「要件事実が存在したものとは扱えない」（甲）という命題とイコールではなく、「要件事実が存在しないものとは扱えない」（乙）という命題が同等のウエイトをもって存在するのである。すなわち、要件事実の存否不明＝甲命題プラス乙命題、なのである。これを踏まえて、我々法律家は、どの考えを採用するかを価値判断するのが、実は、立証責任論の核心なのである。具体例をもって説明しよう。準消費貸借契約において、「旧債務の存否」についての立証責任の分配には争いがある（森勇・別冊ジュリスト『民事訴訟法判例百選Ⅱ〔新法対応補正版〕』（一九九八年）一二〇事件）。判例（最判昭和四三年二月一六日民集二二巻二号二一七頁）多数説は、旧債務の存否不明の場合は、準消費貸借契約における当事者の意思や取引慣行あるいは禁反言や蓋然性といった理由から、被告（債務者）が（客観的）立証責任を負い、「旧債務が存在しないものとは扱えない（乙）」とする。他方、有力少数説は、要物性などの理由から、その場合は、原告（債権者）が（客観的）立証責任を負い、「旧債務が存在したものとは扱えない（甲）」とする。ところで、民法第五八八条は、〝旧債務が存在するときは消費貸借は成立する〟と定めているのだから、通説からすれば、有力少数説が「人の通常の思考方式」に合致することになろう。とすると、判例多数説は「人の通常の思考方式」に合わない考え方ということになる。念のために付言するが、民法第五八八条は、民法第五八七条の例外規定で、いわば民法第五八七条の但書といえよう。しかし、その但書の意味は、〝要物性の緩和〟の意味であって、〝旧債務の存否〟についての但書でない点を理解する必要がある。

さらに、加えるならば、欧米の民事裁判では、〝証拠の優越（preponderance of evidence）〟という論理が支配していることを想起すべきである。

⑵　次に、真偽（存否）不明の場合は、法律効果不発生、という小ドグマのような〝一刀両断〟的効果については、現実の事件に日々対応している実務の世界において、誠に不都合な結果を招く、という正常な実務感覚から、それを修正する努力がなされている。その代表的具体例を挙げよう。
(i)　過失（因果関係も関係するが）の認定を「選択的認定」（概括的認定、一応の認定。新堂幸司・別冊ジュリスト

『民事訴訟判例百選Ⅱ（新法対応補正版）』（一九八八年）一一二事件）といった形で、立証の緩和をはかったり（最判昭和三二年五月一〇日民集一一巻五号七一五頁）、因果関係の認定について、いわゆる〝門前説〟を援用したり（新潟地判昭和四六年九月二九日判時六四二号九六頁）、「疫学的因果関係論」を採用したり（津地四日市支判昭和四七年七月二四日判時六七二号三〇頁）して、その立証を緩和している。
(ii)　交通事故と損害の因果関係の存在について、肯定証拠と否定証拠が並存し、それを総合すると、その存在は「七〇％の肯定の心証」を得たとして、損害額の七〇％を認容する、といういわゆる〝損害額の割合的認定〟（東京地判昭和四五年六月二九日判時六一五号三八頁。倉田卓次コート）をもって、「確信」を得られないときでも損害賠償請求を肯定している。
(iii)　医療事故において、「疾病のため死亡した患者の診療に当たった医師の医療行為が、その過失により、当時の医療水準にかなったものでなかった場合において、右医療行為と患者の死亡との間の因果関係の存在は証明されないけれども、医療水準にかなった医療が行なわれていたならば患者がその死亡の時点においてなお生存していた相当程度の可能性の存在が証明されるときは、医師は、患者に対し、不法行為による損害を賠償する責任を負う」（最判平成一二年九月二二日民集五四巻七号二五七四頁）として、「延命可能性論」（前田達明「権利侵害と違法性」山田卓生ほか編『新・現代損害賠償法講座2』（一九九八年、日本評論社）七頁、本書二四六頁）をもって、小ドグマの不適切な結論を、結果として、回避している。
(iv)　あえていうならば、その立証責任が尽されたとするのは、「自然科学的証明」でなく、「経験則に照らして全証拠を総合検討し」要件事実があると「是認しうる高度の蓋然性を証明す」ればよい、すなわち「通常人が疑を差し挟まない程度に真実性の確信を持ちうるもの」でよいというのも（最判昭和五〇年一〇月二四日民集二九巻九号一四一七頁。この「ルンバール事件」では、原審が因果関係不明として、請求を認めなかったのを、右のように述べて因果関係を肯定した）、ある意味で、小ドグマへの抵抗といえよう。
(3)　さらに、立法においても、小ドグマ回避の動きがある。例えば、民法第三二条の二の同時死亡の推定規定（一九六二年）、他にも民訴第二四八条が「損害の性質上その額を立証することが極めて困難」なときは弁論の全趣旨および証拠調べの結果にもとづいて「相当な損害額を認定」できる、と規定しているのが、その例である。
(4)　そして、小ドグマ以外の可能性のあることは、すでに学界においても、主張されているところである（石田穣『証拠法の再構成』（一九八〇年、東京大学出版会）一〇二頁）。
(5)　そして、最も問題なのは、小ドグマは、何ら法的根拠がないということである。というのは、憲法第三二条は、「立証責任」という法概念を必要とすることを定めてはいるが、いずれの当事者が、その不利益を負うかまでは定めていないのである。何故ならば、憲法第三二条は、とにかく裁判の決着がつくことを要請しているのであって、結果として、当該要件事実が存在しないものとして（「当該要件事実が存在するとは認められない」）、「当該法律効果の発生を認めない」ということまで要請しているのではないのである。蓋し、別に法律効果の発生を認めても、裁判の決着はつくのであって、それで十分に憲法第三二条の要請は満たされるのである。したがって、小ドグマは、憲法第三二条の要請とは異なったものであって、憲法第三二条を法的根拠とはなし得ず、そこで、小ドグマは法的根拠を有しないと結論せざるを得ない。
そして、そのような、法的根拠を有しない小ドグマによって民事裁判が行なわれることは、これまた、憲法第七六条第三項に違反しているといわざるを得ない（これを前述の実体法的意義に対して、憲法第七六条第三項の手続法的意義と名付ける）。これは、特別に憲法第三一条が定める、“due process”の一般規定でもある。

以上のように、立証責任という用語が、法概念であるからには、崩壊消滅せざるを得ないものと考える。[13]小ドグマが法的根拠を有しないということは、小ドグマは治癒し難い重大な欠陥を有するものとして、崩壊消滅せざるを得ないものと考える。[13]
(6)　それでは、右の憲法第三二条の要請に適合する立証責任とは、如何なるものであろうか。それは、次のように考えるべきである。すなわち、「訴訟上一定の事実の存否が確定されないとき、不利な法律判断を受けるように定められている当事者の一方の不利益」が立証責任であり、そして「いずれの当事者がこの不利益を負うかを定めるのが」立証責任の「分配」である（三ヶ月章『民事訴訟法（法律学全集35）』（一九五九年、有斐閣）四〇五頁）。以下、これを「三ヶ月説」と呼ぶ。これこそが、憲法第三二条に適合する立証責任の定義である。すなわち、まず、要件事実の存否不明のとき、「存在するとは認められない」として、法律効果発生とするか、「存在しないとは認められない」として、結果として、法律効果不発生とするか、いずれになる、というだけで、裁判の決着は付くのであって、これで、憲法第三二条の要請は十分に満たされている。そして、それが、どちらかになるが、立証責任の「分配」であって、①立法趣旨（例えば、民法第一一七条第一項）、②証拠との距離（例えば、新潟地判昭和四六年九月二九日判時六四二号九六頁）、③立証の難易（例えば、事実の存在の方が不存在より立証は容易）、④信義則（例えば、証拠の湮滅）など、といった基準で、それが定められると考えるのが妥当である（石田穣『証拠法の再構成』（一九八〇年、東京大学出版会）一四三頁）。これらの分配基準も勿論、実体法の解釈の問題であって、これらの基準は、「公平」という観念に集約されるから、その法的根拠は、民法第一条第二項の「信義則」ということになる。

2　(1)　次に、大ドグマの検討を行なおう。すでに、小ドグマが崩壊したのであるから、大ドグマも崩壊しているはずであるが、その〝亡霊〟が独り歩きするのを食い止めておこう。

そもそも、通説が大ドグマを打ち立てたのは、前述の如く、次のような思考方法によるものである。すなわち、ある要件事実について主張責任を負うということは、その事実を弁論で主張しないと（勿論、相手方の弁論に現れてもよいが）、自己の求める法律効果が発生しないのであり、立証責任を負うということは、その事実が証明されないと、自己の求める法律効果が発生しないのだから、両責任の所在は一致するというのである（司研・前掲書二〇頁。「法律要件分類説」）。

そして、例えば、債務者の履行遅滞の故に債権者が損害を蒙って民法第四一五条にもとづいて、その損害賠償請求をしたとしよう。民法第四一五条には「その債務の本旨に従った履行をしないとき」という法律要件が明記されていて、主張責任の定義からすれば、当然に債権者（原告）がその主張責任を負うはずである。しかし、一般に、「履行した」すなわち「弁済した」という要件事実（弁済という抗弁事実である。）は、立法者の意思（民法第四八六条）からして債務者（被告）が立証責任を負うべきである。そこで、素直に、この場合は、主張責任の所在と立証責任の所在は一致しない、と考えればよいところを、「履行がない」（民法第四一五条の要件事実）という事実と「履行した」（弁済という抗弁事実）という事実は、別の要件事実であることを看過し、しかも、「一致しなければならない」という大ドグマに〝呪縛〟されて、右の立証責任の所在を優先させて、〝本末を転倒させて〟、民法第四一五条の「履行がない」ことについては、原告は主張責任は負わないとする（吉川愼一「要件事実論序説」司法研修所論集一一〇号（二〇〇三年）一四五頁のいう「修正規範説」）。

とすると、民法第五八八条の場合、「旧債務の存否」についての立証責任の所在は、被告にある、というのが、前述のように、判例多数説であるから、その主張責任も被告にある、ということになるが、それでは、訴状や判決書は、どのように書くのであろうか。

(2)　そもそも、主張責任は、自ら主張しないことの（勿論、相手方が主張してくれてもよいが。）「責任」としての不利益であるが、今、論じている立証責任というのは、いわゆる「客観的」立証責任であり、それは、立証活動を尽した末に（口頭弁論終結時に）「真偽不明に終った」場合の処理として生み出された法概念であり、それは、「責任」として把握すべきものではない（三ケ月章・前掲書四〇九頁の鋭く指摘するところである）。したがって、両責任の所在が一致すべき論理的根拠も法的根拠も存在しないのである（賀集唱弁護士も、立証「責任」が、「責任」でないことを大きな理由として、両者の所在が一致する必要はないとされる）。そして、近時は、「例外的に」とはいえ、両責任の所在は一致させなくてもよい、という主張が行きわたりつつある（後藤勇「適正な民事裁判実現のための一提言」判タ一一三四号（二〇〇四年）三四頁）。
自説によれば、債権者（原告）が「履行がない」という「要件事実」（民法第四一五条）について「主張責任」を負い（立証責任は負わない）、債務者（被告）が「履行した」（弁済という抗弁事実）という「要件事実」（民法第三編債権　第一章総則　第五節債権の消滅　第一款弁済）について主張責任と立証責任を負うということになる。しかし、別に、これは背理ではない。何故なら、主張責任とは、「要件事実」の主張が弁論に現れていないとき、「不存在」と扱われることであり、したがって、異なった事実（法文が異なって要求している事実）については、両当事者がそれぞれについて主張責任を負い、立証責任は、「履行がない」か「履行した」か不明の場合に如何に決着を付けるかということであるから、一方当事者だけに立証責任を負わせることになるのである。
3　そして、主張責任の「分配」については、既に、その定義から明らかなように、それが私的自治原則すなわち自己責任原則からして（憲法第一三条、同第一二条）、法律効果発生を望む当事者が負担するものである。そこで、問題は、当該法律効果発生のための法律要件とは何かということである。それは、「要件事実」のところで述べた如く、憲法第七六条第三項の実体法的意義から、民法をはじめとする実体法が定めているところによらなければならない（法律要件分類説）。すなわち、例えば、民法第四一五条ならば、「債務者がその債務の本旨に従った履行をしない」ことによって、「債権者」に「損害」を発生させた、ということであり、民法第五八八条ならば、「消費貸借によらないで金銭その他の物を給付する義務を負う者がある場合において、当事者がその物を消費貸借の目的とすることを約した」ということである。それを、「債務者がその債務の本旨に従った履行をしない」は債務不履行の法律要件でないとか、「旧債務の存在」は準消費貸借契約の法律要件でないなどとして、「裁判規範としての民法」といったものを作出することは、立法権の侵害であるという批判（同旨、松本博之「要件事実論と法学教育(1)」自由と正義六五八号（二〇〇三年）一〇五頁）を甘受しなければならないだろう。

もっとも、自説においても、それが、立法趣旨（例えば、民法第四一五条後段の「債務者の責めに帰すべき事由」[14]）や当該法規に優る法理（例えば、民法旧第五一三条第二項後段の「債務ノ履行ニ代ヘテ為替手形ヲ発行スル亦同シ」（二〇〇四（平成一六）年法律一四七号で削除）と〝手形の無因性〟理論[15]）によって（本書六三頁）、民法をはじめ実体法を修正解釈することを否定するものではない。しかし、法的根拠もない大ドグマをもって、民法をはじめとする実体法を修正解釈ないし改変することは、解釈は「裁判」で実用されることを前提しているのであるから、憲法第七六条第三項に違反するものといわざるを得ない（本書四三頁）。
4　(1)　ところで、訴状の点について（「書評」民商第一二八巻三号（二〇〇三年）四四三頁）、「債務不履行」の主張は、「債務不履行に基づく損害賠償請求を訴訟物とすることを明らかにするために必要とされる法律上の主張であって、法律効果の発生のための法律要件として主張されていることが求められている事実ではない」、すなわち、この主張は「訴訟物の特定」のために当然なされるものである、という反論がなされている（吉川愼一・前掲論文一五三頁)。たしかに、民訴第一三三条、民事訴訟規則(以下、民訴規則とする。)第五三条には、訴状に「請求の原因(請求を特定するのに必要な事実)」の記載を要請している。その記載がなければ、補正命令が発せられ、それでも補正しなければ「却下」となる(民訴第一三七条)。他方、主張責任を負う要件事実が弁論に現れないときは、訴えは「棄却」となる。だから、右の例は、大ドグマに対する批判とはならないというのである(笠井正俊教授も、この点を強調される)。

このような批判には、いくつかの疑問がある。

まず第一に、「履行がなかった」という事実は訴状において訴状物を特定するための必要的記載事項である、というが、通説によれば、「履行がなかった」という事実は判決書において記載する必要がないというのであるから、判決書においては訴訟物を特定する必要はない、という〝奇妙〟な結論になる。

第二に、「履行がなかった」という事実は請求原因事実すなわち要件事実(要件事実は請求原因事実を包摂する法概念である。)ではないが、「請求を理由づける事実」(民訴規則第五三条第一項)として訴状では必要的記載事項であり、判決書においても「主文が正当であることを示すのに必要な主張」(民訴第二五三条第二項)として必要的記載事項であると〝修正的〟主張をするのならば、それは訴訟法学上において如何なる「事実」であるのか疑問が生じる(間接事実や補助事実ではないことは明らかである)。もし、それは「事情」であると弁明するのであるならば、そもそも、法律要件(民法第四一五条の「その債務の本旨に従った履行をしない」)に該当する事実が、何故に、突然に「事情」になるのかを説明する必要があるし(賀集唱弁護士も、この場合の「履行がなかった」は「事情」ではなく「要件事実」であると認めておられる)、まず、その前に、実務界においても学界においても、共通の認識を得ていない(定義の一致していない)「事情」という概念について、十分な認識が示されなければならない。

第三に、「履行がなかった」という事実は社会的具体的「事実」であり、その主張は〃立派な〃「事実上」の主張である。そもそも、民事訴訟の基本的構造は「事実は当事者の責任、法律は裁判所の責任」というものであり、右の主張が「法律上の主張」であるという思考（吉川愼一・前掲論文一五四頁注(25)）は妥当でない。民訴第一三三条、民訴規則第五三条も「事実」の記載を要請しているが「法律上の主張」を要請していない。それでも、敢えて「法律上」の主張であるというのならば、それは具体的に如何なる「法律」を指すのかを明らかにしなければならない。もし、それが、民法第四一五条に「その債務の本旨に従った履行をしない」と書かれているから、それに該当する事実として、民法第四一五条の法律要件該当事実の主張という意味で、ひいては、その法律効果たる損害賠償請求権たる訴訟物を「特定」するに「必要」であるという意味で、それが「法律（民法第四一五条）」上の主張であるというのならば理解できる。しかし、通説の立場からは、このような弁明は許容できないであろう。蓋し、法律要件該当事実は「要件事実」なのだから。他方、そうではなくて（そんなことはないと思うが）、それは民訴第一三三条、民訴規則第五三条という「法律」の要請にもとづく記載であるから「法律」上の主張であるとするならば、何故に、民訴第二五三条第二項の要請は無視してよいのかを説明する必要が生じる。蓋し、民法第四一五条にもとづく損害賠償請求を認容（主文）するには、「履行がなかった」と認定しなければならないはずであるから（「主文が正当であることを示すのに必要な主張」）。

この点についての自説の認識は、次の如くである。

まず、「訴訟物の特定」とは、何であろうか。ところで、「訴訟物」とは、「原告の訴え、具体的には訴状の請求の趣旨および原因によって特定され、裁判所の審判の対象となる権利関係」（伊藤眞『民事訴訟法（第四版）』（二〇一一年、有斐閣）一九八頁）である。それを「特定」するとは、「他から識別できるように、具体化すること」であろう。そして、「権利関係」は、当然に「法律効果」である。それは、前述のように、「法律要件」が事実（要件事実）によって充足されることによって発生するものである。したがって、「権利関係」すなわち「法律効果」を特定するには、その法律要件該当事実を特定せざるを得ない。すなわち、それを特定するということは（訴状においていえば）、要件事実を具体的に記載するということである。「債務不履行に基づく損害賠償請求を訴訟物とすることを明らかにするために必要な主張」とは、正に、民法第四一五条の法律要件に該当する具体的事実すなわち要件事実なのである。勿論、民法第四一五条にもとづく損害賠償請求事件の場合には、既に訴状に「債務不履行」の事実が記載されざるを得ないから、自説に立てば、その点については主張責任を既に完うしたことになろう。

ところで、百歩譲って、訴状についての自説への右のような批判が妥当であるとしても、そのことが、「大ドグマ」や「小ドグマ」に、積極的に法的根拠を与えるものでないことは明らかである。

なお、債務不存在確認訴訟の場合は（吉川愼一・前掲論文一五四頁）、次の如くである。まず債務の発生そのものを否定する場合は（例えば、そのような契約を締結していない）、法律効果の発生を否定しているのであるから、要件事実の不存在すなわち反対事実の主張であり（要件事実の否認）、自説からも、要件事実の主張ではない（何故ならば、そのような法文が存在しないから）。次に、債務の発生を肯定する場合は、その限りで、要件事実の主張であり、「主張共通の原則」の適用があり、そして、それが消滅したと主張する場合は（例えば、弁済した）、これまた、債務消滅（抗弁）の要件事実の主張である（そして、その立証責任を負う）。

⑵　以上の如く、自説によれば、主張責任は可能な限り法文に忠実に解釈して分配され（法律要件分類説）、立証責任は、前述のような基準によって分配されるから、法的にも理論的にも主張責任の所在と立証責任の所在は一致する必要はない（一致することもあれば、一致しないこともある）。

以上のような主張責任の分配についての自説に対しては、その主張責任の分配の基準が明らかでなく、「規範説を貫き……」とか「法文に照らして」とかいっても、あまり有用でないという反論がある。しかし、主張責任の分配基準が、規範説すなわち法律要件分類説、すなわち「法文に照らして」行なう、ということで、どうして明らかでないのであろうか。その具体例として、民法第四一五条の「本旨履行がない」、民法第五八八条の〝旧債務の存在〟の例を見ても明らかであろう（そして、立証責任は債務者（被告）が負うと考える）。そして、「規範説」は「一般に賛成の得難くなった考え方」であるという批判があるが、それは、通説の立場に立てば、立証責任との関係で問題があるのであって、自説は、主張責任についてのみ、「規範説」を採用するのであって、立証責任についてまで「規範説」を採用するものではないことは、既述の通りであり、それこそが「主張責任」と「立証責任」の分配説の核心である。
⑶　最後に、自説の場合に、判決書は、どのように書けばよいのかという問題が残る。民法第四一五条にもとづく損害賠償請求事件を例に挙げよう。
(i)　「旧様式」ならば、次の如くである。
「事実」
原告の主張「債務の履行がなかった」
被告の主張「債務を履行した」
「理由」
「債務の履行があったとは、本件全証拠によっても、これを認めるに足りない」
(ii)　「新様式」ならば、次の如くである。

「事実及び理由」
「事実の概要」
一　争いのない事実
二　争　点
「債務の履行があったか否かである」
三　争点に対する判断
「債務の履行があったとは、本件全証拠によっても、これを認めるに足りない」
(4)　以上は、司法研修所編『九訂　民事判決起案の手引』（二〇〇一年、法曹会）を参考にしたが、一般に、原告が「債務は不履行である」と主張し、被告は「債務は履行した」と主張し、ついで立証活動に入るという訴訟経過からして、「争点」として、「債務の履行があったか否かである」と記述するのが妥当であり、それに対する「判断」として、「債務の履行があったとは、本件全証拠によっても、これを認めるに足りない」と記述することによって、被告が、その立証責任を負うことが明らかとなり、妥当である。自説の立場にたっても、「旧様式」の「事実」の記載方式（被告の主張）より、「新様式」の方が妥当であり、そして、「新様式」の方が、より良く当事者の理解が得られる、ということであれば、自説が法実務上も妥当であるという証左と考える。

四　結　論

1　以上から、要件事実、そして主張責任の定義については、通説の立場を支持すべきである、といえよう。しかし、立証責任の定義についての通説の立場、すなわち「小ドグマ」は、何ら法的根拠がなく放棄されるべきである。
2　そして、立証責任の定義としては、三ヶ月説が憲法第三二条に適合するものとして、すなわち法的根拠を有するものとして支持されるべきである。そして、その分配は前述のような基準によるべきである。
3　また、「小ドグマ」が法的根拠のないものとして崩壊した結果として、法的根拠もない「大ドグマ」も崩壊したと結論すべきであり、年来の自説（判タ五九六号（一九八六年）二頁、同六四〇号（一九八七年）六一五頁、同六九四号（一九八九年）二九頁。前田・前掲注(3)書二八四頁所収）が支持されるべきであると考える。(16)
4　勿論、筆者は、何が何でも自説に固執する、という積もりはない。
かつて、大学生時代、三ヶ月章先生の不朽の名著『民事訴訟法（法律学全集㉟）』（一九五九年、有斐閣）の〝しおり〟に、先生がお書きになっていた〝三つの自由〟というお話を読ませていただいた。それは、次のような話であった。先生がシュヴァーブ先生と御一緒に、レント先生のお宅へ、お出かけになり、御歓談の後、お宅を辞さんとされた時、レント先生が威儀を正され、「私の遺言だと思って聞いて欲しい」と話された。〝研究者たる者は、次の三つの自由をモットーとしなければならない。すなわち、通説からの自由、恩師の学説からの自由、そして過去の自説からの自由である〟と。筆者は、これに大いに感激し、もし研究者になれたら、自らも、このモットーを胸に学問研究したいと念じた。幸いにして、京都大学法学部において、法学研究することを許されて以来、四十年間、右の三つの自由を堅持してきた積もりである。そして、本年（二〇〇四年）三月三一日をもって、京都大学法学部を退官し、さらに、引き続いて、同志社大学法科大学院において法学研究生活を送る機会を与えられた。したがって、右の三つの自由を今後共、堅持する積もりである。

そこで、誠に不出来なものではあるが、この拙稿を、研究者になりたいという情熱を私の胸に点火して下さった、三ケ月章先生に捧げる次第である。

（1）この理論は、ジョン・ロック（John Locke, 1632–1704）の「市民政府論」（Two Treatises of Government, 1689）とモンテスキュー（Montesquieu, 1689–1775）の「法の精神」（L'esprit des lois, 1748）に由来するとされ、権力を三権に分けることによって、政治権力の濫用を防いで、市民の権利を保護する目的の理論とされている。もっとも、行政と司法については、フランスにおいては絶対君主対封建領主、ドイツにおいては絶対制国家対等族国家の図式で表される（上山安敏『ドイツ官僚制成立論』（一九六四年、有斐閣）二七八頁、同『法社会史』（一九六六年、みずす書房）一六八頁）。
（2）これを「法的推論」という。笠井正俊「事実を調査・分析する」法学教室二七一号（二〇〇三年）二九頁、吉川愼一「要件事実論序説」司法研修所論集一一〇号（二〇〇三年）一四四頁。
（3）したがって、「事実的要件」と「規範的要件」の差は、質的なものではなく量的なものということになる。すなわち「規範的要件」の場合には、条文上の文言を、解釈によって、より明確にする必要がある。例えば、「過失」とは「行為義務違反」であり、それは、当該要件における「客観的行為義務違反」であり（このこと自体は、現在の民法学における通説である）、そして、その「要件事実」は、それに該当する具体的社会的事実なのである。「正当事由」についても同様である（前田達明『民法随筆』（一九八九年、成文堂）三一四頁）。
（4）弁論主義の根拠として（小山昇他編『演習民事訴訟法』（一九八九年、青林書院）三六九頁「弁論主義」［竹下守夫］、青山善充「主要事実・間接事実と主張責任」講座民訴（4）三九三頁、中野貞一郎編『新民事訴訟法講義（第2版補訂2版）』（二〇〇八年、有斐閣）一九一頁［鈴木正裕］）、周知のように、私的自治原則（「本質説」）の他に、まず、「当事者の利己心を利用しつつ効率的に真実を発見」し得るという合目的性（「手段説」）が挙られている（新堂幸司ほか編『注釈民事訴訟法（3）』（一九九三年、有斐閣）五二頁［伊藤眞］、伊藤眞『民事訴訟法（第四版）』（二〇一一年、有斐閣）二九三頁）。しかし、この二つは対立するものではない。実は「私的自治原則」が、何故に、私法の世界の大原則として採用されるのかといえば、それは、私的な社会関係、特に経済活動を個人の自由な「意思」にまかせておくことが、個人の富の増大、社会の発展に資するというアダム・スミス（Adam Smith, 1723-1790.「神の見えざる手（"invisible hand", Adam Smith, The Wealth of Nations, 1766 (1965), p. 423.『予定調和説』）らによる自由主義経済思想の法的表現なのである。したがって、「私的自治原則」は、民事裁判においては、真実発見に資するという理想をも包めて採用されたのである。もっとも、「手段説」に対する根本的批判のいうように、そもそも民事裁判が「真実発見」を目的としているかは問題であるし、「私的自治原則」が、理想通り現実に「真実発見」に役立っているかは別問題である。

次に「不意打ち防止」という根拠も挙げているが、これも「私的自治原則」に由来する機能といえる。蓋し、民事訴訟手続の主役は当事者であるということ（「私的自治原則」）から、当事者の主張していないことを裁判所が勝手に判断することは許されない、ということが帰結するのである。さらに「裁判の公平さへの信頼確保という要請」が根拠として挙げられている。「公平」とは多義的であり、内容が不明確であるが、裁判所の訴訟指揮や判断が両当事者の一方に片寄った偏頗なものでないということと考えよう。これは、殆どの場合は、「不意打ち防止」と一致するであろうが、他に、裁判所の不当な、積極的訴訟指揮や判断の場合は、正に「私的自治原則」に反するという形で「私的自治原則」に還元できるし、不当な消極的訴訟指揮や判断は、民事裁判における実質的な私的自治の実現を阻害する行為といえよう。したがって、これも「私的自治原則」に還元できるであろう。

（5）この原則は、その結果によって不利益を受ける当事者の側の主張であってもよい、ということであり、それは、その当事者の自己責任に根拠を有し（その最たるものは、「自白」）、従って、これも「私的自治の原則」に由来するものである。すなわち、サッカーにおける "own goal" である。なお、この点については、兼子一「相手方の援用せざる当事者の自己に不利益なる陳述」『民事法研究第一巻』（一九六八年、酒井書店）一九九頁（田中耕太郎編『法学協会五〇周年記念論文集第一、二部』（一九三三年、有斐閣））が有益である。

（6）このくだりは、上告人が弁論主義違反を理由に上告したのに対して、最高裁判所が答えた部分である。上告人は、別の理由で勝訴したからよいようなものの、矢張り、〃不意打ち〃（本判決とは別の立場もあり得たのだから。松浦馨・民商六一巻一号（一九六九年）一〇七頁）の感は否定できず、裁判所は釈明権を行使すべきでなかったかと考える。もっとも、その行使は、両当事者の武器平等を害するものであってはならないことは、勿論のことである。
（7）この点については、山本克己「民事訴訟におけるいわゆる“Rechtgespräch”について」法学論叢一一九巻一、三、五号、一二〇巻一号（一九八六年）が参考となる。
（8）「公序良俗違反（民法第九〇条）」の他にも「権利濫用（民法第一条第三項）」や「信義則（民法第一条第二項）」といった「一般条項」も問題となる。詳細は別項に譲るが、筆者は、「権利濫用」につては、「公序良俗違反」と同様の利益衡量（「裁判所が手を貸すべきでない」）と、その法律効果は、その権利行使による法律効果の否定ということで一義的であるから、「公序良俗違反」と同様の扱いをしてよいと考える（篠田省二「権利濫用・公序良俗違反の主張の要否」実務民訴Ⅱ三五頁）。しかし、「信義則」の場合は、その法律効果の当事者の主張も必要なのではないかと考えている。訴訟手続きそのものについての権利濫用と信義則については、林屋礼二「民事訴訟における権利濫用と信義則の関係」実務民訴Ⅰ一七三頁が有益である。
（9）有名な最判昭和三六年四月二七日民集一五巻四号九〇一頁は、二重売買を民法第九〇条違反としたものであるが、本件において、原告は、「公序良俗違反」を主張したと読めなくもない（「不動産を横領したので、被告等は刑事訴追され……本件不動産は実質に於て原告所有に相違ない」）。しかし、時代が違うとはいえ、石本雅男博士ほどの大民法学者も、民法第九〇条の適用には躊躇され（「その基準が甚しくあいまいとなるおそれがある」）、民法第四二四条の適用を提案しておられる（石本雅男・民商四五巻五号（一九六二年）一一四五頁）。
（10）「不意打ち防止」も、当事者主義、すなわち私的自治原則に由来するものである。蓋し、民事訴訟の審理の主役は当事者である、ということであって、当事者の予想もしていない裁判所の判断は、当事者主義、すなわち私的自治原則に反するといわざるを得ない。

(11)　釈明義務違反については、小山昇他編『演習民事訴訟法』（一九八七年、青林書院）三八七頁「釈明権」［中野貞一郎］が参考となる。なお、最判昭和三九年六月二六日民集一八巻一五号九五頁（栂義夫・別冊ジュリスト『民事訴訟法判例百選Ⅰ（新法対応補正版）』（一九九八年）一〇一事件）、最判平成八年二月二二日判時一五五九号四六頁（加藤新太郎・NBL六一四号（一九九七年）五六頁）参照。
(12)　弁論主義違反と上告の問題については、奈良次郎「弁論主義違反の違法とその効果についての一考察」（『会社と訴訟　下（松田判事在職四十年記念）』（一九六八年、有斐閣）一〇〇七頁）が有益である。
(13)　『広辞苑（第五版）』（一九九八年、岩波書店）一九一二頁によれば、「ドグマ」には、「教義。教条」という意味の他に、「独断。独断的な説・意見」という意味もある、とのことである。
(14)　玉樹智之「史料債権総則（11）」本誌八三巻一号（一九八〇年）一六一頁、前田達明監修『史料債権総則』（二〇一〇年、成文堂）八六頁に明らかなところで、民法学者の間で、異論のないところである（例えば、我妻栄『新訂　債権総論』（一九六四年、岩波書店）一〇五頁、平井宜雄『債権総論　第二版』（一九九四年、弘文堂）七七頁。なお、前田達明『口述債権総論　第三版』（一九九三年、成文堂）一一一、一三四頁）。なお、蛇足であるが、民法第四一五条後段によって損害賠償請求する場合は、債権者（原告）は「履行不能」（例えば、家の売買契約で家が全焼して引渡してもらえなくなった）について主張責任と立証責任を負うが、民法第四一五条前段によっても損害賠償請求できる場合は（例えば、右の例で結果として履行期に引渡しがなかった）、債権者（原告）は「期日に引渡しがなかった」という事実について主張責任を負い、債務者（被告）が、それは「自己の責めに帰ることができない事由に因」る履行不能（例えば、他人の放火により家が全焼）であることについての主張立証責任を負うのである。蓋し、立法趣旨からして民法第四一五条第二文は、元来、同前段に包括されるものであったからである（奥田昌道編『注釈民法⑽』（一九八七年、有斐閣）三一九頁［北川善太郎］）。
(15)　我妻栄・前掲注(14)書三〇二頁、星野英一『民法概論Ⅲ（債権総論）』（一九七八年、良書普及会）二八七頁、奥田昌道『債権総論（増補版）』（一九九二年、悠々社）五九九頁、前田・前掲注(14)書五一七頁など、これも民法学者の間で異論はない。

(16)　近時、自説を、主張責任と立証責任を「どちらの当事者が負担するかという点でも、原則として一致するが、一致しない例外もある」という学説であるとする理解がある（中野貞一郎「要件事実の主張責任と立証責任」法学教室二八二号（二〇〇四年）八頁）。しかし、これは誤解である。年来の自説によれば、主張責任（の所在）と立証責任（の所在）とは全く別個の法理にもとづくものであり、その所在が一致することもあり（例えば、売買代金支払請求訴訟における売買契約成立という事実）、一致しないこともある（例えば、準消費貸借契約における旧債務の存在という事実）というだけのことであり、それを原則と例外として把握すべきであるということを、これまでも主張したことはない。なお、萩原金美「スウェーデン法における主張責任（一）、（二・完）」民商一〇〇巻五号八八三頁、同一〇〇巻六号一〇三〇頁（一九八九年）も、自説と同方向にあると理解している。

（民商法雑誌　第一二九巻第六号　二〇〇四年）

第二部　歴史篇

第一章 「神学大全」と民法学

一 日本民法典は、周知のように、フランス民法典（一八〇四年）と立法中のドイツ民法典草案（第一草案、一八八七年。第二草案、一八九五年）を、母法として編纂され、一八九八年（明治三一年）に施行された。[1]
すなわち、不平等条約改正と近代資本主義国家（「富強」国家）建設のために、「泰西主義（Western principle）」による「法典」の編纂を目指して、当時、世界に冠たる民法典（Code civil）を有していたフランスから、パリ大学教授ボワソナアド（Gustave Emile Boissonade de Fontarabie. 1825-1910）を招聘した。当然、彼は、フランス民法典を範として、「日本帝国民法典」（Code civil de l'Empire du Japon）を編纂し、それは、一八九〇年（明治二三年）に公布された（いわゆる「ボワソナアド民法」あるいは「旧民法」）。しかし、その直後に、いわゆる「法典論争」が起こって、この法典は施行されることなく、主として、[2]当時編纂中であったドイツ民法典草案を参照して、〝改正〟作業が行なわれ、現行民法典が編纂され、一八九八年（明治三一年）に施行されたのである。[3]
二 したがって、我々、日本の民法学者は、少なくとも、フランス民法学とドイツ民法学を理解しなければならない〝宿命〟を負っている、ということになる。もっとも、この両民法学は無縁のものではなく、〝これ元同根より生ず〟なのである。すなわち、一一世紀半ば頃、イタリアのボローニアを中心として、ローマ法研究が盛んとなり、中世ローマ法学（いわゆる注釈学派や注解学派）が発展し、フランスやドイツなどからも、ボローニアに、多くの留学生が集まり、彼らが、修学の後に母国に戻って、各国民法学の基礎を築いたのである。したがって、フランス民法学やドイツ民法学を理解するためには、中世ローマ法学を理解することが不可欠である、ということになる。ところで、この中世ローマ法学が、中世教会法学の影響を受けたものであり、中世教会法学は、中世神学の影響を受けたものであることは、周知のところである（いわゆるスコラ学）(4)。

三　1　ということは、我々、日本の民法学者にとっても、中世神学は、無視できない〝存在〟ということになる。具体例を挙げよう。例えば、三ヶ月章先生は、その処女論文において、次のように述べておられる。

「Thomas von Aquino は、その『神学大全』の一節で、約束したる所を履行せざるときは虚言である。而して単なる約束は法の規定に従へば拘束力のないものであっても道徳的な義務は生ぜしめるとの趣旨をのべている。約束を履行せしめる如く努力する事も、教会乃至教会法の一つの仕事として取上げられるのは当然であった。かくて〝ex pacto undo actio non nascitur〟の原則に対して挑戦し、単なる合意にも強制力拘束力を持たしめようと努力した。而して在来の形式主義を克服し、自説を基礎づけんが為に、ローマ法に存した causa 概念を採用し、苟も正当な causa の存する限り、無方式合意でも訴権を生ずるとの理論を発展せしめた」「かかる理論的努力と並んで、教会は或は厳格な教会的戒律により、或は懺悔の秘蹟により、その実現に努力した。此の趨勢はやがて教会の刑事手続たる denunciatio evangelica の手続を、約束を履行しない者に適用するに至った。此処に於いて、教会は時に破門を以って威嚇してまで、約束の遵守を強制しようとするのである。次いで教会の民事手続に於いても、之を訴求し得べしとなす学説も抬頭し、此処に教会の民事手続ではすべての合意に保護を与ふべきか、又は世俗法上も拘束力ありとされている約束のみ保護をあたへるべきであるかについて幾多の論争が繰返へされた（Seuffert 52)。ともかく教会法が無方式合意に訴権を与ふべしと主張した事は従来の形式主義に対し、大きな修正を要求した事であるが、殊に当時は商業の勃興が著しく、敏活な取引に適応する法が要求されていた時でもあり、教会法の理念は実際に於いて多くの賛同を得た事は確かであり、既述の如く、商人間の取引を教会法の原則で解釈せんとする傾向を生じた事も、その一つの現れと見る事が出来る。かくの如くにして、教会法のイデーは長く法生活に影響を及し、近世に方式自由の原則を確立せしめる一大要因となるのである。(5)」

これは「契約自由の原則」についての叙述である。すなわち、民法の原則の中で、最も重要な原則が、実は、中世神学に基礎を置いている、ということなのである。三ケ月先生が、そこで引用しておられる『神学大全』の一節とは、どの箇所であろうか。同じく、そこで引用されているゾイフェルトの論文によれば、“Summa theologica” の “Secunda secundae. Qu. CX. art 3 : Nr. 5, Nr. 6” と “Secunda secundae. Qu. LXXXVIII. art. 3” ということであり、そして、それぞれに「ラテン語」の引用がなされている。(6)

まず、後者の箇所は、稲垣良典訳「神学大全第一九分冊」一九九一年（創文社）一九〇頁の「第三項　すべての誓願を遵守することが義務である」に該当する。そこに掲げられた三つの「異論」のうち、㈠は次の如くである「人間は他の人間によって為される事柄を、神――かれは「われわれの善き業を必要とし給わない」――よりもより必要とする。しかるに人間にたいして為された単純な約束は、人定法の規定するところによると、それを守ることを義務づけるものではない。このことは人間の意志の可変性のゆえにそのように規定されたものと考えられる。それゆえに、誓願と呼ばれるところの、神にたいして為された単純な約束はなおのこと遵守を義務づけるものではない」。それに対する「解答」として、トマス・アクィナスは、次のように述べている。

「㈠については、それゆえ、こういわなくてはならぬ。人間が人間にたいして為したすべての約束によって拘束されるのは道徳的債務 honestas にもとづいてであり、これは自然法 jus naturale にもとづく債務 obligatio である。しかるに、或る人が法的債務 obligatio civilis でもって或る約束を果たすように拘束されるためには何か他の要件が必要とされる。ところで、神はわれわれの善き業を必要とはし給わないとはいえ、われわれは神にたいして最高に義務づけられている。したがって、神にたいして為された誓願は最高に義務づけるものである。」（ゾイフェルトのラテン語引用部分は、右の「第一異論」とその「解答」である）。この部分が、先の三ヶ月論文引用部分に該当するところであることは明らかである。

次に、前者の箇所は、稲垣良典訳『神学大全第二〇分冊』一九九四年（創文社）一五六頁の「第三項　すべて嘘言は罪であるか」に該当する。そこに掲げられた六つの「異論」のうち㈤（Nr. 5）は「誰かが約束したことを果たさないならば嘘言となるであろう」、㈥（Nr. 6）は「嘘言はそれによって人が隣人を欺くことのゆえに罪であるように思われる」である。それに対するトマス・アクィナスの解答は次の如くである「㈤についてはこういわなくてはならぬ。或ることを約束する者は、約束したことを果そうとする気持をもっているならば、嘘をつくことにはならない。なぜなら、かれは自らの心に抱いていることに反して語っているのではないからである。だが、もしかれが約束したことを実行しなかったならば、意向が変ったということによって、誠実さを欠く仕方でふるまっているように見えるであろう。しかしながら、かれは二つの理由で罪なしとされることが可能である。第一は、かれが明白に不法なことを約束していた場合であり、というのは、かれは約束することによって罪を犯していたのであるが、意図したことを変更することによって善くふるまうことになるからである。――第二は（当の約束にかかわる）人間および客観的事実の状態が変った場合である。というのも、セネカが『恩恵について』第四巻第三十五章でのべているごとく、人がその約束したことを実行するように拘束されるためには、すべての条件が変化しないままにとどまることが要求されるからである。そうでなければ、当人は約束をしたことで嘘つきであったことにはならない――なぜなら、ふさわしい条件が保たれることを前提とした上で、かれは自分の心のうちにあったことを約束したのであるから――のであり、また約束したことを果さないことによって不誠実であるのでもない――なぜなら、同じ条件が存続していないからである。ここからして、『コリント人への第二書翰』第一章（第十五節）でのべているように、コリントへ行きましょうと約束していて、コリントへ行かなかった使徒パウロは嘘をついたのではない。そして、このことは、後に生じた障害のゆえにである。」㈥についてはこういわなくてはならぬ。或る行為は二つの仕方で考察されることが可能である。一つは行為それ自体としてであり、もう一つは行為者の側からである。したがって、滑稽な嘘言は行為の類そのものからして欺くという本質側面を有するが、語る者の意図からいえば欺くために語られるのではなく、また語り方からして（相手が）欺かれるという結果も生じないのである。またそれと、聖書のうちに見出される誇張的もしくは何らかの比喩的な語り方との間には何の類似もない。なぜなら、アウグスティヌスが『嘘言について』第五章（PL40, 492）においてのべているごとく、「比喩的に為され、もしくは語られることは何であれ嘘言ではない。というのも、すべての言明はそれが言明しているところのことへと関係づけるべきだからである。しかるに、すべて比喩的に為され、もしくは語られたことは、つぎの人々、すなわちその人々によって理解されるべく言表されたところの人々にとって意味するところのことを言明しているのである」。

我々、民法学者にとって、興味深いのは五のトマス・アクィナスの「解答」である。[7] すなわち、約束違反しても「罪」でない二つの場合である。第一の「明白に不法なことを約束していた場合」は、民法第九〇条「公の秩序又は善良の風俗に反する事項を目的とする法律行為は、無効とする」に該当するものである。[8] また第二の「（当の約束にかかわる）人間および客観的事実の状態が変わった場合」というのは、正に「事情変更の原則（行為基礎論）」なのである。[9] この両法理と「神学大全」の関係は、今後の研究課題であろう。

それはさておき、以上の如き、単なる合意に拘束力を認める、すなわち、「自由意思（志）」に宗教的道徳的義務の発生根拠（帰責根拠）を求める、ひいては法的義務の発生根拠を求めようという「意思理論」の適用範囲は、契約法[10]の分野に止まらなかった。

2　例えば、婚姻について、「グレゴリウス九世教皇令集（Liber Extra. 1234年）第四編第一章第一法文（X. 4.1.1）」では、「婚姻は合意のみによって契約（締結）せられ無効とされることはない。但し母国の慣習が守られるべきときはこの限りでない」、あるいは、同第二五法文では「適法の合意のみによって婚姻は契約せられる」と定められている。(11)
さらには、刑罰の帰責根拠としても、当然に「意思原則」を採用する動向が見られた。(12)
3　以上の如く、法律効果の主たる発生根拠（帰責根拠）を「意思（志）」に求める「意思原則」が、どのような経緯で、何故、採用されたかについても、「神学大全」を見ると理解し得る。すなわち、トマス・アクィナスによれば、「意思（志）（voluntas）と自由意思（志）（liberum arbitrium）とは二つの能力なのではなく、両者は却って一つの能力でなくてはならぬ」（大鹿一正訳『神学大全第六分冊』一九六一年（創文社）二四四頁）のであって、「罪」の根源は「意思（志）」（自由意思（志））である（稲垣良典訳『神学大全第一二分冊』一九九八年（創文社）九七頁）、とする。
すなわち、トマス・アクィナスは、アリストテレス――スコラ学の典型的手法であるが――の「選択意思（志）」こそが「自由意思（志）」であると述べ（大鹿一正訳「神学大全第六分冊」一九六一年（創文社）二三九頁）、そして、人間は「自由意思（志）」を有している。すなわち、人間は「理性による一種の比量（collatio）によって行為する」。だから、「彼は、種々異なった方向におもむく可能性を持つものとして自己の自由な判断に基づいて働くわけである」。「もし、人間が「自由意思（志）」を有していなければ、忠告とか勧告とか命令とか禁止とか褒賞とか処罰とかは無意味にならざるをえないだろう」（大鹿一正訳『神学大全第六分冊』一九六一年（創文社）二三一頁）。

すなわち、（自由）「意思（志）」によって悪しく行為することも出来るのであり、そこで、罪とは、悪しき人間行為であり、それは、本質的にいって、意思（志）と理性と能力であるところの「自由意思（志）」の行為に存する（稲垣良典訳『神学大全第一二分冊』一九九八年（創文社）一八〇頁）。そして罪に対しては罰が与えられなければならず、罪が個人の意思（志）に存するものであるから、「各人はただ自らの罪のためにのみ罰せられる。何故なら罪の行為はある個人的なもの（personale）であるからである」（稲垣良典訳「神学大全第一二分冊」一九九八年（創文社）三四八頁）といっている。[13]

4　では、何故に、「罪の帰責の根拠として自由意思（志）」を設定したのか。それは、神と罪を切断するためであった。すなわち、神が創造した人間が罪を犯すのだから、間接的には罪は神が犯したことになる。[14]そこで、罪とは、人間が、全てから（神からも）自由な意思（志）で犯すものであるから、犯した人間自身にのみ帰責されるという構造をとって、神と罪を切断しようとしたのである。[15]
また、アンセルムスも、次のように述べている。「誰かが自分の意志を神の意志に従わせ、あるいは自分の意志を神の意志から離反させるとき、かれ当人に関するかぎり、神を敬い、あるいは神の栄誉を毀損している」、また、「人間は」、「罪を犯さないことが自らの意志で可能であるように創られた」と（瀬戸一夫「グレゴリウス改革と知のアンセルムス的転回（一一）成蹊法学第六四号（二〇〇七年）三八四、三九〇頁）。[16]

四　正に、これこそが、民法学、広く法律学における「意思理論」の役割として、生きているのである。すなわち、民法学、広く法律学において、「意思理論」は、その法律効果を、意思行為の当事者個人にのみ帰せしめることの理論的根拠として機能しているのである。[17]
以上、ほんの少しの考察をもってしても、「神学大全」が、日本民法学にとっても、重要な文献であることが解る。

しかし、一部の方々を除いて、私も含めて多くの日本の民法学者にとって、ラテン語、特に中世ラテン語を読み熟すことは至難の業であり、その全邦訳が完結することは、日本法学界にとっても、誠に有難いことである。否、そのような利便の問題を超えて、全邦訳完結は、日本におけるキリスト教学の水準の高さを示すものである、といえよう。

本稿執筆にあたっては、
稲垣良典先生、半澤孝麿先生から、貴重な御教示を賜った。ここに記して、感謝の意を表するものである。

（1）石井良助『民法典の編纂』一九七九年（創文社）三頁、向井健＝利谷信義「明治前期における民法典編纂の経過と問題点」（「法典編纂史の基本的諸問題――近代――別冊法制史研究一四号」一九六三年（創文社）二二〇頁。
（2）他にも、当時入手可能であった各国法典や判例が参照された（前田達明＝松岡久和＝平田健治「史料　債権総則（1）」民商法雑誌八一巻三号一九七九年一二〇頁、前田達明監修『史料債権総則』二〇一〇年（成文堂）「本書を読まれる方々へ」（V～X））。例えば、債務不履行にもとづく損害賠償の範囲を定める日本民法第四一六条が、イギリスの有名な判決「ハドレー事件（Hadley v. Baxendale, 9 Exch. 341, 354）」に由来するものであることは広く知られているところである（平井宜雄『損害賠償の理論』一九七一年（東大出版会）一四九頁）。
（3）前田達明『口述債権総論第三版』一九九三年（成文堂）一一頁。また、現行民法典の立法資料とその後の改正作業については、前田達明編『史料民法典』二〇〇四年（成文堂）参照。
（4）F・ヴィーアッカー（鈴木禄弥訳）『近世私法史』一九六一年（創文社）一八頁。すなわち、我々にとって重要なのは、キリスト教の〝洗礼〟を受けたローマ法の研究である、ということになる。

なお、鈴木禄弥先生におかれては、二〇〇六年一二月二二日に逝去された。先生は、亡くなられるまで、常に我々後進の民法学者を温かく御指導下さった。ここに、その大いなる学恩に深く感謝申し上げると共に、心から哀悼の意を表して、御冥福をお祈り申し上げる次第である。
（5）三ヶ月章「契約法に於ける形式主義とその崩壊の史的研究（三）」法協六四巻六号一九四六年三八四頁。なお、広中俊雄『契約とその法的保護』一九九二年（創文社）二四一頁参照。
（6）Seuffert, Zur Geschichte der obligatorischen Verträge, 1881, S. 46.
（7）ゾイフェルトは、ラテン語で、単に「異論」のみを引用している。
（8）M・カーザー（柴田光蔵訳）『ローマ私法概説』一九七九年（創文社）九六頁、鈴木禄弥『民法総則講義　二訂版』二〇〇三年（創文社）一四五頁。
（9）鈴木禄弥『債権法講義　四訂版』二〇〇一年（創文社）五七六頁。
（10）しかし、契約法において、中世法学者の努力にも拘わらず、「意思原則」が完成するのは、近代自然法思想を待たなければならなかった（原田慶吉『ローマ法』一九五五年（有斐閣）一七二頁、星野英一「現代における契約」（『民法論集第三巻』）一九七二年（有斐閣）九頁。広中俊雄・前掲書四頁）。そして、特にプーフェンドルフが、私法上の「意思理論」の当初の確立者であるとされる（筏津安恕「私法の一般理論の成立要件――意思自由論か行為自由論か――」法学六九号（二〇〇五年）八三一頁）。もっとも、現代においても、契約法において、「意思原則」が、必ずしも貫徹されているものではない。すなわち、現代においても、手続法上の「証拠」としてのみならず、実体法上の効力要件として、書面主義が採用されている例もある。（日本民法第四四六条第二項参照）。
（11）久保正幡先生還暦記念出版準備会編『西洋法制史料選Ⅱ中世』一九七八年（創文社）三二〇頁、三二七頁。しかし、婚姻法の分野においても、「意思原則」は、必ずしも、貫徹されなかった。すなわち、このような「合意」のみによる教会の「婚姻締結法」は、古来の方式（夫婦の同衾など）を要求する民衆の「婚姻締結法」と「解きがたい矛盾」を発生させた、といわれている。すなわち、教会からは婚姻したと認められても、当事者達は婚姻したとは思っていない（無式婚姻）といった事態が生じた（ミッタイス（世良晃志郎＝広中俊雄訳）『ドイツ私法概説』一九六一年（創文社）一二〇頁）。現行日本民法において、「婚姻は両性の合意のみに基づいて成立」するという憲法第二四条の規定の下でも、「婚姻は、戸籍法の定めるところにより届け出ることによって、その効力を生ずる」（日本民法第七三九条第一項）と定めている（いわゆる届出婚主義）。この憲法と民法の関係については、鈴木禄弥『親族法講義』一九八八年（創文社）六頁参照。

以上の如く、注(10)と共に、トマス・アクィナスが「法的義務」の拘束力には「何か他の要件が必要とされる」としていることが、示唆的である。
(12) しかし、この刑罰の分野においても、「意思原則」は貫徹し得なかった（源河達史「グラーティアーヌス教令集における帰責の問題について（1）～（4）」法学協会雑誌一一九巻（二〇〇四年）二号三三九頁、五号九八三頁、七号一四二九頁、八号一六六四（一六二一）頁）。すなわち、日本刑法第三八条も、次のように規定している。「罪を犯す意思がない行為は、罰しない。ただし、法律に特別の規定がある場合は、この限りでない」。すなわち、その帰責根拠は「意思原則」を原則とするが、他に「特別の規定」（過失犯）による帰責を認めている（団藤重光『刑法綱要　総論』一九六〇年（創文社）二一一頁）。
(13) 半澤孝麿『ヨーロッパ思想史のなかの自由』二〇〇六年（創文社）一二五頁。
(14) 古代ギリシャにおいては、神の〝意思〟によって人間は動かされているという思想があったとされている。例えば、ホメロス（前八世紀頃）の「イリアス」の中で、ギリシャ軍の総大将アガメムノンと英雄アキレスが女性のことで仲違いし、後にアガメムノンが、アキレスに和解を申し入れたとき、彼は〝神々が、私の目をすっかり惑わしたので、そのために、私は過ちを犯さざるを得なかったのだ。その罪は私にはない〟と弁解し、アキレスは、それに対して異議を述べなかった。
(15) これこそ、アウグスティヌスが、「自由意思について（Augustinus. De libero arbitrio, 395年）」で主張したところである。金子晴勇『近代自由思想の源流』一九八七年（創文社）三〇頁、半澤孝麿・前掲書一〇三頁。
(16) もっとも、アンセルムスは、「自由意思（志）」は神や天使も有しており、神や天使は罪を犯すことができないので、「自由意思（志）」は罪を犯したり犯さなかったりする能力ではないといっている（このことは、前述の如く、トマス・アクィナスによって、論破されているところである）。ただ、罪を犯すことは自由意思（志）によるのではなく、単なる意思（志）（arbitrium）による、といっているのであり（金子晴勇・前掲書三八頁）、結局、彼も罪の根拠を「意思原則」に求めていることには変わりがない。
(17) 前田達明『不法行為帰責論』一九七八年（創文社）一八七頁。現実に、人間に「自由意思」があるかという疑問については、同一九八頁。

（後記）なお、私事で、誠に恐縮であるが、高田三郎訳『神学大全　第一冊』一九六〇年（創文社）の「邦訳序文」の中に、私の洛星中学高等学校時代の恩師のお名前を発見した。すなわち、宮地宏先生（国語）、『神学大全第八分冊』一九六二年（創文社）の翻訳者である故横山哲夫先生（数学）、同じく『神学大全第五分冊』一九六七年（創文社）の翻訳者である故山本清志先生（化学）の三先生である。三先生は、このような偉大な事業に参画されているかたわら、洛星中学高等学校において、教鞭を取っておられたことを、初めて知ったのである。このような優れた先生方に、多感な少年期、御教導を賜ったことを想うとき、誠に感無量であり、三先生に対して、深甚なる感謝の念をもって、本小稿を捧げる次第である。

（創文　第五〇〇号　二〇〇七年）

第二章　パンデクテン体系における「家族法」について

一　本稿の目的

日本民法典の体系は、周知のように、ドイツ民法典[1]のそれに倣っている。すなわち、第四編「親族」、第五編「相続」も、ドイツ民法典の第四編「Familienrecht」、第五編「Erbrecht」に倣っている[2]。そして、このドイツ民法典の体系は、パンデクテン体系と呼ばれている。したがって、日本民法典の「親族」、「相続」の理解の第一歩として、パンデクテン体系について理解を深めることが不可欠となる。そこで、本稿においては、この「親族」、「相続」を一括して「家族法」と呼び、その成立史を探究しようとするものである。

二　パンデクテン体系の生成

1　中世ドイツにおいては、一三、一四世紀頃から、ローマ法の継受が始まり、特に神聖ローマ帝国下においては、ローマ法は重要な法源であった。そして、帝国の権力が有名無実となって後、まず、各地方固有の法(Landesrecht)が第一次的に適用され、それが欠けている場合にのみ、継受されたローマ法が、ドイツ全土に共通した普通法（Gemeines Recht）として、適用されることになった。それならば、「ローマ法」は、あまり重要でなくなったのかというと、そうではない。文化水準の低い農業社会の法として育ったLandesrechtは、商業社会へ切り替わろうとしていた当時の社会における法的紛争の解決に対しては、あまり役立たなかった（すなわち、何ら解答を用意していない＝空白部分が多い）。結局、Gemeines Recht、すなわち、高度に発達したローマ法[3]の方が、多く適用された。
2　もっとも、如何に優れたローマ法とはいえ、一六、一七世紀のドイツの法状況に、ぴったりとはいえなかったため、現実に適合するように、これを修正する作業が、ドイツでは、大いに行なわれた。これを「パンデクテンの現代的慣用（usus modernus pandectarum）」と呼んでいる。これによって、「ディーゲスタ」＝「パンデクテン」[4]の法文の個別的具体的記述は、体系的抽象的記述へと進んだ。そして、その傾向と体系化は、近代自然法思想[5]によって、大いに発展させられた。すなわち、個別的具体的記述は、時と所を問わない自然法という思想（自然法の普遍的妥当性）に適合しにくく、また、大原則を定めて演繹的に思考を進めるという、この思想にも適合せず、一般条項的な法命題が求められた。ここに、「総則」（さらに、物権の「総則」、債権の「総則」）が生み出された。
さらに、近代自然法思想は、「家族法」という法分野を生み出した。すなわち、インスティトゥーティーオーネン体系における「人の法」から、抽象的「個人（Individuum）（取引市民（利益）社会の主体）」を抽出して「総則」に規定し、その「個人」の属する「国家（Staat）」を「個人」に対比し、その上で、「国家」間の法たる国際法（ius gentium＝Volkerrecht）を規定した。それは、近代自然法思想の目的に由来する。すなわち、当時のヨーロッパ社会における国民国家間の紛争状態を眼前にして、すべての人が平和な生活を送れる社会を法的に保障したい、という目的から由来するものであった（前田達明『民法Ⅵ$_2$（不法行為法）』一九八〇年（青林書院）八頁）。そのために、まず、市民社会の個人が、平和で安全な生活を営むための最も基礎的な基盤として、「家族（夫婦そして親子）」を「共同体」として、その経済的基盤である「家産」の継承を「相続」として、法的に規制し、次に、その「家族共同体」の保護のために「国家」が存在し、そして、その国家間の法的規制（戦争の〝正当原因〟を規定して、正当でない戦争の防止）として、「国際法」を必要とした。
その願いを法体系化したのが、「近代自然法の父」[6]と称されたグロティウス[7]（Grotius. オランダ。一五八三〜一六四五）の継承者プーフェンドルフ（Pufendorf. ドイツ。一六三二〜一六九四）[8]であった。すなわち、婚姻、父権、家長権といった「親族法」が、「自然法と万民法について（de jure naturae et gentium）一六七二」（全八巻）の「第六巻」として独立している。しかし、彼にあっても、また、「相続法」の分離は見られない。そして、かつてドイツ啓蒙主義哲学[9]の「首領（das Haupt）」と呼ばれたヴォルフ（Christian Wolff. ドイツ。一六七九〜一七五四）の“institutiones juris naturae et gentium（自然法及び万民法の体系）”において、それが、より明らかとなった。すなわち、次の如くである。

第一部　自然法総論、並びに自身、他者及び神に対する諸義務について
第二部　所有権、並びにそこから生じる諸債務及び諸権利について
第三部　支配権（＝権力関係）、並びにそこから生じる諸債務及び諸権利について
　第一節　私的支配権について
　1．支配権及び共同体（＝団体）総論について
　2．婚姻、すなわち夫婦共同体について

3．血族関係及び姻族関係について
4．父方共同体及び家父（＝家長、家父長）権について
5．相続の法、すなわち遺言相続及び無遺言相続について
6．奴隷（身分）と主従関係について
7．家族（haus）について
第二節　公的支配権、すなわち国家の法について
第四部　万民法（＝諸国民の法）について

ここに、第一部「総論」があり、第二部に「所有権」と「債務（契約など。債権）」という財産法があり、第三部の私的支配権（imperio privato. gemeine Herrschaft）の下に、「家族」の構成要素と「相続」についての法を置く、という体系が成立した。

3　そして、一九世紀ドイツ法学が[10]、その体系化を完成させた。その体系をパンデクテン体系という（Schwarz, Zur Entstehung des modernen Pandektensystems, Zeitschrift der Savigny-Stiftung für Rechtsgeschichte, 42Bd. Romanistische Abt., 1921, S. 578 ff.（ZRG. Abt. 42）、赤松秀岳『一九世紀ドイツ私法学の実像』一九九一年（成文堂）二六一頁）。パンデクテン体系の創始者といわれるハイゼ（Heise. 一七七八～一八五一。ドイツ。Grundriss eines Systems des gemeinen Civilrechts zum Behuf von Pandecten-Vorlesungen. 1807）の体系は、次のようである[11]。

第一部　総則（Allgemeine Lehren）

第一章　法源
第二章　諸権利
第三章　権利の行使と保護
第四章　人
第五章　物
第六章　行為
第七章　⑴　空間の関係（住所等）
⑵　期間の関係
第二部　物権（Dingliche Rechte）
第一章　総則
第二章　所有権
第三章　地役権
第四章　借地権と地上権
第五章　質（抵当）権
第三部　債権（Obligationen）
第一章　総則
第二章　債権の目的
第三章　債権の成立と根拠
第四章　債権の消滅
第五章　本質的に相対する（双務）契約
第六章　供与あるいは給付への債権
第七章　返還への債権
第八章　行為への債権
第九章　不作為と原状回復への債権
第十章　賠償と刑罰への債権
第十一章　付属的債権
第四部　人的物的権利（Dinglich-persönliche Rechte）
第一章　婚姻

第二章　父権
第三章　後見
第五部　相続法（Erbrecht）
第一章　総則
第二章　法定相続順位
第三章　遺言
第四章　終意処分の執行と廃止
第五章　特別遺言（兵士の遺言など）
第六章　遺留分（Successio necessaria）
第七章　相続財産の取得
第八章　遺贈（物）の取得
第九章　遺贈（物）の種類
第十章　相続権の喪失
第六部　原状回復

そして、かの有名なサヴィニー（Savigny. ドイツ。一七七九〜一八六一）も、この体系を支持した。[12]
そして、最大最高のパンデクテン法学者であるヴィントシャイト（Windscheid. ドイツ。一八一七〜一八九二）が書いた教科書（一八九二年）によって、そのパンデクテン体系が完成した。すなわち、

第一部　法一般について
第二部　権利一般について
第一章　権利の概念と種類
第二章　権利主体（自然人と法人）

第三章　権利の発生、消滅、変更（法律行為など）
第四章　権利の行使、侵害、保護
第三部　物権法（Sachenrecht）
第四部　債権法（Recht der Forderungen）
第五部　親族法（Familienrecht）
第六部　相続法（Erbrecht）、となっている。

4　要約するならば、パンデクテン体系は、第一に、財産法と家族法に二分され、第二に、その財産法が「物権」と「債権」に二分され、第三に、家族法が「親族法」と「相続法」に二分され、第四に、通則としての「総則」、そして、更に、その「総則」の「人」は市民（取引）社会における取引主体としての抽象的な個人（自然人、法人）、抽象化された取引（権利発生、変更、消滅などが規定された。）が冒頭におかれる（その限りで、「総則」は、「小型インスティトゥーティーオーネン体系」といえる。松尾弘「民法の条文とは」法学セミナー二〇〇六年五月号一四頁）、という特徴を持っている。この財産法において、物権と債権という二大権利の体系となっているのは、ローマ法における、「対物訴権（actio in rem）」と「対人訴権（actio in personam）」の模倣である[13]。

三　ドイツ民法典における「親族法」と「相続法」

1　ドイツ民法典は一九〇〇年に施行されたが、その法典は、ヴィントシャイトの影響が強く、その第一草案は

「小ヴィントシャイト」と呼ばれたほどである。そのドイツ民法典は、前述のように、第一編が「総則」、第二編が「債権」、第三編が「物権」、第四編が「親族」、第五編が「相続」となっている。
2　そして、親族法と相続法の二つの法分野によって、「家族法」が形成されたことも、前述のように、ドイツ民法典の大きな特徴といえる。これは、前述のように、近代自然法思想にもとづくものである。そして、注目すべきは、ハイゼの体系においては、親族法を物的人的権利（dinglich-persönliche Rechte）という統一的標題のもとにまとめられていることである。ハイゼが、あえて親族法（Familienrecht）という用語を避けて、このような用語を採用したのは、一八世紀後半ドイツにおける「時代精神（Zeitgeist）」の代弁者たるカント（Kant. 一七二四－一八〇四）に倣ったものである。すなわち、カントは、「人倫の形而上学（Die Metaphysik der Sitten, 1797）において、「物権（Sachenrecht）」と「債権（Persönliche Recht）」の他に、「物件に対する仕方で人格に対する権利[14]（das auf dinglische Art persönliche Recht）」という用語を用いて、婚姻権（Eherecht）や親権（Elterrecht）を統括しているのである。[15]
カントによれば、この権利は、「外的対象を物（Sache）として占有し、人格（Person）として使用する権利」である、とする。そして、婚姻については、単なる任意の契約ではなく、人間性の法則に従った必然的な契約による性共同体（commercium sexuale）の形成であり、したがって、婚姻権は「一方の人間が他方の人間の性器と“Vermögen”を相互に使用する」権利ということになる。このように、家族関係を「権利」として把握することは、人間の「自由」すなわち意思の自律（Autonomie）にもとづく権利義務こそが、「法」の世界の問題である、という理解にもとづく。そして、自然科学的思想[16]にたけたカントとしては、夫婦関係を即物的に把握することに、なんの躊躇も感じなかったと思われる。

3　それに対して、ヴィントシャイトにおいては、そのような用語は消えて、「親族法（Familienrecht）」という用語によって統括されている。このことは、一九世紀前半ドイツにおける「時代精神」の代弁者ヘーゲル（Hegel. 一七七〇〜一八三一）の考えをみれば理解できる。すなわち、ヘーゲルが、カントの婚姻観を批判したことは有名であるが、そこで、ヘーゲルがいわんとしたことは、次のような危機感にもとづくものであった。すなわち、一九世紀ドイツにおいては、産業革命に始まる資本主義生産と都市化が飛躍的に発展した。その故に、欲望の主体としての「個人」が利益社会たる市民社会において孤立化することとなった。したがって、そこには、婚姻制度の解体と家族の崩壊の危険が芽生えてきた（三島淑臣・前掲書二五二頁）。そのことを、先進国イギリスやフランスの例から、ヘーゲルは、早くも敏感に嗅ぎ付けた。さらに、自由、平等、博愛を旗印にしたフランス革命も現実には理想社会を生み出さなかった、そして、強力な権力者ナポレオンによって強大なフランス帝国が建設された、という現実を、ヘーゲルは見ていた。そこで、ヘーゲルは、家族や国家という共同体を守ることが、欲望の主体としての個人を救済することになると考えたのである[17]。したがって、ヘーゲルにあっては、婚姻や親子関係を「権利」関係に解体することは許されず、家族（Familie）によって統括されなければならなかったのである[18]。そして、このヘーゲルの見解は、サヴィニーによって支持され、ドイツ一九世紀法学界の通説となった（前田達明『愛と家庭と』一九八五年（成文堂）一一六頁[19]）。
そして、ドイツ民法典においても、強力な父権[20]が認められた。しかし、夫権については、フランス民法典のような「妻の行為無能力者」制度を認めず、夫の住所決定権（第一三五四条）などの例外は別として、比較的に夫婦同等の扱いとなっている。また、妻（配偶者）の相続権も認められた（第一九三一条〜第一九三四条）。これは、フランス民法典に比して、一〇〇年の時を経て、妻の地位についての意識が変化したことの反映であろう[21]。

4　このようなカントの生きた一八世紀ドイツとヘーゲルが眼前にした一九世紀ドイツの社会は、どのように異なっていたのであろうか。
一八世紀のドイツにおいて、その農村生活は、中世のそれと大きな変化はなかった。すなわち三圃制で、そのために作付け面積は三分の一であり、ほぼ自給自足経済であった。そして、当時ドイツの約二五〇〇万人の人口のうち、四分の三は農村に生活していた。そして牧畜業は、秋には牧草不足のために、家畜の一部は屠殺しなければならず、冬の肉は常に塩漬けのものであった。そして寒期はヴィタミン不足に悩ませられた。

他方、イギリスでは、一八世紀に新しい農業方法が採用され、収穫収入を増大させていた。すなわち、品種を変えれば（Fruchtwechsel）、三圃制をとらずに全耕地を利用できた。ドイツでも、一九世紀になって、農学者テーア（Thaer. 一七五二～一八二八）が、これに倣って三圃制の解消に努めた。さらに、灌漑や排水工事が進み、リービッヒ（Liebig. 一八〇三～一八七二）により人工肥料の利用が拡められた。牧畜業においても、クローバーやビートなどの牧草の植付けが進み、秋の多くの屠殺が回避された。また、農業共同体（Landwirtschaftliche Genossenschaft）の形成によって、農業生産は飛躍的に発展した。さらに、農村における問屋制家内工業化（プロト工業化）は、農村に多くの収入をもたらした。他方、都市ではマニュファクチュアが進み、さらに、それと共に、機械化と交通網（鉄道）の発展が、都市化の大きな要因となった[22]（Kaier, Grundzüge der Geschichte, Bd.3, 6. Aufl., 1970. S. 220f. 木村靖二編『ドイツ史』二〇〇一年（山川出版社）一五四頁）。例えば、「純粋ドイツ」といわれるバーデン大公国の「産業化」は、一八〇九年の機械制紡績業の開始に始まるといわれている（北村次一『近現代のドイツ経済社会』一九七八年（法律文化社）一五頁）。

このように、多くの領域で〝中世〟を引きずっていた一八世紀ドイツに生き、しかし、知識としては〝近代〟を意識して、学問上は、自然科学をはじめとする〝近代〟の輝かしい成果をみてきたカントとしては、人間理性のみによって理想社会が実現できるという〝理性信仰〟(Vernunftglaube) をもったのも当然である。他方、〝近代〟のはじまった一九世紀ドイツに生き、前述のように、フランス革命、ナポレオン帝国の成立を見たヘーゲルは、非歴史的な人間理性のみによって理想社会が成立するとは考えられず(「現実的なものが、理性的である」というのは、このように理解すべきであろう)、むしろ強力な国家と「健全」な家庭が、欲望の主体としての個人を救済し得ると考えるのも当然であったろう(なお、鷲田小弥太『ヘーゲル『法哲学』研究序論』一九七五年(新泉社)七五頁)。このようなカントとヘーゲルの違いは、モーツアルト (Mozart. 一七五六〜一七九一) とベートーヴェン (Beethoven. 一七七〇〜一八二七) の違いに対比できるだろう。[23]
5　ところで、前述のように、インスティテューティーオーネン体系における「人の法」は、ドイツ民法典において、「総則編」の「人」と、「親族編」の「人」に分解されることになった。それは、自由主義経済社会に対応する「民法」として、物権と債権が「財産法」である、と意識的に明確化したことに由来する。すなわち、その「財産」の主体は、市民社会における取引発展のために、自由な取引社会の主体として、自由で平等な個人(ドイツ民法第三条)である必要があり、合理的経済人である必要があった。そして、それは、「人」として、「第一編　総則」に規定された(法は、逆に、合理的経済能力を欠く者の保護という観点から規定を設けた。第四条から第二一条)。他方、「家」(国家の基本)を守るために、夫として、妻として、親として、子として、の「身分」にある「人」の法として、「第四編　親族」が形成された。しかも、それは、自由な合理的経済人ではなく、強力な国家の基盤としての「家父長制家族」の一員としての夫、妻、親、子であった。このように、「人の法」を分解して、一方で、「自由人」(「総則」)、他方で「家父長制下の人」(「親族」)を規定したのは、後進資本主義国家ドイツ帝国の民法体系、そして大日本帝国の民法体系として、必然のことであったといえよう。

四　結　び

1　以上の考察から明らかなように、「親族法」と「相続法」の生成は、一八世紀の近代自然法思想の産物である、ということが判明した。それは、ある意味で、当時のヨーロッパにおける〝グローバル化〟の産物といえよう。すなわち、時と所を問わない自然法の中で、時と所を重視する「親族」と「相続」についての法は、時と所を問わない財産法から区別する必要があった、と考えられる。
2　そして、現在、文字通りの〝グローバル化〟時代にあっては、取引社会の共通化の進行と、価値の多様化[24]に伴う家族制度の多様化は、両法分野の峻別を、より必要とするであろう。しかし、他方において、国民国家が存在する限り、家族制度のコントロールは不可欠であり、先の多様化と国家のコントロールの衝突こそが、近未来の「家族法」の最大の問題といえよう。
そして、それは、当然に解釈論にも影響することとなろう[25]。

（1）　正確にいうと、ドイツ民法典では、第二編が「債権（Schuldrecht）」、第三編が「物権（Sachenrecht）」となっている。それは、日本民法典が、ドイツ民法典「草案」の順序に倣ったからである。この相違については、前田達明『口述債権総論第三版』一九九三年（成文堂）八頁参照。
（2）　これに対して、「旧民法」（明治二三年公布。いわゆる「ボワソナアド民法」。前田達明編『史料民法典』二〇〇四年（成文堂）

九四二頁）においては、「親族」に該当するのは、「人事編」であり、「相続」に該当するのは、「財産取得編」の「第十三章　相続」「第十四章　贈与及ヒ遺贈」である。なお、その「第十五章」は「夫婦財産契約」である。これらの部分は、日本の「慣習習俗」を考慮して立法すべきであるとして、ボワソナアドではなく、日本人の手で起草されたが（石井良助『民法典の編纂』一九七九年（創文社）二三一頁、高橋良彰「旧民法典ボアソナード起草部分以外（法例。人事編・取得編後半）の編纂過程」山形大学歴史・地理・人類学論集第八号二〇〇七年五六頁）、「人事編」はインスティトゥーティーオーネン体系のフランス民法典の「第一編　人（des Personnes）」に、「財産取得編」の「第十三、十四、十五章」はフランス民法典の「第三編　所有権取得の諸方法（des différentes manières dont on acquiert la propriété）」の「第一、二章」に倣ったものである（前田達明編『史料民法典』二〇〇四年（成文堂）四頁）。ところで、インスティトゥーティーオーネン体系は、「イーンスティトゥーティオーネース」に由来する。「イーンスティトゥーティオーネース（institutiones.「法学提要」と訳されている。）」とは、ラテン語のinstituo（教化する）からきていて、古典期の法学者ガーイウス（Gaius. 二世紀の法学者）が、法学の教科書として著した『法学提要』（船田享二訳『ガイウス法学提要（新版）』一九六七年（有斐閣）参照）の形式にならって、次のような体系である、といわれている。

緒論
　1．市民法と万民法　2．法の形式　3．法の分類
第1章　人の法
　1．自由人と奴隷
　2．生来の自由人と被解放自由人
　3．生来の自由人
　4．被解放自由人の種類
　　降服者、ローマ市民とラテン人、ラテン人と降服者との相違

5. アエリア＝センチア法
6. フフィア＝カニニア法
7. 自主権者と他主権者
他主権者の種類、家長権に服する者、夫権に服する女子、手権に服する者、権力から解放される方法
8. 後見と保佐
後見、保佐人、後見人・保佐人の責任

第2章　物の法
1. 物の分類
財産中にある物と財産外にある物、有体物と無体物、手中物と非手中物
2. 各個の物の取得方法
市民法上の取得方法、自分の所有物を移転する能力のない者と他人の所有物を移転する能力をもつ者、市民法上の取得方法と自然法上の取得方法、後見に服する者の取得、権力に服する者による取得
3. 物の包括取得
相続と遺産占有、総財産の売却、他人の家長権内に入る場合、相続財産の法廷譲歩
4. 債権
債権の最高の分類、契約から発生する債権、不法行為から発生する債権

第3章　訴訟の法
1. 訴訟
訴訟の分類、訴訟の当事者、訴権の消滅
2. 抗弁

抗弁の目的・起源および形式、抗弁の効力、永久抗弁と猶予抗弁、反抗弁・再抗弁および反再抗弁、前加文
3. 特示命令
特示命令の分類、特示命令の手続と効果
4. 乱訴の制裁と反訴
5. 敗訴者に破廉恥の汚点をつける訴訟
6. 法廷招致と再出頭保証契約
これは、東ローマ帝国（六世紀〜一五世紀）において、法学校の教科書として公布施行された、といわれている（碧海純一＝伊藤正己＝村上淳一『法学史』一九七六年（東大出版会）二五頁以下（柴田光蔵））。
(3) 古典期たる一、二世紀頃、ローマ市は、約一〇〇万人の人口をもっており、地中海を中心に、大商業が展開されて、高度の文化をもっていた（「古代資本主義」。柴田光蔵『ローマ法概説』一九八一年（玄文社）一一〇頁）。そして、ローマ法は、そのような高い文化度を反映するものであった。もっとも、それは、貴族をはじめとする富裕な市民のための現象であり、一般大衆全体の消費マーケットが形成されたのではなく、人口密度も、ローマ市などを除いて、ローマ盛時でも、1㎢あたり奴隷も含めて一五、六人であったとされ、したがって、資本主義的生産は起こらなかった、といわれている（増田四郎『ヨーロッパとは何か』一九六七年（岩波書店）六九頁以下）。
(4) 「ディーゲスタ（Digesta.「学説集」と訳されている）」とは、ラテン語のdigero（解明する）に由来する。また、「パンデクタエ（Pandectae.「学説彙纂《いさん》」と訳されている）」とは、παν-δεκται というギリシャ語に由来し、παν（PAN＝全）とδεκται（dexomai）（δεχομαι＝受け入れる、聞き入れる、理解する。）の合成語で、〝生じたことや言われたことが全て含まれている〟という意味である。英語のencyclopediaにあたる。なお、このδεχομαιの音を移したのが、ラテン語のdicto（言う、命令する）、dictum（言説、命令、神託）である。『学説彙纂』は、ローマ法の最盛期たる古典期（B.C.27〜A.D.284）の法学者の学説を採録したものである。学説といっても、今日の学説と違って、「ディーゲスタ」に採録されている法学者達は、いわゆる「（勅許）

解答権」（ローマ皇帝の認許にもとづいて法律問題について解答する権限が与えられ、その解答は法律として通用した、といわれている。）を与えられていた。したがって、その学説（法）は大変権威があった。「ディーゲスタ」は、法文総数九一四二あり、五〇巻から成り、現代のローマ法研究者は、それを次のように七部にわけている。

第1部（第1巻～第4巻）
第1巻＝法の概念、法源、人の地位、政務官についての法文
第2、3、4巻＝私法一般についての法文
第2部（第5巻～第11巻）＝裁判についての法文
第3部（第12巻～第19巻）＝物についての法文
第4部（第20巻～第27巻）＝売買、利息、海上消費貸借、証書、証人、証拠、婚姻、後見、保佐についての法文
第5部（第28巻～第36巻）＝遺言についての法文
第6部（第37巻～第44巻）＝相続財産、贈与、奴隷解放などについての法文
第7部（第45巻～第50巻）
第45、46、47巻＝契約、不法行為などについての法文
第48、49巻＝刑事法についての法文
第50巻＝主として行政法についての法文
以上は、概略であって、柴田光蔵＝西村重雄「学説彙纂第四八巻邦訳（1）（2）」法学論叢八七巻四号一頁、五号一頁、一九七〇年に表題の詳しい翻訳がある。
そして、先の『法学提要』と『学説彙纂』と『勅法集（Codex）』の三部が、東ローマ帝国のユースティーニアーヌス（A.D. 483～565）皇帝（その時代をユ帝時代という。）が命じて編纂された『ローマ法大全』である。そして、それは法律としての効

力を有した。
（5）近代自然法思想とは、法は人間の本性あるいは理性にもとづくものである、したがって、法とは、全ての人間に通用し得るものである、という思想である。そして、近代自然法思想は、幾何学の手法を法学へ持ち込もうとした。例えば、近代自然法論の確立者とされるホッブズ（Hobbes. イギリス。一五八八～一六七九）は、ユークリッド幾何学をはじめ自然科学に通じていた（上山安敏『法社会史』一九六六年（みすず書房）一七五頁以下、石部雅亮『啓蒙的絶対主義の法構造』一九六九年（有斐閣）四四頁以下、三島淑臣『法思想史〔新版〕』二〇〇一年（青林書院）二二一頁、笹倉秀夫『法思想史講義〔下〕』二〇〇七年（東京大学出版会）四六頁）。
（6）近時は、しかし、このように〝尊称〟することは不当であるという指摘が有力である。大沼保昭編『戦争と平和の法（補正版）』一九九五年（東信堂）二六六頁（柳原正治）、三島淑臣・前掲書二一三頁。なお、笹倉秀夫・前掲書七一頁。
（7）グロティウスによって、「自然法」は、「世俗的自然法」となったといわれている。すなわち、「神が存在しないとしても」（もっとも、彼自身は無神論者ではなかった）、人間の「理性」から「自然法」が現れるとして、「世俗的自然法」（理性法）の時代に入っていった（加藤新平『法思想史』一九五二年（勁草書房）六六頁、シュロッサー（大木雅夫訳）『近世私法史要論』一九九三年（有信堂）七八頁）。ところで、グロティウスにおいても、「親族」と「相続」が語られている。すなわち、『戦争と平和の法（de jure belli acpacis, 1622～1624. 1625）』「第二巻　第一章」において、正しい「戦争の原因」として「自己よび財産の防衛」を説き、「第二章」において共有の物、「第三章」において物の「原始取得」、「第四章」において「推定的放棄」と「先占」「使用取得」と「時効取得」、「第五章」において「対人権」の「原始取得」（親権、父権、婚姻、従属者と奴隷に対する権利などが論ぜられる）、「第六章」において「人間行為による承継取得」（遺言などが論ぜられる）、「第七章」において「法規による承継取得」（無遺言相続などが論ぜられる）、「第十二章」において「契約」、「第十七章」において「損害」と賠償「義務」、「第二十二章」において「不正な戦争原因」について論じている。以上から、明らかなように、「親族」も「相続」も「戦争」の〝正当原因〟として扱われている。それは、ヨーロッパにおける多くの戦争が、王族の婚姻、親子関係そして相続が原因となっていることの反映である（大沼保昭編・前掲書二六六頁（柳原正治））。例えば、「百年戦争（一三三九～一四五三）」は、フランスのカペー王朝のシャルル四世（一三二二～二八在位）が死去して、傍系のヴァロア王朝のフィリップ六世（一三二八～五〇在位）が即位すると、シャルル四世の姉イザベルの息子であるイギリスのプランタジネット王朝のエドワード三世（一三二七～七七在位）がフランス王位継承権（相続）を主張して、フランスへ侵攻したのが始まりである。

〔仏カペー王朝〕

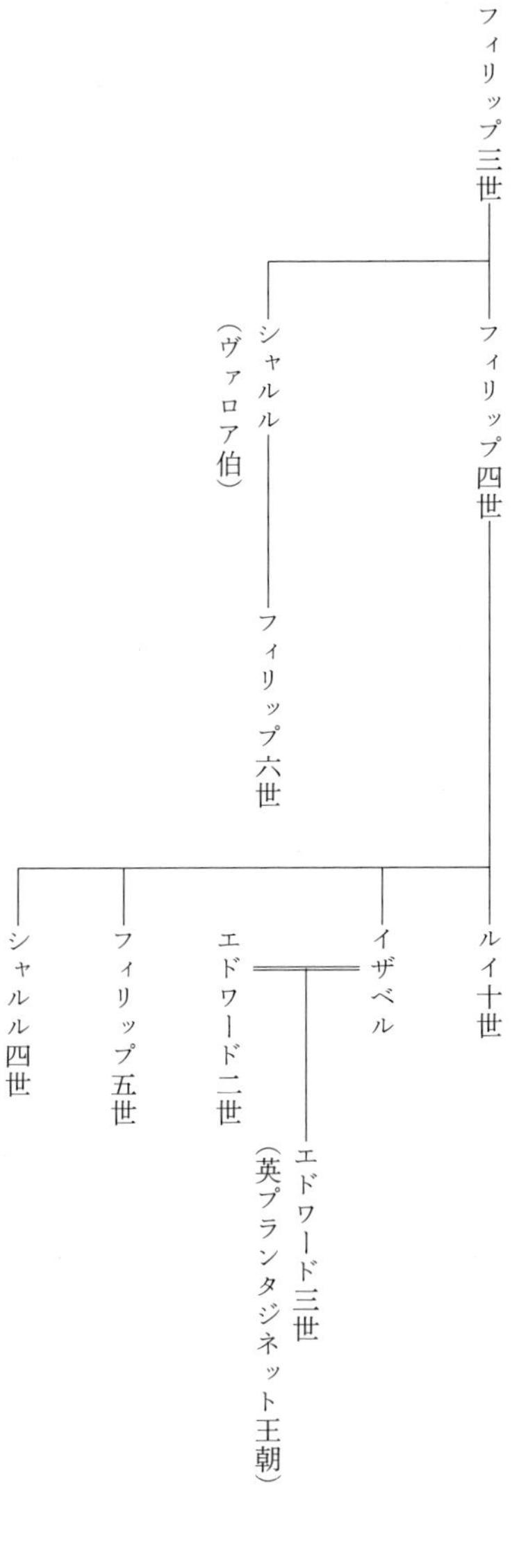

さらに、グロティウスが、この名著『戦争と平和の法』を執筆した直接の動機は「オランダ独立戦争（八十年戦争。一五六八～一六四八）」、「三十年戦争（一六一八～一六四八）」であり、「キリスト教徒の血で血を洗う戦いへのグロティウスの嫌悪感であった」、「グロティウス生誕から死までの六二年間は、そのまますっぽりネーデルラント独立戦争の八〇年に包みこまれてしま

う」と語られている（大沼保昭編・前掲書一七頁（山下泰子））。これらの戦争の遠因も「婚姻」である。すなわち、オランダは一五世紀、フランス王家（カペー王朝）の分家であるブルゴーニュ家の支配下にあった（森田安一編『スイス・ベネルクス史』一九九八年（山川出版社）二一〇頁）。そして、その女相続人マリアがハプスブルク家のマクシミリアン一世と婚姻し、ハプスブルク家の領地となった。他方、一四七九年にアラゴン王フェルナンド二世とカスティーリア王女イザベルが婚姻し、スペイン王国が生まれ（もっとも、実際には、両国共に別の法、統治制度、議会、貨幣、租税、軍制などを維持し、「統一国家」の出現とはいえないとされている。立石博高編『スペイン・ポルトガル史』二〇〇〇年（山川出版社）一四一頁）、二人の間に娘ファナが誕生した。そして、マクシミリアン一世の子フィリップ一世がファナ（中野京子『ハプスブルク家一二の物語』二〇〇八年（光文社）三六頁）と婚姻し、その子カール五世（カルロス一世。一五一九～一九五六在位）が、オーストリアとオランダそしてスペインを支配することになった。カール五世の子フェリペ二世（一五五九～九八在位）は、新教の強いオランダに宗主国スペインのカトリックを強制し、さらに都市に重税を課したため、オランダの貴族や商工業者が反発してはじまったのが、オランダ独立戦争である（一五六八年）。

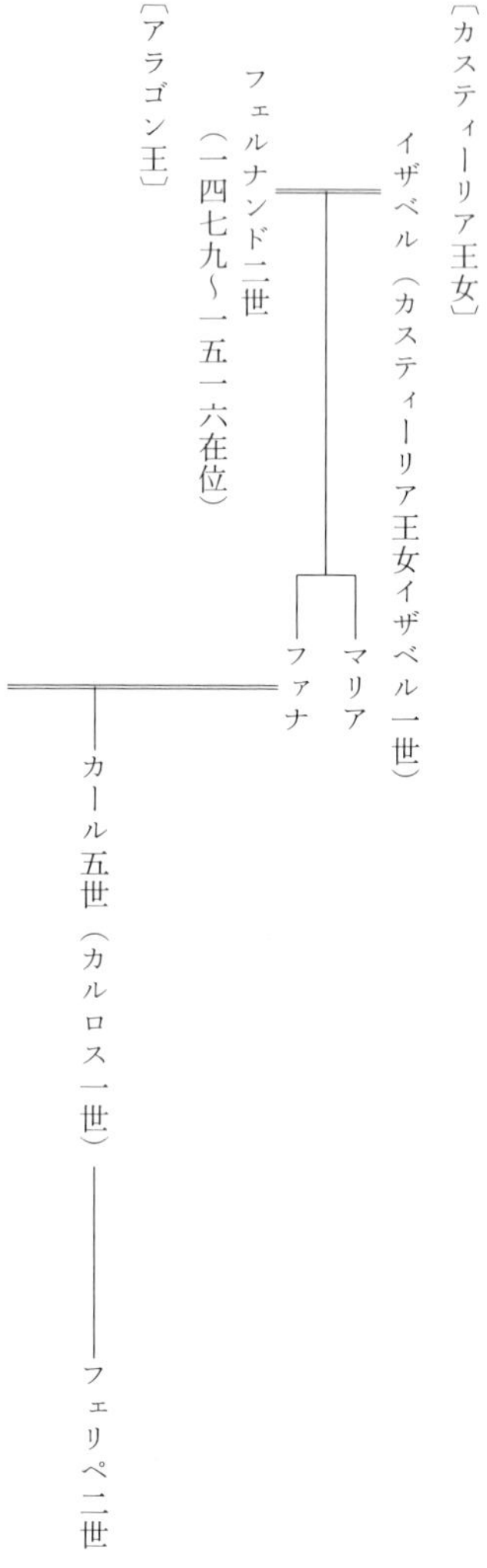

〔ブルゴーニュ家〕
女相続人マリア
マクシミリアン一世
（一四九三～一五一九在位）
フィリップ一世
〔ハプスブルク家〕

したがって、グロティウスが、「親族」や「相続」について論述しているのは、私法的観点からではなかった。そして、私法学へのグロティウスの寄与は、むしろ、彼の『オランダ法学入門』（Inleiding tot de Hollandsche Rechts-geleertheyd, 1619–1621. 1631. Lee, The jurisprudence of Holland by Hugo Grotius, 1926 を参照）にみられる（大沼保昭編・前掲書二六七頁（柳原正治））。この著書（以下、本書という。）は、三部からなり、まず、「第一部　法の諸原則と人の法的状態について　第一章　法学と正義について、第二章　法の諸々の種類とその機能について、第三章　人の法的状態について、第四章　完全能力と制限能力について、第五章　婚姻について、第六章　両親が生存している子について、第七章　孤児と後見人の任命について、第八章　後見人の権限について、第九章　後見人の義務について、第十章　後見の終了方法、第十一章　成年後見について、第十二章　嫡出子と非嫡出子について、第十三章　本国人と外国人について、第十四章　貴族と平民について、第十五章　聖職者と俗人について」、そして、「第二部　物権について　第一章　物の法的状態とその分類について、第二章　占有権について、第三章　所有権について、所有権の種類について、所有権の取得方法、第四章　無主物（res nullius）の取得について、第五章　前主の承諾による取得について、第六章　果実の取得について、第七章　時効による取得について、第八章　加工と混同と混合による取得について、第九章　流砂、益水、沖積による増地の取得について、第十章　動産、不動産そして農作物の作出と付合による取得について」記述し、そして「第十一章～十三章」は婚姻と財産の関係について、「第十四章～第三十一章」は相続（遺言相続と無遺言相続）について、「第三十二章　完全所有権の喪失方法について」、「第三十三章　不完全所有権一般について」、「第三十四章　都市役権について」、「第三十五章　田園役権について」、「第三十四章～第四十六章」は用益権について、「第四十七章～第四十八章」は担保物権について、記述している。最後に、「第三部　債権について　第一章　債務一般とその発生原因と種類について、第二章　贈与について、第三章　契約・主たる債務者と保証人について」記述し、「第四章～第二十五章」は契約一般と契約類型について、「第三十章」は不当利得、「第三十二章～第三十八章」は不法行為について、「第三十九章～第五十二章」は債務の消滅（例は、弁済や時効消滅）等について、記述している。以上から明らかなことは、グロティウスの私法体系は、インスティトゥーティーオーネン体系を完全に脱却はしていないが、「物権」、「債権」という編別は、正にパンデクテン体系である。そして、ティーメ（Thieme）は、グロティウスと本書について、次のように述べている。グロティウスは、実務的法問題の体系化を達成したのであり、その意味で、「自然私法」の「父（die Vaterschaft）」であることは異論がない。すなわち、彼は、弁護士として、長年、実務に携わり、その経験を生かして、本書において、自然法的、ローマ法的、ドイツ法的構成要素をもって、まったく独自の私法体系を完成させた。そして、本書は、自然法の歴史において、看過できず、また、後の自然私法の全ての体系がそれに由来するもので、本書においても、「グロティウスは自然法学的である」（Mitteis）と高く評価されている（Thieme, Das Naturrecht und die europäishce Privatrechtsgeschichte, 2. Aufl., 1954, S.19ff）。

なお、本書は、オランダにおいて、一九世紀初頭に新しい立法がなされるまでは、「実用書（a book of practice）」として、しばしば版を重ね広く読まれ（Lee, op. cit., p. vii）、また現在でも、高く評価されている、とのことである（大沼保昭・前掲書二七三頁（柳原正治））。
（8）プーフェンドルフが、私法上の「意思理論」の最初の確立者とする考えについては、筏津安恕「私法の一般理論の成立要件―意思自由論か行為自由論か―」法学六九号（二〇〇五年）八三一頁。なお、笹倉秀夫・前掲書七三頁。
（9）ヨーロッパで、一七世紀末から一八世紀末に主張された思想で、人間的自然的理性を尊重して、新秩序建設を目指した。すなわち、啓蒙（enlightenment, lumieres, Aufklärung）とは、一六～一七世紀に科学上の大発見が起こり、宇宙は、解明でき、神秘でなくなり、全てのことは、人間の理性によって解明できる、というのである（ロバーツ（大久保桂子訳）『図説・世界の歴史5』一九八二年（小峰書店）一一〇頁）。
（10）Gemeines Recht たるローマ法、とくに「ディーゲスタ」＝「パンデクテン」（学説彙纂）を研究したので、一九世紀普通法学あるいはパンデクテン法学と呼ばれる。
（11）もっとも、フーゴー（Gustav Hugo. 一七六四〜一八四四。ヴィーアッカー（鈴木禄弥訳）『近世私法史』一九六一年（創文社）四六九頁）は、その著『現代ローマ法提要』(Institutionen des heutigen Römischen Rechts, 1789）において、「序論（「Einleitung」)」．Ⅰ．物的諸権利（Realrechte)、Ⅱ．人的諸債務（Persönliche Obligationen)、Ⅲ．親族諸権利（Familienrechte)、Ⅳ．遺産（Verlassenschaften)、Ⅴ．訴訟（Proceß)」とし、それぞれの内容は、「Ⅰ．物についての権利（Ius in Rem)．所有権（Eigentum)、用益権（Servitut)、質（抵当）権（Pfandrecht)）」、「Ⅱ．債務．人に対する権利（Obligatio. Ius in personam)．1．物に対する権利との関係（Verhältniß zum jus in rem)、2．債務の発生諸原因（Quellen des obligatio)、意思表明一般について（Von Willensäußerungen überhaupt)、要物契約（Realcontracte)、諾成契約（Consensual contracte)、不法行為と種々の原因にもとづく債務（obligatio ex delicto & variis causarum figuris)、3．債務の消滅（Ende der obligatio)」、「Ⅲ．親族の諸権利（Familien=Rechte)．婚姻（Ehe)、父権（Väterliche Gewalt)」、「Ⅳ．死亡を前提とする諸権利（Rechte，welche einen Todesfall voraussetzen)．1．相続一般（Erbschaft überhanpt)、2．遺言にもとづかない相続（Erbschaft ab intestato)、3．最終意思（letzte Willen)．相続人の指定（Erbes Einsetzung)．他の定め（andere Verordnungen))」、という体系を採用し、パンデクテン体系を最初に創始した、とされている（Schwarz, a.a.O.S. 581. 平野裕之『民法総則（第2版）』二〇〇六年（日本評論社）三頁）。しかし、彼は、後の『現代ローマ法教科書』（Lehrbuch des heutigen Römischen Rechts, 1816）において、次のように、その体系を変更している。「序論」、「一般概念。『Ⅰ．人の種類。A．自然人、B．法人』。『Ⅱ．物の種類。A．有形物、B．法的物』。『Ⅲ．行為の種類。A．有形的行為、B．法的行為』」、「各論あるいは私権自体。『Ⅰ．物についての理論。A．「家族関係と遺産」以外の物の理論、1．所有権、2．用益権、3．質（抵当）

権。B．家族関係の物への影響、1．婚姻、2．父権、3．後見。C．遺産、1．法定相続の結果、2．遺言による相続の結果、3．他の終意の定め。』『Ⅱ．債権についての理論。A．債務、1．契約、2．加害行為、3．混合された事例（vermischte Fälle）、債務の終了。B．訴権。C．裁判手続』」。
(12) サヴィニー（小橋一郎訳）『現代ローマ法体系』第一巻（一八四〇年）（一九九三年、成文堂）三四〇頁。サヴィニーによれば、所有権に代表される物権と債権は個人の力（Macht）を拡張する法律関係（Rechtsverhältniß）であり、その総体を財産法（Vermögensrecht）といい、個人の不完全性を補充する婚姻、父権、親族関係の総体を親族法（Familienrecht）といい、死者の財産の取扱いについての総体を相続法（Erbrecht）という（サヴィニー（小橋一郎訳）・前掲書二九九頁以下）。
(13) actio in rem は、物に対する訴権＝対物訴権（物の直接的支配を妨げる全ての人に対する訴権（例えば、rei vindicatio）で、物の直接的支配自体が回復できた。）である。物権が「物」に対する権利といっても、法そして権利が、人と人の関係であることから、物権も、結局は、人に対する権利である。すなわち、自分の所有権に服する「物」が他人に奪われたら、その盗人に、返せ！と請求する権利（物権的請求権）が、その所有権から出てくる、ということである（クリンゲンベルク（瀧澤栄治訳）『ローマ物権法講義』二〇〇七年（大学教育出版）三五頁）。actio in personam は、人に対する訴権＝対人訴権である。すなわち、actio in personam＝債務者のみに給付を請求し得る訴権（例えば、買主の購入訴権＝売主に対して買った物を引き渡せと訴えることのできる権利。actio empti）で、古くは（一二表法（前四五〇年頃制定）時代から、前三世紀中頃まで。法律訴訟）、債務者の身体への強制執行が認められた（殺害あるいは債務奴隷）。その後、原則として包括執行しか認められず（方式書訴訟）、任意に履行がなされないと全財産売却（bonorum venditio）を行ない（法務官の執行）、金銭弁償しかなかった。したがって、売買訴権では、買主は、当該目的物を入手し得る保障はなかった。なぜなら、「物」への訴権でないからである（ベーレンツ＝河上正二『歴史の中の民法』二〇〇一年（日本評論社）三二四頁、クリンゲンベルク（瀧澤栄治訳）『ローマ債権法講義』二〇〇一年（大学教育出版）三、四頁）。
(14) もっとも、カントが、真に表明したかったことは「物権でも債権でもない第三の種類の権利」ということであった、ともいわれている。三島淑臣「婚姻の人倫性と市民社会」（『法理学の諸問題　加藤新平教授退官記念』一九七六年（有斐閣）二二九頁）。
(15) カントによれば、「私の選択意思（Willkur）の外的対象」として、「有体物」（物権の対象）、「他人の給付意思」（債権の対象）、「私との関係における他のある人の状態」（妻、子、奉公人。das auf dingliche Art persönliche Recht の対象）を挙げている（カント『人倫の形而上学』（樽井正義＝池尾嘉一訳）二〇〇二年（岩波書店）六九頁、永尾孝雄「カント家族法論の現代性」（『自由と正義の法理念　三島淑臣教授古稀祝賀』二〇〇三年（成文堂）二〇七頁）。
(16) カントの大学卒業論文（一七四六年）は、「生きた力の真の測定についての考察」という「力学」の論文であり、一七四九年には「一般自然史」、一七五二年には「地球の自転の仕方に変化があったかどうか」、一七五四年には「火について」という論文を書いている（野田又夫『世界の名著三二　カント』一九七二年（中央公論社）一七頁以下。）
(17) そして、ヘーゲルは、利益社会たる市民社会さえ、今日の意味での福祉行政（Polizei）の担い手となるべきことをも主張していた、とされる（小川仁志「ヘーゲルの多元主義国家観」ヘーゲル哲学研究 Vol. 12（二〇〇六年）（こぶし書房）一五五頁）。
なお、笹倉秀夫・前掲書一一一頁。
(18) Hegel, Grundlinien der Philosophie des Rechts（法哲学綱要）, 1821, §161（藤野渉＝赤澤正敏訳「法の哲学」（「世界の名著」3 三五）一九六七年（中央公論社）三八八頁）。ヘーゲルは、婚姻が〝家族（Familie）を一人格（eine Person）にする〟、すなわち「家族共同体」を形成するという（§163）。なお、長谷川宏訳『ヘーゲル法哲学講義』二〇〇〇年（作品社）三一九頁参照。
カントとヘーゲルの法学上の位置付けについては、碧海純一ほか編・前掲書一三四頁以下（村上淳一）に詳しい。なお、笹倉秀夫・前掲書一一七頁。
(19) サヴィニーも、親族は三つの不可分に統合された姿を得る、すなわち本性的、道徳的および法的姿である、という。そして、Hegel “Naturrecht (Grundlinien der Philosophie des Rechts) §161” が「婚姻は法的な道徳（倫理）的愛である」とするのを、「非常にすばらしい（sehr schön）」と誉め称えている（サヴィニー（小橋一郎訳）・前掲書三〇八頁）。
ここで、注目すべきは、サヴィニーの次の見解である。すなわち、法の課題、目的は、人間の本性の道徳的使命、目標の達成であり（彼にあっては、それはキリスト教にもとづく）、それと独立して国家経済原理を目標とする必要はない、と主張する。何故なら、後者は、道徳的目標を達成するための手段の増大と純化に役立だけのものだからである（したがって、それには、一つの新しい目的が含まれるのでない）という（サヴィニー（小橋一郎訳）・前掲書七〇頁）。
(20) 第一六二六条〜第一六八二条。母は、父が死亡等あるいは離婚したときのみ、親権をもった。第一六八四条〜第一六九八条。
(21) ところで、フランス民法典では、前述のように、物権法、債権法といった区別はなく、特に、我々が、今、債権法として扱っている問題は、所有権の取得方法の一つとして、しかも、相続や遺言より後の章において扱われているのが注目される。
これは、なるほど、フランス民法典はフランス革命（一七八九年）の成果ではあるが、法典自体は意外と保守的であることを示している（川島武宜＝三藤正訳『エールリッヒ『権利能力論』』一九四二年（岩波書店）一〇四頁以下、大木雅夫訳ツヴァイゲルト＝ケッツ『比較法概論原論上』一九七四年（東京大学出版会）一四七頁以下）。というのは、封建時代においては、物、特に土地や生産財に対する支配関係が重要な法律問題であり（今でいう物権法）、その所有権などの移転方法として重要なものは、主として、相続であり、遺言であり（大土地所有者たる貴族社会における土地の権利の移転方法を考えてみよう）、売買などの契約によるものは、二の次であった。法典としては、当時、正に重要となりつつあったブルジョワ社会の法状況を十分に把握していなかったといえる（凡そ、法典には、概してそのようなところがある）。

さらに、ナポレオンの意志によって、秩序の安定と権威の継承のために、家父長家族制が採用され、強力な父権（父が強力な親権を有した。C. c. 第三七三条〜第三八七条）と夫権（妻は夫に服従する義務があり（C. c. 第二一三条）、妻は行為無能力者であった（C. c. 第二一五条〜第二二五条）。それらは、やっと一九三八年の改正で廃止された。）を規定し、女性の社会的地位は一八世紀よりも後退したといわれている（福井憲彦『フランス史』二〇〇一年（山川出版社）二七九頁）。さらに、制定時には、血族のいる場合には、妻（配偶者）の相続権が認められなかった（C. c. 第七六七条）。したがって、フランス民法典は、「財産法」においては「フランス革命思想」を肯定し、「家族法」においては否定したといわれている（稲本洋之助『フランスの家族法』一九八五年（東京大学出版会）一九、九一、三二九、三四二頁）。なお、この妻の無能力制度は、日本においても、旧民法典（人事編第六八条〜第七二条）さらに現行民法典（第一四条〜第一八条）に継受され、一九四七年廃止されるまで存在した。
(22) 例えば、ドルトムント市の人口は一八一六年に四〇〇〇人であったものが、一八六四年には二八〇〇〇人になった。
(23) そして「市民社会」も国家の統制下にあるべきである、というのが、ヘーゲルの考えであった。Hegel, a.a.O., §290（藤野渉＝赤澤正敏訳・前掲書三四七頁図1）。
(24) 大村敦志『家族法〔第2版補訂版〕』二〇〇四年（有斐閣）は、「婚姻家族の法」、「非婚姻家族／準婚姻家族の法」、「拡大家族／複合家族の法」という類型化を行なっている。
(25) 例えば、婚姻意思については、どのように考えるべきか。立法論は別として、内田貴『民法Ⅳ　補訂版』二〇〇四年（東京大学出版会）一〇頁の指摘するように、現在の「日本親族法」が、「私的保護法」としての機能をも有しているとすれば、そして、日本の社会保障制度の実状に鑑み、近未来において、それが全て「公的保護法」に移行するとは考えられないならば、それは、ヘーゲルのいうように〝家族（将来における親と子、そして場合によっては、老いた祖父母を含めた）共同体を形成する意思〟ということになろう。これは、内田貴・前掲書六一頁のいう「行為規範」の視点による「婚姻意思」である（なお、内田貴・前掲書五八頁に、「実質的」意思と「形式的」意思というのは、「ネーミング」が妥当でなく、前者は「婚姻の法律効果を全面的に受容する意思」、後者は「婚姻の法律効果を部分的に受容する意思」を指すというのは、誠に正鵠を得ている）。
なお、蛇足ではあるが、婚姻意思は、婚姻の届出と共に、婚姻の成立要件である、と一般に説明されている。しかし、民法第七三九条第一項の解釈（〝婚姻は届出によって成立する〟）、民法第七四二条第一号の解釈（〝婚姻意思がないときは婚姻は無効である〟）、同第二号の解釈（〝婚姻の届出がないときは、婚姻不成立で無効以前の問題である〟）を、整合的に説明するには、婚姻届出（そして受理）は婚姻成立要件であるが、婚姻意思は、成立要件でなく、効力要件である、とするのが妥当ではなかろうか。それは、民法第七三二条の解釈においても有益である（伊藤昌司教授の御教示による）。

第三章　民法から観た英米法史管見

一　本稿の目的

日本民法は、フランス民法とドイツ民法を母法として成立したが、起草者の一人である穂積陳重（一八五六～一九二六（安政三～大正一五））は、最初、イギリスに留学したこともあって、法典調査会議事速記録をみると、しばしば、イギリスの判例が引用されており[1]、中でも、民法第四一六条は、イギリスの有名な判例であるハドレー事件に由来するものであることは、現在、定説となっている（平井宜雄『損害賠償法の理論』一九九六年（東京大学出版会）一四六頁）。さらに、アメリカ法[2]やアメリカ判例[3]も参照されており、以上の点からだけでも、日本の民法学者にとって、英米法研究は不可欠の作業である。そこで、本稿は、その英米法が、どのように成立したのか、を概観しようとするものである。

二　イギリスにおいて

1　イギリスにおいては、独仏のように、民法典をはじめとする大法典編纂がなされなかった。その理由としては、(1)ローマ法継受が、独仏のように「土着法」を圧倒するほどの全部的継受ではなかったこと、(2)法典編纂運動が部分的にしか成功しなかった、という点があげられる。なぜ、そうなったかについては、イギリスにおいては、王裁判所機構と巡回裁判制度[4]によって、早くから司法的中央集権が行なわれ、かつ、イギリス法曹のギルドであるインズ・オブ・コート（Inns of Court）を中心として、「土着法」技術が発達していたからである。すなわち、フランスやドイツに比べて、イギリスは、いち早く司法中央集権化が進展し、したがって、早くから国の裁判所による法創造が可能であったわけである、とわれている（高柳賢三『英米法源理論〔全訂版〕』一九三八年（有斐閣）三六頁以下）。

もっとも、イギリスにおいても、ローマ法の影響がなかったわけではない。かつて、ローマ帝国は、イギリスをも支配し、当然ローマ法が支配した（一世紀後半から五世紀前半。ベイカー（小山貞夫訳）『イングランド法制史概説』一九七八年（創文社）四頁）。例えば、action in rem と action in personam は、その名称と内容において、ローマ法の actio in rem と actio in personam に由来する。しかし、アングロ・サクソン人の侵入（四〇〇年～六〇〇年）、ノルマン人の征服（一〇六六年）によって、ローマ法よりも、慣習法が重んぜられた。[5]すなわち、アングロ・サクソン朝のエドワード証聖者王（Edward the Confessor. 在位一〇四二年～一〇六六年）の死後、ノルマン朝のウイリアム一世（征服王）（William I the Congueror. 在位一〇六六年～一〇八七年）は、エドワードの継承者であると主張してイギリスの王位についたため、アングロ・サクソン朝の法を尊重するとして、慣習法を尊重した。さらに、ヘンリー一世（Henry I. 在位一一〇〇年～一一三五年）、スティーヴン（Stephen. 在位一一三五年～一一五四年）、さらにプランタジネット朝のヘンリ二世（Henry II. 在位一一五四年～一一八九年）も、同様のことを宣言していたのである（田中英夫『英米法総論上』一九八〇年（東京大学出版会）六七頁）。

ところで、イギリスにおいては、一二世紀以前から、訴訟当事者に付き添って、代わって弁論し、弁論を間違うと当事者の修正に服する者（訴答人＝advocatus＝prolocutor、代弁人＝narrator＝pleader）と、訴訟当事者の地位に代わって立ち、当事者を拘束する形で行為する者（代訴人＝attornatus＝procurator）の二種類の訴訟を手助けする人々がいた（ベイカー・前掲書一一三頁）。そして、コモン・ロー形成の基礎である一二世紀に始まるイギリス国王裁判所（「王座裁判所」、「民訴裁判所」、「財務裁判所」[6]と「巡回裁判所」）における、訴訟手続の方式化、技術化により、さらにヘンリー二世の改革によって、専門的な知識なくしては訴訟遂行ができなくなり、ここに「職業的専門家」としての「代弁人」が生まれた。代弁人は、やがて「上級法廷弁護士（serjeant-at-law）[7]」と呼ばれるようになり、さらに後にバリスタ（barrister）と呼ぶようになった。彼等は、国王裁判所、特に民事訴訟を中心とする「民訴裁判所（Court of Common Pleas）」での弁論権を独占し、一四世紀には、裁判官も、彼らの中から任命されるという慣行が成立した。そして、彼等によって、裁判を通じて法曹法＝判例法、いわゆるコモン・ロー（common law）が形成されていった。さらに、彼らは閉鎖的なギルドを形成し、新しい法曹養成も、大学ではなく、裁判所の監督の下に、彼らの手に委ねられた。この法曹養成の機関が、法曹学院（Inns of Court）である。今も、ロンドンにあるリンカンズ・イン（Lincon's Inn）、グレイズ・イン（Gray's Inn）、ミドル・テンプル（Midle Temple）、インナー・テンプル（Inner Temple）の四大学院は、すでに一五世紀に存在していた。そこでは、当然、ローマ法の講義ではなく、実務的なコモン・ローが講義された。そして、イギリスの大学においてローマ法の講義が行なわれたのは、一八世紀に入ってからである、といわれている（碧海純一＝伊藤正己＝村上淳一『法学史』一九七六年（東京大学出版会）二一九頁（伊藤正己））。

このように、イギリスでは、完成したローマ法を継受するのではなく、イギリスにおける裁判を通じて、法を形成していったのである。それは、イギリスが、ドイツやフランスに比べて、物理的にも、精神的にも、いち早く独立国としての形態を整えて、自国の法曹法形成ができる「余裕」（国力）があった、ということである[8]。
2　さて、イギリスにおいても、たしかに、民法典などの法典編纂の動きはあった。それは、一八世紀に始まった。一八世紀イギリスの歴史は、イギリス帝国形成の歴史であり、それは、また植民地貿易の大いなる発展の歴史でもあった。すなわち、アジア、アフリカ、アメリカとの貿易が、一七世紀の後半には二倍以上に伸び、さらに、一八世紀の七〇年間には、さらに二倍となった、といわれる。正に、イギリス「商業革命」と呼ばれるものである（重商主義帝国の拡大）。それによって、貿易商人の社会的地位の向上をもたらし、彼らは支配階級であるジェントルマンに繰り入れられ、ここに、ジェントルマン階級は「オープン・エリート」となった（川北稔編『イギリス史』一九九八年（山川出版社）二三五頁）。そして、この「商業革命」と一七世紀後半からはじまった「農業革命」は、一七四〇年代以降から出生率を増加させ、人口の急速な増大をもたらした。その結果、一八世紀のイギリスでは、「産業革命」が進行することになった（川北・前掲書二四五頁）。
このような社会の変革は、「団体としての法曹」のもつ「コモン・ロー」への楽天主義と保守主義に対する批判の原因ともなった。その代表者は、ベンタム（Jeremy Bentham. 一七四八～一八三二[9]）である。かれは、リンカンズ・インのバリスタであったが、物理学（内燃機関の研究もある。）など自然科学にも造詣が深く、合理的科学思考をもって、法は「功利主義＝最大多数の最大幸福」を目的とし、「幸福微積分学」（felicific calculus）によって、法学の全領域を検証すべきである、と主張した（ベイカー・前掲書五〇八頁）。そして、彼は、「コモン・ロー」＝判例法を批判して、次のように言っている。すなわち、〝「判例法」は、その内容が、あらかじめ知られる、ということがない。したがって、人は、その知り得ない法で支配されることになる。ということは、自分のした行為が違法であるか否かは、後になって、裁判所が、それに法的不利益を加えたときに、はじめて解ることになる。これは、誠に不当なことである。そこで、法の改革は、立法、制定法によって、なされるべきである。その法の基本的部分は、誰にでも、その意味が、はっきり解り、そして、できるだけ簡潔な法典の形式によるべきである〟、と主張する。彼によれば、〝法典とは、それぞれの家庭で、父が、誰の助けを得なくても、これを手にもって、子供に教えることができるものである〟、と述べている（田中英夫『英米法総論　上』一五二頁）。

　このような、ベンタムの主張（ベンタミズム）は、法の職業的専門家たる「法曹」にとっては、快いものではなかった。したがって、このベンタミズムは、いくばくかの成果は修めたものの（例えば、選挙法の改正。Reform Act. 1832）、その運動、特に民法典編纂といった実体法の編纂はイギリスには合わない、と主張する法曹の「職業的利益」に妨げられて成功せず（プラクネット（伊藤正己監修）『イギリス法制史　総説編　上』一九五九年（東京大学出版会）一三六頁）、民法典などの法典制定には至らなかった[10]（伊藤正己＝田島裕『英米法』一九八五年（筑摩書房）三八八頁）。

　そして、イギリスにおいては、バーク（Edmund Burke. 一七二九〜一七九七）[11]の考え、すなわち、歴史と経験そして妥協と慎重な改革、というモンテスキューのいう「コモン・ローの精神」が、今も、妥当しているわけである（プラクネット・前掲書一四一頁）。
3　もちろん、イギリスにおいても、個別の制定法は存在する（高柳賢三『英米法源理論』一三三頁）。例えば、「物権法」の分野においては、土地について、Statute of Gloucester（一二七八年）、Statute of Mortmain（一二七九年）、De Donis 法（一二八五年）、さらに、Law of Property Act（一九二五年）などがある。また「債権法」の分野では、Sale of Goods Act（一八九三年）が挙げられる（伊藤正己＝田島裕・前掲書二八六頁）。しかし、もっとも重要なのは、親族法、相続法の分野である。なぜならば、家族は国家の基本であり、その「家族」のあり方は国家の重大な関心事であるからである。したがって、それは、統一的に明確に示す必要があり、制定法が必要なのである。しかも、イギリスを含むヨーロッパにおいては、家族に対する教会裁判所の支配を排除する必要もあったからでもある（ヨーロッパでは婚姻や離婚は教会法（Canon Law）、すなわち、教会裁判所の管轄下にあった）。

親族法の中心となるのは、「婚姻」、特に「離婚」であるが、この点、イギリスにおいては、永く教会法（教会裁判所の管轄下）の支配下にあり、ヘンリー八世（Henry VIII. 在位一五〇九～一五四七）の離婚事件を契機に発生した「宗教改革」によって、原則として認められなかった離婚が認められるようになった[12]（田中和夫「イギリスの婚姻法」比較法研究第一八号（一九五九年）二五頁）。しかし、その手続が面倒であったため、ついに、一八五七年に「婚姻事件法」（Matrimonal Causes Act）が制定され、遺言の検認、離婚の管轄権が教会裁判所から国家に移譲された[13]。

婚姻そのものについての法律としては、一七五三年の「Marriage Act（いわゆる、ハードウイック卿法）」、一八二三年の「Marriage Act」、一八五六年の「Marriage Act」などが先行していた（中川善之助編『注釈親族法　上』一九五〇年（有斐閣）一一四頁（内田力蔵）、田中和夫『イギリスの婚姻法』二五頁）。

相続に関しては、遺言[14]があれば、それが優先し、しかも完全な「遺言自由の原則」を採用し、遺留分制度は存在しなかった[15]。しかし、一八九〇年の「Intestates' Estate Act（遺言死亡者遺産）」、一九三八年の「Inheritance (Family Provision) Act（相続（遺族扶養）法）」などが制定されて以後は、遺族、特に生存配偶者に対して、「遺留分」に類似した「扶養料」の支払が認められるようになった。

他方、無遺言相続について、かつては、real property の相続と personal property（動産。real action が不可能）の相続の区別があった。前者については、コモン・ローが適用され、後者については、カノン法（したがって、教会裁判所の管轄）と一六七〇年の「Statute of Distribution（人的財産相続法）」が適用された。また、real property の相続は、descent または inheritance（物的財産法定相続）と呼ばれ、その相続人（heir）は、男子単独相続制（pro-mogeniture）であった。他方、personal property の相続は、distribution（人的財産相続）と呼ばれ、相続人（next of kin）は、原則として、寡婦と子供で、均分相続をした。このような相続法制度は、一九二五年の「Administration of Estates Act」まで維持され、そして、この法律によって、real property と personal property の区別は全廃され、全ての財産が同一の法に服し、原則として均分相続制がとられている（中川善之助編『注釈相続法　下』一九五五年（有斐閣）三二六頁（内田力蔵）、澤田みのり「イギリス相続法」比較法研究第三二号（一九七一年）一頁）。

三　アメリカにおいて

1　北アメリカ大陸へのヨーロッパ諸国からの植民は、イギリス（一六〇七年）よりも、むしろフランス（一六世紀中頃から）やスペイン（一六世紀中頃から）などの方が先であり、またオランダ（一七世紀初頭）やスウェーデン（一七世紀前半）は、イギリスと同じ頃に植民していた（紀平英作編『アメリカ史』一九九九年（山川出版社）三一頁）。しかし、ヨーロッパにおける勢力関係が、植民地における勢力にも反映し、一八世紀になると、イギリスとフランスが、その覇権を争い（紀平英作編・前掲書四八頁）、「七年戦争[16]（一七五六年～一七六三年。フレンチ・アンド・インディアン戦争）」において、イギリスがフランスに勝利したことにより、北アメリカ大陸におけるイギリスの優位が確立した（紀平英作編・前掲書六四頁）。
また、他のヨーロッパ諸国に比べて、イギリスが、より植民地政策に力を入れたのは、次の三つの理由による、といわれている。すなわち、(1)商人は、大きな利益を目指して、海外活動に目を向けるようになり、しばしば、国王からCharter（特許状）を得て、会社を組織して活動した、(2)〝第一次enclosure movement（囲い込み運動）（一五世紀末から一七世紀中頃）〟は、農民の都会への流出、貧民の増大という社会問題を生じさせ、その解決として植民地経営が考えられた、(3)宗教上の理由で、イギリス国教会以外の宗派（特にカトリック教）の人々や宗教改革の徹底を唱える人々が、本国から船出していった（田中英夫『アメリカ法の歴史　上』一九六八年（東京大学出版会）一頁、同『英米法総論　上』一八七頁）。そして、そのようなイギリス人の多くが、北アメリカ大陸に向かったのは、インドをはじめとするアジアやアフリカよりも、地理的気候的に本国と近いということであった。
2　そして、一七七五年四月にイギリスからの独立戦争が始まり、一七七六年にアメリカ独立宣言が出されて、一七八一年にアメリカ合衆国は、イギリスに勝利した。その後のアメリカの歴史は、西への領土拡大の歴史であった。特に、アメリカ史上最大の領土拡大は、一八〇三年にフランス領ルイジアナを購入したことであった。しかし、アメリカ各州の植民の形態も異なり、また、地理的条件、経済的条件、人口などにも大きな差があり、その植民者の出身地も異なり、さらに宗教的にも宗派を異にしていた。さらに、前述のように、アメリカの拡大は、他のヨーロッパ諸国の植民地の併合によるものであったから、各州の「独立意識」が強いことは、当然の帰結であった（田中英夫『英米法総論　上』一八七頁）。州の「独立性」の確立は、アメリカにおける「個人主義」も、大きな要因であった、と考えられる。アメリカにおいて、〝極端な〟までに「個人主義」が発展したのは、(1)一八世紀の政治思想＝近代自然法思想が、アメリカで受け入れられたことがあげられる。それは、人間は、個人として、生まれながらに自然権（natural right）をもち、それは侵すことができないものであって、実定法は、それを創設したのではなく、むしろ宣言したに過ぎないという思想であり、したがって、この個人の権利は、いかなる法も侵すことはできないのである、ということになる（Fletcher v. Peck, 10 U. S. 87 (1810) が最適例）。(2)さらに、一八、一九世紀の「法哲学」が、個人主義の発展に役立ったとされる。例えば、カントが〝法は、ある人の意思が、他人の意思と自由の普遍的法則にしたがって、調和せしめられ得るための条件の総体である〟と、述べていることは、各個人に、できるだけ広い自由を確保することが法の目的である、と理解された。さらに、サヴィニーの歴史学派（法は、個人の意思に対して、他人の意思から独立して支配すべき領域を割り当てることを目的とする。これによって、自由な行為者が調和をもって共存できる）、メーンの歴史主義（法の発展を身分から契約へと把握する個人主義思想）、ベンタムの功利主義（各個人が自己の幸福の判定者であり、立法は、他人の同じ地位を確保するのに必要でない個人の自由な行動への制限をすべて除去することに向けられるべきである）、さらに「実証主義哲学」や「機械的社会学派」も、アメリカにおける個人主義の発展に役立った、とされる（伊藤正己＝田島裕・前掲書五四頁）。

しかし、これらは、ヨーロッパやイギリスにおいても同じ状況にあり、アメリカにおいて、特に〝極端な〟個人主義が発展した理由としては、次の点が重要であろう。すなわち、(3)アメリカ拡大、すなわち「西部」への開拓発展は、フロンティア（frontier）精神を生み、人口過疎な農業社会である開拓者社会においては、助ける者の少ない広野で、多くの困難に立ち向かう「個人」の力への信頼（結局、〝一人の拳銃がすべてを解決する〟シェーン。）こそが、生きるための最大の武器であった、と考えられる。これこそが、アメリカにおける〝極端な〟個人主義発展の根元である、と考えられる（伊藤正己＝田島裕・前掲書五七頁）。

しかるに、全体的に見れば、イギリス法が継受された理由は、植民地時代には、(1)植民地の経済の発展に伴い、商取引上の問題が増えると、その解決の指針を発達したイギリス本国の法に求めることが多くなった、(2)植民地の住民も、〝コモン・ロー上のイギリス人の権利を享受することができるべきだ〟、と主張していた、(3)イギリスの

「法曹学院」で教育を受けた者をはじめ、専門法律家ができてきた（田中英夫『英米法総論　上』一九七頁）。さらに、独立後も、⑷反英親仏感情によって、フランス法を採用しようとしても、言語的なハンディキャップがあった（フランス語を理解するものが少なく、英訳本も少なかった）、⑸独自にアメリカ法を発展させていくという力は、当時のアメリカ法曹にはなかった、⑹一九世紀に入って、反英感情が和らいだ、といったことが挙げられる。もっとも、フランスから購入したルイジアナ州は、フランス法系に止まり、一八二五年に、「フランス民法典」を模倣した「民法典」が制定された。[17] したがって、全体としてのアメリカ法は、イギリス法の影響下にあって、コモン・ロー、すなわち判例法が支配した。もっとも、政治的経済的な民主化が達成された、といわれるジャクスニアン・デモクラシー（Jacksonian Democracy. 一八二九年～一八四一年）の時代には（紀平英作編・前掲書一一九頁）、法が、もっぱら法曹階級のものである、ということに反対し、一般人が法を容易に知ることができるように法典を編纂すべきである、と主張された（田中英夫『アメリカ法の歴史　上』三九七頁、田中英夫『英米法総論　上』二七三頁）。

そして、例えば、ニューヨーク州においては、一八六五年にCivil Code（民法典）の「案」が成立した。イギリスよりは、この法典編纂運動は成功したが（田中英夫『アメリカ法の歴史　上』四〇一頁）、大勢としては、イギリスにおけるベンタニズムと同様に法曹の反対にあい、また、アメリカにおける〝極端な〟「個人主義」は、上意下達の性格を必然とする「法典編纂」運動に親しまないこともあって、アメリカにおいても、コモン・ロー、すなわち判例法を打破することはできなかった。
3　そして、現在のアメリカにおける民法分野の法状況の概観は、次の通りである。[18]
⑴　もともと成文法なくして発達してきた分野　→　代理、物権、不動産担保、保証、契約、不法行為、遺言等
もともと成文法がないまま、判例の積み重ねによって、ケース・ローが形成されてきた分野（いわゆる「コモン・

ロー」）の分野である。ただし、前述のように、例外的に、元フランス領であるルイジアナ州では、古くからナポレオン法典の流れを汲むCivil Codeが存在し、独自の発達を遂げてきた。

これらの各分野においては、二〇世紀以降、予測可能性を害するほどに、複雑になってきたコモン・ローを整理すべく、著名な法律家らによる私的研究機関としてスタートしたアメリカ法律協会（American Law Institute. ALI. 一九二三年創立）から「リステイトメント（Restatement of Law[19]：日本で言えば『注釈民法』。）が発行されている。そこでは、多数の判例から抽出されたコモン・ロー・ルールが条文のような形で整理され、判例法の現状と、判例が分かれている点については「あるべき法」を提示している。もちろん、これらは法的拘束力を有するものではないが、裁判所においても、よく引用されるほど高い権威が認められている。

もっとも、現在では、こうした分野についても、州ごとに立法が進んでいる。例えば、契約法の分野では、統一州法委員全国会議（National Conference of Commissioners on Uniform State Laws. NCCUSL. 一八九二年創立）が、上記ALIと共同で起草した統一商法典（Uniform Commercial Code. UCC. 一九五一年成立）の第2章（動産売買）や第2A章（動産リース）は、ルイジアナ州以外の全州で法律として採用され、アメリカ国内での州法の統一が図られている。しかし、主要な法律概念等は、成文化されても、なおコモン・ローの流れを汲むものとして理解され、解釈されている。
(2)　どちらかというと成文法がリードしてきた分野　↓　親族、相続（遺言を除く）、動産・債権担保、組合等
これらも、もともとは、コモン・ローの対象としてスタートしているが、各州の成文法によって取って代わられてからは、主に成文法によってリードされ、発達してきた分野である。

これらの分野については、リステイトメントは発行されていないが、動産・債権担保（UCC第9章：ルイジアナ

を含む全州で採用）や組合（Uniform Partnership Act（一九一四年、一九九七年）／Uniform Limited Partnership Act（一九一六年、一九六七年）：多くの州で採用）の分野では、ある程度、州法の統一が図られている。これに対し、親族・相続の分野は、全ての州に成文法があるが、その内容は州ごとに様々である。ここでも、NCCUSL による統一州法案がいくつか提案されているが、全州で採用されている Uniform Interstate Family Support Act[20]（一九九二年、二〇〇一年）を除き、その多くは、まだ圧倒的多数の州において採用されるに至っていないのが、現状である。

四　結びに代えて

以上のようにして成立した英米法は、イギリスとアメリカの軍事力と経済力によって、世界に流布していった[21]。特に、日本は、第二次世界大戦後、アメリカ経済の中で再建したことにより、アメリカ法の影響は大であり、最近も、民法（債権法）改正検討委員会の公表した『債権法改正の基本方針』（別冊NBL一二六号（二〇〇九年））の中で、その典型契約の一つとして、「ファイナンス・リース」という英語名の契約類型が規定されていることは、その〝象徴〟といえよう（同書三四七頁）。確かに、世界金融恐慌以後、アメリカ経済は停滞し、政治的経済的多極化の兆しが見え始めているとはいえ、国際取引における基軸通貨は、「ドル」であり、世界におけるアメリカの影響力は、いまだ、大といえよう。したがって、日本の法実務においても、アメリカ法の需要は大である（殆んどの弁護士や企業法務家の留学先が、アメリカであることは、その証左といえよう）。したがって、我々研究者にとっても、アメリカ法研究の必要性は、増すことはあっても、減ることはないであろう。

(1) 例えば、現行民法第七一九条について、Mitchell v. Tarbutt (1794), 5 T. R. 649, 101 Eng. Rep. 362, Petrie v. Lamont (1841), Car. & M. 92, 174 Eng. Rep. 424, Merryweather v. Nixan (1799), 8 T. R. 186, 101 Eng. Rep. 1337 が引用されている（法典調査会民法議事速記録四一巻一一五丁表）。以上の判例については、前田達明『不法行為帰責論』一九七八年（創文社）二五五頁参照。
(2) 前田達明ほか「〈史料〉債権総則㈠」民商法雑誌八一巻三号（一九七九年）四二六頁。
(3) 例えば、現行民法第三四条について、Bissel v. Michigan Southern and Northern Indiana Railway Company, 22 N. Y. 258 が引用されている（法典調査会民法主査会議事速記録四巻一二六丁表）。この判例については、前田達明『民法の"なぜ"がわかる』二〇〇五年（成文堂）三二七頁参照。
(4) この巡回裁判制度は、王の裁判所による司法の中央集権化を地方に拡大するとともに、地方との調整役を果たしたといわれている。この制度はエドワード一世の第二ウエストミンスター法（一二八五年）に起源をもつとされている（高柳賢三『英米法の基礎』一九五八年（有斐閣）二五頁）。
(5) もっとも、ローマの法律家とイギリスの法律家が酷似した方法論を採用してきたと指摘する学者もいる。バックランドほか（眞田芳憲ほか訳）「ローマ法とコモン・ロー」比較法雑誌三九巻一号（二〇〇五年）八三頁、二号（二〇〇五年）八七頁。
(6) 「王座裁判所」は犯罪と不法行為を扱い、「民訴裁判所」は不動産と金銭債務を扱った。他方、「財務裁判所」は、相手が債務を弁済せず、または賠償しないので、自分の国王に対する債務を弁済できない、という「擬制」をもって、民事事件を国王の財務事件として民事裁判権を獲得した（末延三次『英米法の研究　下』一九六〇年（東京大学出版会）三九三頁）。
(7) 他方、先の代訴人の系統から事務弁護士、すなわちソリスタ（solicitor）が生まれた（伊藤正己＝田島裕『英米法』八一頁）。
(8) イギリスにおいても、海外出兵（一二世紀のリチャード一世による十字軍遠征、一四～一五世紀の百年戦争によるフランス出兵など）や内戦（一五世紀のバラ戦争など）があったが、ドイツ（例えば、一七世紀の三十年戦争による全土の荒廃）やフランス（例えば、百年戦争による全土の荒廃）ほどの損失はなかった。これが、ドイツやフランスに比べて、イギリスが、いち早く発展した第一の原因といえる。次に、イギリスがドイツやフランスに比べて、ローマ教皇庁から、海をへだてて遠かったということが、その第二の原因である、と考えられる。すなわち、そのことが、カトリック支配から、いち早く脱して、精神的自由を得る大きな要因であったからである。また、国土が、フランス（イギリスの二倍）、ドイツ（イギリスの一．五倍）に比して、小さいことも、国の統一を容易にし、大法典の立法を待たずに、判例法による法の統一が可能であった原因と考えられる。なお、前田達明『民法の〝なぜ〟がわかる』三一四頁参照。
(9)　ベンタムについては、スティーブン（中野好夫訳）『十八世紀イギリス思想史　中』一九六九年（筑摩書房）三〇二頁。
(10)　イギリスにおける成文法の歴史については、末延三次『英米法の研究　下』一九六〇年（東京大学出版会）四二三頁参照。
(11)　バークは、フランス革命に批判的であり、一七九〇年『フランス革命についての省察』という書物を出している（川北稔編『イギリス史』二六二頁）。
(12)　佐藤幸治ほか『法律学入門〔第3版補訂版〕』二〇〇八年（有斐閣）五九頁（前田達明）。
(13)　この間の事情については、田中和夫「イギリスの離婚法」比較法研究第二号（一九五一年）一頁、前田達明『愛と家庭と』一九八五年（成文堂）一七四頁。
(14)　一五四〇年の「Statute of Wills（遺言法）」及び一六六〇年の「Tenures Abolition Act（土地保有条件廃止法）」によって、それまで禁止されていた real property（不動産。real action が可能）の遺言書が自由になった。
(15)　遺言自由の原則は、ブラックストーンによれば、一八世紀中頃に認められていた、としているが、それは、ジョン・スチュアート・ミル（J. S. Mill. 一七七三年〜一八三八年）が私有財産制の理論的な帰結として説いた頃である、と考えられている（中川善之助編『注釈相続法　下』三五二頁（内田力蔵）。
(16)　「七年戦争」とは、オーストリアのマリア・テレジアがフランスとロシアの協力を得て、プロイセンのフリードリッヒ二世（在位一七四〇年〜一七八六年）と戦った戦争である。この戦争で、プロイセン＝イギリス側が勝利した。そして、北アメリカ大陸においても、イギリスとフランスが戦争し、これを「フレンチ・アンド・インディアン戦争」と呼んでいる。一七六三年に講和条約が成立し、イギリスは、北はハドソン湾地域から南はフロリダまでを領土に組み入れることになったのである（紀平英作・前掲書四九頁)。また、この戦争では、一七五七年のプラッシーの戦いで、東インド会社軍がフランス＝ベンガル土侯連合軍を敗って、インドにおけるイギリスの権益を定着させた(川北稔編・前掲書二三四頁)。
(17) アントワーヌ・ド・サンヂョゼフ(福地家良訳)『亜米利加累斯安州民法』(司法省蔵版(一八八二年))が、日本訳の最初のものと思われる。
(18) Prof. Jay M. Feinman と松井保仁氏の御教示による。
(19) 一九二三年から着手され、Contracts(一九三二年)、Agency(一九三三年)、Conflicts of Laws(一九三四年)、Torts(一九三四～三九年)、Trusts(一九三五年)、Property(一九三六～四四年)、Restitution(一九三七年)、Security(一九四一年)、Judgements(一九四二年)が刊行され、一九五〇年代からは第二版の刊行がはじまっている。
(20) 複数の州に関連する扶養命令に関する管轄、準拠法、並びに Opportunity Reconciliation 命令の成立・変更・履行強制等について定めたものである。この統一州法案については、一九九六年の連邦法 Personal Responsibility and Work Opportunity Reconcilidation Act により、その採択が扶養命令の履行強制について今後も連邦から補助金が支給されるための条件とされたため、全ての州で採択されている。
(21) イギリス法(コモン・ロー)の世界的流布については、Zweigert = Kötz "Einführung in die Rechtsvergleichung Bd. I" 1971, S. 271ff.(大木雅夫訳『比較法概論 原論 下』一九七四年(東京大学出版会)四一九頁)に詳しい。なお、ラインハルト・ツィンマーマン(若林三奈訳)「私法学のヨーロッパン化―私の歩んだ道と歩む道―」民商法雑誌一四〇巻三号(二〇〇九年)二六五頁参照。

(後記) 藤倉皓一郎先生に、初めて、お目にかかったのは、先生が御主催になった、一九六八(昭和四三)年の同志社大学アメリカ研究夏期セミナーの席であった(藤倉皓一郎「自動車事故被害者の『基本補償』保険」判タ二二七号(一九六九年)一六頁)。そのとき、故澤井裕先生と私は、特に、先生にお願いして、お招きになっていたハーバード大学教授のキートン先生に、Contributory negligence と Comparative negligence について、詳しい御講義をしていただいたことを、懐かしく思い出す。その後も、折に触れて、先生には、種々の御教示を賜り、また、同志社大学法科大学院に着任してからは、しばしば、先生の研究室に、お邪魔をして、御指導を仰いだ。いつのときも、先生は、労をいとわず、御教示下さった。その学恩に対して、深甚なる感謝の念をこめて、この拙稿を、先生に捧げる次第である。

（同志社法学　第六二巻第一号　二〇一〇年）

第三部　解釈篇

第一章　医療契約について

一　問題の提起

医療事故にもとづく損害賠償請求訴訟[1]は、かつては不法行為責任構成が大勢を占めていたが、加藤一郎「医師の責任」（『我妻先生還暦記念(上)』一九五七年（有斐閣）五六〇頁）以後は[2]、債務不履行責任構成が多くの事件で採用されるようになった。しかし、後者の場合、①契約当事者は誰か、②契約内容は何か、という点で、原告（被害者。患者側）にとって負担が生ずることとなり、現在も不法行為責任構成も有力であり、両者を予備的併合という形で訴求することが多い（例えば、最判平成九年二月二五日民集五一巻二号五〇二頁）、ということが、つとに指摘されている（唄孝一「現代医療における事故と過誤訴訟」唄孝一＝有泉亨編『現代損害賠償法講座第四巻』一九七四年（日本評論社）六頁、下森定「日本における専門家の契約責任」川井健編『専門家の責任』一九九三年（日本評論社）一〇頁）。

そこで、本稿においては、医療契約の面から、債務不履行責任構成における①と②の問題をいささかでも解明し、一般法たる不法行為責任構成よりも特別法たる債務不履行責任構成の方が、被害者たる債権者すなわち患者側に有利となる解釈論を展開しようとするものである。[3]

表１　医療事故訴訟の数の動向について

第一審通常訴訟既済事件数（上段）と医療事故訴訟既済事件数（下段）

年次	総　数	判　決	和　解	放　棄	認　諾	取　下	その他
H 4	276,505	126,786 （46%）	82,081 （30%）	191	1,611	56,632	9,204
	303	134 （44%）	131 （43%）	0	0	15	23
H 5	357,100	162,046 （45%）	106,640 （30%）	181	1,956	70,883	15,394
	292	113 （39%）	142 （49%）	2	0	17	18
H 6	390,488	176,970 （45%）	114,615 （29%）	227	1,993	74,463	22,220
	328	152 （46%）	146 （45%）	0	0	15	15
H 7	390,341	182,397 （47%）	106,411 （27%）	218	1,932	74,234	25.149
	293	122 （42%）	133 （45%）	1	1	21	15
H 8	412,655	199,796 （48%）	107,343 （26%）	213	2,004	80,039	23,260
	432	150 （35%）	224 （52%）	0	0	25	33

＊総数との対比（%）
＊なお、医療事故訴訟既済事件数のみについては、昭和45年は25件、昭和50年は84件、昭和55年は176件、昭和60年は262件、平成元年は301件であった（手嶋豊「医師の責任」『新・損害賠償法講座３巻』〔日本評論社、1997年〕314頁）
＊本表は、司法統計年報と最高裁判所事務総局広報課の御教示による。

二　医療契約の当事者

1　医療を受ける側の当事者

(1)　契約当事者の確定の実益は、契約上の義務について訴訟をなす場合に、誰が原告または被告になるかという点にある。したがって、医療契約の場合に、誰が誰に対して診療報酬請求権を有するのか、医療事故などが生じた場合に誰から誰に対して責任を追及すべきなのか（河上正二「診療契約と医療事故」法学教室一六七号〔一九九四年〕六四頁）、さらに説明義務を契約上の義務とした場合、その義務者と権利者の確定ということも入るであろう。
(2)　医療契約も契約である以上、可能な限り、一般の契約法理から考察すべきである。そこでまず、一般の契約法理、そして法律行為の諸原則に従って考えると、次のごとくになる。
①　患者が行為能力者で意思能力がある場合は、患者本人が一人で契約の当事者となり得ることに異論はない[4]。
次に、②　患者が制限行為能力者であるが意思能力はある場合、例えば患者が六〜七歳以上の未成年者の場合は、患者本人が法定代理人（親権者、民法第八一八条。後見人、民法第八三八条。児童福祉施設の長、児童福祉法第四七条）の同意を得て契約の当事者となり得るし、法定代理人が代理人名義で契約を締結し得ることになろう（民法第八二四条・第八五九条。この場合、契約当事者は患者本人であって法定代理人ではない）。なお、成年被後見人が意思能力を有しているときは自らの法律行為で自ら契約当事者となり得るが、常に取り消し得るのであり（民法第九条本文）、法定代理人の代理名義で契約を締結することが望ましい（民法第八条・第八五九条）。

さらに、③　患者が制限行為能力者で意思能力がない場合、例えば患者が六〜七歳未満の未成年者の場合は、法定代理人の代理名義による契約締結ということになろう。しかし、それに加えて、医療という生命身体の治療については、②や③の場合、親権者らや監護者（民法第七六六条・第七七一条）は、患者たる被監護者に対して、「監護義務」を負っているのであり（民法第八二〇条・第八五七条・第八五八条）、医療という生命身体の保護は、正にこの監護義務の一内容であるから、この場合の医療契約は親権者らや監護者の自らの義務の履行であり、したがって、義務履行者たる親権者らや監護者が原則として契約当事者であると解すべきである。

この監護義務の履行説について、次のような批判がなされている。すなわち、幼児教育の委託は自己決定の問題を初めから生じないから、幼児の養育を委託するということについては監護者本人が契約当事者であり、医療を受けるか否か、どのような医療を受けるかは患者本人の自己決定の問題であり、したがって患者本人が医療契約の当事者として行動すべきであり、監護者は代理人として医療契約を締結すべきであるというのである（辻伸行「医療契約の当事者について」独協法学三一号〔一九九〇年〕一六二頁）[5]。そして、患者本人も契約当事者として差し支えないという考えが有力である（河上・前掲論文六四頁）。

幼児養育は措くとしても、未成年者を小学校および中学校、高等学校へ入学させるとき、進学するのか否か、どの学校へ進学してどのような教育を受けさせるのかは、医療を受けるか否か、どのような医療を受けるかと同程度に重要なことであるが（したがって、未成年者自身の意見も尊重されるべきであろうが）、しかし、小学校および中学校、高等学校へ未成年者を通わせるとき、この準委任契約の当事者は親権者あるいは監護者であることに異論はない[6]。この場合に、進学をするのか、あるいはどのような教育をどこで受けるのかということについては未成年者本人の自己決定の問題で、監護者は何等介入の余地がないというような議論は通らないであろう。そのような見解は正に監護者の義務の放棄であり、無責任といわざるを得ない。判断能力を充分に有していない未成年者の判断を余りにも「自己決定」という言葉で擁護することは決して望ましいことではない。そのような風潮が、むしろ現在の憂うべき社会状況の一つの原因と考えるべきであろう。立法論は別として、少なくとも現行民法は制限行為能力者制度を設けているのであって、監護者は、被監護者に対して、監護の法的義務を負うと共に、その権利を有するものであり（民法第八二〇条・第八五七条）、したがって被監護者および第三者の意思に反しても、被監護者のための監護について決定することができるのであり、また、しなければならず、このことは例示的に民法第八二一条ないし第八二三条に規定がある。さらに、それ以外の事項、例えば医療を受けるか否か、どのような医療を受けるかについても、当然に決定権を有する。被監護者が意思能力を有して対立する場合には、当然監護者の決定が優先する。それは、意思能力を有していても制限行為能力者の判断は、監護者の判断に劣るという、立法者の意思が民法第八一八条・第八二〇条ないし第八二三条（同第八五七条）に現れているわけである。もっとも制限行為能力者といえども、憲法第一三条において、個人として尊重され、自己決定権を有するが、それは形式的に保護すればよいというものではない。個人として尊重し、個人に自己決定権を認めるという意味は、個人に自己決定権を与えれば、個人は自己に有利なように行動するという思想が背景にある。この実質からして、不充分で未成熟な判断能力しか有しない制限行為無能力者のために、より妥当な判断をすることのできる監護者を法が定めているのであって、親権、後見制度は、正にこの憲法第一三条の実質的保護を実現した法制度なのである（未成年者の基本的人権の制約については、佐藤幸治『憲法（第三版）』一九九五年（青林書院）四一一頁、同『日本国憲法論』二〇一一年（成文堂）一三六頁。以下、佐藤幸治前掲書という）。

他方、②と③の場合、医師を監護義務の履行代行者とみて、監護者と医師の制限行為能力者たる第三者のためにする契約すなわち「不真正第三者のためにする契約」という説[7]があるが、疑問である。そもそも「第三者のためにする契約」（民法第五三七条〜第五三九条）は、契約の効力は原則として契約当事者間に限り効力を及ぼす（Flume, Das Rechtsgeschäft, 1965, S. 9、北川善太郎『債権各論第二版』一九九五年（有斐閣）一五六頁）という私的自治原則の例外（自己の意思の外で自己に法効果が帰責される）であり、したがって、第三者の受益の意思表示（民法第五三七条第二項）は、この契約の最も重要な要件であり、それを不要とするならば、それは不真正とはいえ、「第三者のためにする」契約というには、余りに不適切である。例えば、民法第四三二条の適用がない「不真正」連帯債務などというものは考えられないのと同じである（もっとも、不真正連帯債務なる概念自体が疑問視されているが）。さらに「親権者・後見人はいうまでもなく監護権の内容として子・被後見人を医療機関にみせ、適切な医療を受けさせる権利と義務を有しているのであって、医療を行うべき権利・義務まであるわけではない。したがって、開設者が監護権の行使・履行の代行者として医療行為を行う」という構成にはいかにも無理があるとも批判し得よう（辻・前掲論文一六〇頁）。

さらに、医師の側からの報酬請求権[8]について考えると、患者本人よりも原則として監護者が有資力者であるから、監護者の自己の義務履行説がよいであろう。監護者以外に費用負担者がいれば、それは内部関係として、求償ないし債権者代位の法的手段によればよい（監護者以外に費用負担者がいることは多くないであろう）。ただ、場合によっては患者本人が有資力者の場合があるから、その場合は監護者や後見人（民法第八三八条）が法定代理人となり、契約当事者は患者本人という構成を採るか、あるいは両方の構成をもって監護者と患者本人を共に契約当事者とすることも有効である。

ところで、この②と③の場合の代理構成については「意思能力のない患者を契約当事者として捉えることは、その者に対してなされる診療行為が患者以外の者の意思決定によって実施されているという事実をかえって隠蔽することになり、右意思決定に対する社会ないし法による監視を潜脱する口実を与えかねないし、また、診療契約のような患者の一身専属的な事柄にかかる事項について親権者、後見人あるいは配偶者の有する法定代理権ないしそれに準ずる代理権が及びうるのか疑問であり、さらに、患者本人に診療報酬債務をつねに負担させることが妥当とは思われず、法定代理説には賛成しえない」（新美育文「診療契約論ではどのような点が未解決か」椿寿夫編『講座・現代契約と現代債権の展望六巻』一九九一年（日本評論社）二五二頁）という批判がある。しかし患者に意思能力がない場合は、患者以外の者の意思決定によるしか方法がないし、この場合、代理構成を採っても、そのことは「明確」であり、事実は患者以外の者の意思によって決定されていることには変わりはない。さらに、医療契約のような患者の一身専属的な事柄にかかわる事項については、代理権が及ぶかという疑問については、もし医療契約を患者の一身専属的な事柄にかかわり、そのことについて法定代理権が及ばないとすると、親権者の場合はよいとしても、後見人は常に自己名義の契約となって自己の財布から支出しなければならず、常に求償するというようなことは全くの迂回であり、この場合は民法第八二〇条と第八二四条、第八五七条と第八五九条で、親権者、後見人が診療契約についても法定代理権があるとするのが妥当である（同旨、河上・前掲論文六五頁）。成年の意思無能力者の場合においても同様であるが、ただ夫婦の場合は報酬請求権についていえば、民法第七五二条・第七六〇条、そして同第七六一条から夫婦が連帯責任を負うといえるし、契約当事者についても右各条から医療契約の締結が日常家事に含まれると考えるべきであろう(9)。

そして、④　患者が行為能力者ではあるが意思能力を失った場合、例えば、交通事故で意識不明の者を友人や知人や通りがかりの者や救急隊員が病院に運び込んだ場合（河上・前掲論文六五頁）の契約当事者は、友人や知人や通りがかりの者のように監護義務のない者にとってその行為は事務管理であり、その事務管理者が契約当事者とみるべきであろう（したがって当然に民法第六九七条以下の適用があり、多くの場合は民法第六九八条の適用があろう）。「そのような者に医療契約締結意思を読みとることが困難であり、診療報酬債務を負担する意思のないのが常態であろう」といわれているが（河上・前掲論文六五頁）、民法第六九七条以下の事務管理は当事者の「意思」による義務でなく「義務なく他人のために事務の管理を始めた」という「事実」が要件となって「管理義務」したがって（本人の）医療を目的とする契約を締結する義務が生ずるのである。もっとも、それでは診療報酬などの点で事務管理者に不利益ということであれば、事務管理者は、事務管理の範囲で本人の財産管理権を法（民法第六九七条）によって授与されたとみて、本人の名で契約した場合は代理権が授与されているとみて、本人に法律効果を及ぼして本人にも法律効果が及ぶと構成することも可能と考える（於保不二雄『財産管理権論序説』一九五九年（有信堂）一九三頁、二三二頁）。現実には本人の健康保険などが利用されて、費用は本人負担として処理されている。次に救急隊員の場合は、消防法第三五条の五・第三五条の六により市町村や都道府県が救急業務の義務を負っており、隊員はこの履行補助者であり、必要があれば患者の医療について病院と契約する義務があるから、「義務なく」の事務管理者ではない。この義務は公法上のものであるが、患者そして医師との関係では私法上の義務と解すべきである。そして、その運搬費などの費用はその「義務」の内容として市町村や都道府県の負担となっている。なお、この場合「医療機関による患者に対する事務管理を語ることが適切である」（河上・前掲論文六五頁）という考えもあるが、医師には医師法第一九条で診療義務があり、「義務なく」でなく、したがって事務管理者でなく、当然民法第六九八条の適用はない。

2　医療を行なう側の当事者

医療を行なう側の契約当事者については、(1)個人的な開業医の場合は、彼本人が契約当事者とすればよいが、(2)組織体たる病院の場合が問題となる。判例・通説は病院を契約当事者とし、担当医は履行補助者であるとしている。この点、医師に「診療独立性原則」が認められ「裁量権」がある故に、個々の医療内容すなわち債務内容の決定に関与できない病院を契約当事者とする点に疑問が残る（新美・前掲論文二五一頁、内田貴『民法Ⅱ債権各論〔第3版〕』二〇一一年（東京大学出版会）三〇〇頁）。確かに、個々の具体的医療内容すなわち債務内容は時々刻々に患者との応答や医療の経過の中で決定されるものであり（河上・前掲論文六六頁）、履行補助者とは定まった債務内容の履行を行なう者であるから、契約理論（法律行為論）からすれば、病院の医師の場合は、履行補助者である前に、契約内容（法律行為の内容）の決定権すなわち代理権を有する者と構成すべきであろう。そしてオープン・システムの病院は別として、病院は人的・物的施設の組織化を行ない、この意味で勤務医も病院の指揮監督に服するもので（例えば、勤務時間や勤務場所）、医師と病院との間では雇傭契約が結ばれており、ただ、その雇傭契約の内容として具体的医療内容の決定は個々の医師の裁量に委ねる（代理権を授与する）と合意されている（「診療内容の具体的特定についての権限が」担当医に与えられている）と解すればよく、病院と患者に基本契約が成立して、個々具体的医療行為についての個々の契約が別に成立すると構成する必要はない。[10]

三　医療契約の法的性質

まず、日本の解釈論に必要な範囲で外国法を概観しておく。[11]

1　ドイツ

ドイツにおいては、医療契約は一般に雇傭契約（Dienstvertrag）と解されている[12]（Zepos = Christodoulou, International Encyclopedia Comparative Law, Vol. XI., Chap. 6 (Professional Negligence) 1978, p. 7, 植木哲＝丸山英二編『医事法の現代的諸相』一九九二年（信山社）一二九頁以下〔高嶌英弘〕、Larenz, Schuldrecht. Bd. II/1, 13. Aufl., 1986, S. 310f.[13] したがって、医療契約には後述のドイツ民事訴訟法第八八八条（間接強制）は不可能ということになる）。それはドイツでは委任（Auftrag）が無償であるとされていることに由来する（ドイツ民法第六六二条。unentgeltlich[14]）。さらに、請負契約（Werkvertrag）は「仕事の結果」（Arbeitsergebnis）が債務内容であり、医師は患者の治癒という「結果」（なお、「結果」という概念の多義性については、Esser, Schuldrecht, 2. Aufl., 1960, SS. 94 ff., 578）まで負うものでないから、原則として請負契約でもないとされている（植木＝丸山編・前掲書二三六頁〔山本隆司＝手嶋豊〕、植木哲＝山本隆司編『世界の医事法』一九九二年（信山社）四七頁〔高島学司〕、v. Bar の一九九七年七月八日付私信（ただ、慰謝料請求は不法行為訴訟でのみ許されるという問題が残る。ドイツ民法第二五三条・第八四七条））。

2　フランス

フランスにおいては、医療契約は法律行為の代理でないから委任契約（contrat de mandat）でなく、医師は患者と従属関係（subordination）を締結するのでないから、雇傭契約（contrat de travail）でなく、請負契約（contrat d'entreprise）と解するのが多数説であるが（Zepos = Christodoulou, op. cit., p. 7-9[15]）（もっとも、多くの場合は医師の報酬請求訴訟における議論である）、医療事故訴訟においては破棄院は「独自の（sui generis）契約（無名契約）」と述べている（Arret du 20 mai 1936（S. 1937. 1. 321, D. 1936. 1. 88））。したがって、医療事故訴訟は契約責任が原則であるが

（フランス民法第一一四七条）、附帯私訴の場合や第三者（例えば遺族）が損害を受けた場合などは不法行為責任となる（François Chabas の一九九七年七月八日付私信。植木＝山本編・前掲書二五九頁〔岡江正純＝福井有公〕。Mazeaud＝Tunc, Traite Theorique et Pratique de la Responsabilite civile Delictuelle et Contractuelle, T. 1. 6. Ed., 1965, n° 148 (p. 188), n° 508-512)。

3　日本

(1)　旧民法財産取得編第二六六条　パリ大学教授であったボワソナアドは、[16] フランスでの議論を踏まえて、日本のために起草した民法、いわゆる「旧民法」財産取得編第二六六条に、医師らの契約について、次のように定めていた。すなわち、
「①医師、弁護士及ヒ学芸教師ハ雇傭人ト為ラス此等ノ者ハ其患者、訴訟人又ハ生徒ニ諾約シタル世話ヲ与ヘ又ハ与ヘ始メタル世話ヲ継続スルコトニ付キ法定ノ義務ナシ又患者、訴訟人又ハ生徒ハ此等ノ者ノ世話ヲ求メテ諾約ヲ得タル後其世話ヲ受クル責ニ任セス
②然レトモ実際世話ヲ与ヘタルトキハ相互ノ分限ト慣習及ヒ合意トヲ酌量シテ其謝金又ハ報酬ヲ裁判上ニテ要求スルコトヲ得
③此等ノ者ノ世話ヲ受クルコトヲ諾約シタル後正当ノ原因ナクシテ之ヲ受クルコトヲ拒絶シタル者ハ其拒絶ヨリ此等ノ者ニ金銭上ノ損害ヲ生セシメタルトキハ其賠償ノ責ニ任ス
④之ニ反シテ世話ヲ与フルコトヲ諾約シタル後正当ノ原因ナクシテ之ヲ拒絶シタル者ハ因リテ加ヘタル損害ヲ賠償スル責ニ任ス」

この条文について、ボワソナアドは次のように述べている。

本条は、学説も分かれ、判例も一致していない問題について決断を示したものである。すなわち、いわゆる「自由」業を行なう者のなすサービス（soins et services）の性質如何という問題である（実際は、これらのサービスは一般には無償ではない）。

この関係について、まず第一説（雇傭説）は、医師、弁護士、教師の「サービス」は通常の雇傭の目的であり、彼らの生活を多かれ少なかれ安楽にするものであるから、自由業の品位（dignite）を減少するものではない、とする。この説に対する批判は、この説によると、この契約は有償双務となり、両当事者に履行や損害賠償を義務付けることになり、それは賃金（salaire）を支払い受け取る以上に、一方の品位と他方の利益に反する、というものである。本条は、このような批判を回避するためのものである。

第二説（委任説）によると、これらの人々は委任（mandat）を果たす者であるという。確かに受任者は賃金を受け取るが、受任者の賃金は契約から無償性を奪うような利益（profit）とは考えられない。むしろそれは、一括して（enbloc）あらかじめ定められた（a forfait. 本文には forfait とあるが誤植であろう）補償、すなわち受任者が引き受けるであろう苦労、世話、支出に対する補償である。さらにここでは、特別の理由によるもの、すなわち公的な資格や免状を得るためのこれまでの必要な修業費の補償でもある。そして、病人、訴訟依頼人、学生はこのような賃金全部を支払うものではないから、彼らは常に医師、弁護士、教師に一定の謝意を表さなければならない。この説は、前説のように履行強制を受ける、という批判を回避し得る。蓋し、委任（代理）は双方自由に終了し得るからである。しかし別の批判がある。すなわち、委任（代理）の場合、代理人は本人の利益のために本人の名義で行為するのである（representation）。医師は患者の代理人なのか、教師は生徒の代理人なのか。仮に、患者や生徒の親族の代理人であるとしても、親族が常にあるわけではなく、また、親族がそれを依頼するとは限らないから、この説も疑問が残る。

第三説は、無名契約説である（旧民法財産編第三〇三条）。この説では「契約」であるから、第一に契約総則の規定の適用があるし、第二に最も類似した有名契約の規定を適用すべきということになる（旧民法財産編第三〇三条第三項）。ただ、その有名契約が雇傭か委任（代理）かの識別が困難な問題となる。この無名契約説が最有力でボワソナアド自身もこれによるつもりであったが、現在は第四説をもって、本条を起草した。

すなわち、この合意は有名契約でも無名契約でもなく、両当事者にとって民事上の債務（obligation civile）を発生させないのである。そして、本案では自然債務（obligation naturelle）が発生する（旧民法財産取得編第二六六条第一項）。ただ、例外的に民事上の債務が発生するのである（旧民法財産取得編第二六六条第二項第三項）。まず自然債務とした理由は、次のごとくである。医師が、患者を治療しようと約束するのは、その病状を理解して治癒もしくは軽減し得ると信ずるからである。しかし後に診察を誤ったことに気づいたり、その病気については不知であることに気づいたり、自分の能力に疑問を抱いて、むしろ他の医師に治療を任せた方がよいと考えたり、あるいは患者やその周囲の者が医師に不信を表明したり、彼らが医師の処方に即時に従う決心をしなかったりした場合、それでも医師に治療せよとか、治療を続けよというのは（民事上の債務とすればそうなる）不合理（deraisonnable）だし、また患者の利益に反することである。弁護士や教師の場合も同様である。

患者の側にしても、その医師をもはや信用せず、あるいはその治療が病気よりもより苦痛な場合、彼にとって不快な、そしてより苦痛を増加させる治療を続けることを患者に義務付けるべきであろうか。訴訟依頼人や生徒についても同様である。

ただ、次のような二つの場合には自然債務以上の民事上の債務が発生する。一つは、一方がサービスを提供し、そのためにその者が時間と労働を費やし、もし報酬を受けないときは損害を蒙るときであり、今一つは、他方に金銭に見積もることを得べき利益を与えたときである。民事上の債務のこの二つの新しい原因は、不正に加えられた損害と正当な事由なき利得（dommages causes injustement et enrischissement sans cause legitime）という名称の下に理解し得るものである。患者は医師のサービスを、訴訟依頼人は弁護士のそれを、生徒は教師のそれを忘れることが少なくなく、一方の尊厳は他方の吝嗇を利する。したがって、訴求されたときは、裁判所は公平に査定し、裁判をすべきである。

第二項は、その判断の基礎を示すもので、合意は第一の基準ではない。なぜなら、合意がこの民事上の債務を発生させたのではないからである。そこで、まず斟酌すべきは双方の分限（qualite）である。例えば、医者が大家で大変忙しく、多額の謝金を支払う患者を有しているとか、患者も金持ちであるときは、賠償（indemite）は高額となる。他方、患者が質素か貧乏の場合、否金持ちであっても、医師が有名でなく、そんなに忙しくなく、通常少ない報酬しかもらっていないときは賠償も少額となる。これらの場合、もちろん治療の結果（resultat）をも大いに考察すべきことはいうまでもない。弁護士や教師についても同様である。さらに法文（第二項）は、職業上の慣習（usage）をも斟酌すべきことを規定している。というのは慣習は当事者が知りまたは知るべきもので、それに従う黙示の約束（engagement）を包含しているからである。したがって慣習は法文（第二項）の最後に規定した明示の合意（convention）と同様に現実に履行されたサービスの報酬の査定の基礎となる。さらに合意があって、その一方当事者が履行したときも、この合意に民事法上の価値を与えることは背理ではない。すなわち、受けた損害が不正なものか、他方の利得が不当なものかが問題となり、民事裁判上、自然の公平法を適用するとき、他方によって約束された（promis）ことを斟酌するのは正当であり合理的である。サービスを自由に受領した後、自己の約束したことを履行しないのは悪意（mauvaise foi）を構成する。

次に本条第三項・第四項は、求めたサービスの受領を拒否した場合（第三項）と約束したサービスを供給しない場合（第四項）についての規定である。この場合、合意による履行の法的義務のないことは第一項で規定しているが、合意以外に民事法上の義務の原因が存在する。例えば医者が患者に治療診療を約束して他の患者の診療を断わり、そちらの方の職業上の利益（avantage）を犠牲にすることがある。しかるに患者が後にそれを拒絶すると、医師は合意の結果として損害を蒙ることになる。もっともそれを確実に立証し得ることは稀であろうが、ここに原則を掲げておくことは得策である（第三項）。逆に患者や家族が医師の約束を当てにして他の医師の治療を確保しないでいたところ、医者が治療を拒絶したり治療継続を拒絶すると、結果として病気を悪化させ、そして財産上の損害を蒙ることがあろう。弁護士と訴訟依頼人、教師と学生の間においても同様である。いずれの場合においても賠償を命ずるには、なした合意を破棄した理由が正当（legitime）でないことが、常に当然の前提とされなければならない。

以上のようにボワソナアドによれば、医師と患者の合意は有名契約でも無名契約でもなく、単に自然債務を発生させるのみであるが（第一項）、現実に治療を行なったときは双方の地位、慣習、合意を斟酌して損害賠償ないし不当利得として謝金請求が認められ（第二項）、また患者が治療を求めておきながら、後に正当の理由なくその受領を拒絶し、それによって医師が金銭上の損害を蒙ったときは、その損害賠償請求が認められ（第三項）、逆に医師が治療を約束しながら後にその給付を正当な事由なく拒絶したことにより患者が損害を蒙ったときは、その損害賠償請求が認められる（第四項）というのである。本条については、すでに中川淳＝貝田守編『未来民法を考える』一九九七年（法律文化社）一〇六頁〔手嶋豊〕が指摘している。

(2)　現代民法における解釈論

①　医療契約の性質決定　現行民法では、右の旧民法財産取得編第二六六条は削除され、医療契約については雇傭説が現行民法の立法者の見解となったが、後に、ドイツ学説の紹介検討を通じて、請負契約か雇傭契約か混合契約かあるいは準委任契約か[17]かの論争がなされ、現在は原則として準委任契約であるというのが通説であるといえよう（中川＝貝田編・前掲書一〇六頁以下〔手嶋〕）。
そもそも現行民法の立法者は「雇傭」における「従属関係」という要素を見落としている点において問題があり、医療契約は準委任と解するのが妥当であろう。[18]このように解した場合にも、いくつかの問題がある。

まず、（準）委任契約に関する民法の規定を全面的に適用することは適切でないといわれている（遠藤浩ほか『民法(6)第四版』一九九七年（有斐閣）二四一頁〔森島昭夫〕）。しかし、委任の場合、委任者の許諾を得た場合と止むを得ない事由があるときは復委任が可能であり（民法第一〇四条）、夜間等の代診は、委任者の黙示の許諾あるいは止むを得ない事由があると解し得る。また、報告義務（民法第六五六条・第六四五条）についても、「治療目的のために、診断結果を全面的に患者に告げないことが望ましい場合もあるとされている」といわれるが、近時は「がん告知も含めて原則として患者側にすべてを説明する方が治療目的に適うとされつつあり、したがって、原則として「委任者の請求があるときは」説明する「債務」を負うとすべきであり、したがって医療契約の場合も民法第六四五条の適用があるというべきであろう（仮にそうでない場合があっても、それは例外的な場合であろう。善管注意義務からして過失の前提たる行為義務違反なしとして違法性が阻却されると考えられるであろう。例えば、プラセーボ）。さらに、解約告知（民法第六五六条・第六五一条）や委任者の破産による契約終了（民法第六五六条・第六五三条）の適用も不適当とされるが、それは医師法第一九条第一項という特別法による一般法たる民法の修正とみればよい。

さらに、「医療契約をあえて典型契約の中に位置づければ、準委任となろうが、委任の規定をすべてそのまま適用するのは適当ではないし、むしろ委任に近い無名契約といった方がよいかもしれない（委任の規定を選択的に適用することにすれば、どちらでも同じ）」という見解がある（内田貴『民法Ⅱ債権各論〔第2版〕』二〇〇七年（東京大学出版会）二八〇頁。なお、〔第3版〕（二〇一一年）三〇〇頁では、この部分は削除されている。）。確かに、前述のように民法の委任の全規定の適用があるわけではないが、しかし、売買契約でも、社会のすべての売買契約に民法の売買の規定が適用されるわけではなく、例えば割賦販売法などの特別法による修正があっても「売買契約」であることには異論はないわけであり、医療契約も特別法たる医師法第一九条第一項などで修正を受けても（準）委任契約ないし請負契約であるとしても問題はない。むしろ、裁判実務上の要件事実論から考えても（まず、どの条文に該当するかという思考）、できるだけ「典型契約」に位置付けて、それに必要な修正を加える、という方法論の方が、より法実務にとっては妥当であろう（「典型契約」の価値については、大村敦志『典型契約と性質決定』一九九七年（有斐閣））。
②　医療契約の特性　　医療契約が「契約締結時においては、具体的な債務内容は確定しておらず、病状の改善という漠然とした目標設定のもとで、大きな枠組が形成され、個々の債務は患者との応答や治療の経過の中で具体化されていく」という正当な指摘がある（河上・前掲論文六六頁）[19]。すなわち、ほとんどの場合、「頭が痛くて熱がある」とか、「右脇腹が痛い」とかの症状を訴えて医師の診察を受けるが、この時点では、「その病状の改善への医療行為を行う」という抽象的な契約内容であり、順次、時系列的に問診、触診、具体的検査といった診察による原因究明、そして具体的な投薬、具体的な注射、具体的な手術などの治療過程を辿る。この場合、それぞれの行為

について、医師から、あらかじめ、それが病状改善に必要な行為であることの説明がなされ、患者がそれに同意することによって、それが具体的な契約内容（債務内容）となる（もっとも、問診などの場合、多くの場合、その必要性は黙示的に同意されていると考えられるが、高度のプライバシーにかかわる場合には、当該症状改善目的への必要性を説明する義務があろう）。したがって、医師の説明（説明義務の根拠や機能については、手嶋豊・判例時報一三八五号〔一九九一年〕一七九頁に詳しい）とは契約内容確定の要件である（東京地判平成二年二月一二日判時一三七一号九六頁）。

民法第六四五条（民法第六五六条の準用）によれば「委任者の請求があるときは」受任者は「報告」義務があると規定している（最判平成七年五月三〇日判時一五五三号七八頁）。しかし、医療責任の場合は、説明義務は、前述のように、契約内容の確定と精神的（プライバシーへの介入も含めて）肉体的侵襲の同意（京都地判平成四年一〇月三〇日判時一四七五号一二五頁、東京地判平成五年七月三〇日判タ八七〇号二三六頁）を求める前提（両者共に患者の自己決定権保護）として、重要な機能を担うものであることに鑑みて、「請求」がなくても「説明義務」が生じ、それは「抽象的」医療契約締結によって当然に生ずるものである（あるいは、民法第六四四条（民法第六五六条の準用）を根拠とするとしてもよいであろう）。したがって、説明なく具体的医療行為が行なわれたときは、まず契約上の「説明義務」違反（債務不履行）が問われることになる。[20] この説明義務違反の債務不履行責任追及の場合は、説明義務違反の主張責任は患者側に（債務不履行そのものの主張である）、その立証責任（説明義務を履行したこと）は医師側にあると解すべきである（主張責任と立証責任の分離。それは丁度、弁済の有無の主張責任と立証責任の分離に匹敵する）。

次に、場合によっては、その説明が不要（前掲東京地判平成二年二月一二日など）すなわち「裁量」の範囲の問題とされることがあり、その場合に、説明なく具体的医療行為が行なわれたときは、その各行為は具体的債務内容ではなく、最初の「症状改善への医療行為を行う」という抽象的な契約内容が債務内容となり、右の具体的医療行為はその債務内容実現のための行為となり、それは過失の前提たる行為義務の問題と解すべきである。すなわち、説明を受けず合意していない医療行為、ないし明示黙示の合意あるいは契約の規範的解釈から医師の裁量の範囲とされた医療行為は、契約内容としての行為義務のレベルの問題でなく、過失の前提たる行為義務のレベルの問題である。さらに、「合意」によって、すべて、あるいは一部の行為について医師の「裁量」に委ねること可能である。その場合も各行為は過失の前提たる行為義務のテストを受けることになる。蓋し、医師の裁量に委ねるという合意は具体的行為義務については合意しない、合意の外に置く、したがって、それは「信義則」に委ねるということであり、過失の前提たる行為義務の問題となるのである。裁量権という「権利」を得ることは、それだけの「責任」を負うということなのである。したがって、私見によれば、同一の行為義務が、各具体的事案によって、具体的にそれが説明され合意したか否かによって、契約内容たる行為義務であることもあり過失の前提たる行為義務であることもあるわけである。例えば、委任者（患者）の「請求」あるときは（民法第六四五条。前掲最判平成七年五月三〇日）、本来は裁量範囲の医療行為についても説明をする契約上の義務が生ずると解すべきで、「請求」があるのに説明しない場合は常に「契約違反＝債務不履行」が問題となる。[21]
そうすることによって、債権者たる患者が、説明を受けて合意した医療行為を債務内容として、それについて主張立証責任を負うことになり、説明を受けず合意していない医療行為は過失の前提たる行為義務内容として医師側が主張立証責任を負うことになる。すなわち、説明を受け合意した債務内容たる医療行為を信義誠実に行なうための行為が過失の前提たる行為義務の内容となり、その法的根拠は、「合意」ではなく、「合意」された行為「義務」を信義誠実に履行するための行為として、民法第一条第二項にある。[22]
さらに、このような構成は、実体法上（契約内容たる債務内容は原則として「合意」によって定まるという命題）も訴訟法上（説明を受け合意した内容については債権者たる患者側として主張・立証は容易である）も正当なものといえよう。

また、このような構成は、法文解釈にも適合している。蓋し、民法第四一五条は、債務者の帰責事由がある債権侵害による損害の発生を要件として、その損害賠償債務発生という法律効果を規定している（その帰責事由（「過失」）については、債務者側にその不存在の主張立証責任があることは通説・判例の認めるところである）。そして、その帰責事由は民法第一条第二項の「信義に従い誠実に」債務を履行しなかったことであり、その「信義誠実」の具体的内容は債務の完全な履行のための具体的な行為義務である。これは筆者が主張する、行為そして義務の「入れ子型構造」[23]なのである（前田達明『口述債権総論第三版』一九九三年（成文堂）一二二頁）。そして、その帰責事由（の不存在）についての主張立証責任は、債務者＝被告側（医師側）にあるというのが判例・通説である（前田・前掲書一四二頁）。

そして、民法第六四四条において、受任者の義務内容とあわせて「為スヘキ注意ノ程度ヲ定メタ」と梅謙次郎（『民法要義巻之三』一八九七年（有斐閣）七一九頁）は述べている。したがって、本条は、善管注意義務という契約内容たる債務を定めると共に民法第一条第二項の信義誠実義務の程度が「委任」では「善良な管理者」のそれと定めている、と解すべきであろう。すなわち、委任そして準委任においては、民法第六四四条（民法第六五六条の準用）によって「善管注意義務」が債務内容とされている。故に、「（準）委任の本旨（それは、契約目的すなわち医療契約でいうと「当該病状改善」への努力である）に従い、善良な管理者の注意をもって」「（準）委任事務を処理」（民法第六四四条）しないときは「債務の本旨に従った履行をしない」（民法第四一五条）こととなる。ここで民法第六四四条は、先の抽象的な契約内容と同様に、善良なる管理者の注意という抽象的な債務内容を法定して債務としているのみであって、その具体的行為内容は、合意によって定められる場合もあれば（その場合は具体的債務内容として契約内容としての行為義務のレベルの問題となる）、「裁量」に委ねられて（医師などの専門家の場合には正にこの領域が広いと考えるべきである）、過失の前提たる行為義務のレベルの問題であると考えるべきである。

これとの関連において、医療水準は（詳細は別稿に譲るが）、それは契約内容としての行為義務の基準でもあり、過失の前提たる行為義務の基準でもあると考える。そして前者の場合にはその決定について当事者の意思も重要なモメントとなるのは当然である（最判平成七年六月九日民集四九巻六号一四九九頁）。

右の構成について、いくつかの具体例にあたって検証してみる。[24]
① まず現在でも、「医療水準」の基本的判例といわれる、「輸血梅毒事件」（最判昭和三六年二月一六日民集一五巻二号二四四頁）では、原告（患者）と被告（病院）との間で子宮筋腫手術契約が締結され、したがって、そこには当然に必要な場合に「正常な」血液の輸血も契約内容であるといえよう。すなわち、輸血とは原則として他人の血液を使用することであり、「正常な」血液の使用も契約内容といえよう。しかしその採血にあたって「女と遊んだことはないか」といった具体的かつ「詳細な問診」をする義務まで契約内容とするのは擬制に過ぎよう。この問診義務は「正常な」血液の輸血のための行為義務として、過失の前提となり、それは被告の立証責任の問題といえよう。
② 「無痛分娩麻酔注射事件」（最判昭和三九年七月二八日民集一八巻六号一二四一頁）では「清潔な状態で注射をする」ということは契約内容といえようが、具体的に器具、施術者の手指、注射部位の消毒といったことは右の契約内容達成のための行為義務として過失の問題といえよう。
③ 次に「狂犬病予防接種事件」（最判昭和三九年一一月二四日民集一八巻九号一九二七頁）では、犬に咬まれた

子供の治療契約の内容として、狂犬病予防注射をするか否かの判断をすることも含まれていたといえよう（それは説明され合意されていた）。この場合、犬の注射済証確認の有無はその判断のための行為義務として「過失」の問題といえよう。
④「水虫放射線障害事件」（最判昭和四四年二月六日民集二三巻二号一九五頁）では水虫治療に必要なレ線照射をするという契約内容達成のために、医師の裁量によってその線量が定まるから（それについては合意もなかった）、それは過失の問題とすべきであろう。
⑤「ガン告知事件」（最判平成七年四月二五日民集四九巻四号一一六三頁）では、ガンの疑いの告知は、診察の結果報告であるから、正に契約内容そのものといえよう。ただ、その告知をするか否かの判断のための調査（患者への影響などをも含めて）などの行為義務は過失の問題である。
⑥「未熟児網膜症事件」（前掲最判平成七年六月九日）では、「未熟児」故に、わざわざ姫路日赤小児科新生児センター（光凝固法実施可能な県立こども病院と連携）へ転院しているのだから、眼底検査とその治療義務は契約内容といえよう。
⑦「腰椎麻酔ショック事件」（最判平成八年一月二三日民集五〇巻一号一頁）は虫垂部位手術の契約であるから、腰椎麻酔は当然その契約内容といえるが、血圧測定を五分毎にするか二分毎にするか、または一分毎にするかは医師の裁量の問題で（それについては合意もなかった）、契約内容ではなく、過失の問題といえよう。
⑧近時の注目すべき判決たる前掲最判平成九年二月二五日は「被上告人」「のような開業医の役割は、風邪などの比較的軽度の病気の治療に当たるとともに、患者に重大な病気の可能性がある場合には高度な医療を施すことのできる診療機関に転医させることにある」といい「転医させるべき疑いのある症候を見落とすということは、

その職務上の使命の遂行に著しく欠けるところがある」と判示した。この「見落とす」という診察上のミスは過失の前提たる行為義務違反といえよう。(25)

四　医師法第一九条第一項の意義

1　私法上の効果

医師法第一九条第一項は「診療に従事する医師は、診療治療の求があった場合には、正当な事由がなければ、これを拒んではならない」と定めている（以下は、中森喜彦「医師の診療引受義務違反と刑事責任」法学論叢九一巻一号（一九七二年）一頁に負う。医師法第一九条一項の沿革については、野田寛『医事法上巻』一九八四年（青林書院）一〇九頁に詳しい）。この規定の前身は、昭和一七年の国民医療法第九条第一項であり、「診療ニ従事スル医師又ハ歯科医師ハ診療治療ノ需アル場合ニ於テ正当ノ事由ナクシテ之ヲ拒ムコトヲ得ズ」と定め、その違反には五百円以下の罰金または科料が科せられた（同第七六条第一号）。その前身は、大正八年の医師法施行規則第九条ノ二であり、「開業ノ医師ハ診察治療ノ需アル場合ニ於テ正当ノ事由ナクシテ之ヲ拒ムコトヲ得ス」と定め、その違反には二五円以下の罰金が科された（同第一六条）(26)。その前身は、明治四一年の警察犯処罰令第三条第七号であり、「開業ノ医師、産婆故ナク病者又ハ妊婦、産婦ノ招キニ応セサル者」は「二十円未満ノ科料ニ処ス」と定めていた。その前身は、明治一三年の旧刑法第四二七条であり「九　医師穏婆事故ナクシテ急病人ノ招キニ応セサル者」は「一日以上三日以下ノ拘留ニ処シ又ハ二十銭以上一円二十五銭以下ノ科料ニ処ス」と定めていた。

現行医師法には不応招の場合の罰則規定はない。それは医師の自覚に待つことを適当とし、違反には行政処分で取り締まるというのが政府見解であった（衆・参議院法制局・第二回国会制定法審議要録六三七頁）。もっとも、医師の自覚に待つだけでは足りず、「医師の職務の公共性より見てその応招義務は特に強調されるべきであるのでやはり法律上の義務として規定された」とする見解が有力である（山内豊徳『医療法・医師法解』一九八一年（医学通信社）三五八頁）[27]。

ところで私法上、この規定はどのように解されているのであろうか。

かつて、美濃部達吉（法律新聞一〇四七号五頁、同一〇四八号七頁、同一〇四九号八頁〔一九一五年〕）は、応招義務は警察上の義務であって病者に対する義務でないから、違反しても民法上の不法行為として損害賠償請求はできない（もっとも、一たび診療の求めに応じた後になすべきことをなさずして損害を生じたら民法上の契約により債務不履行ないし不法行為で損害賠償請求ができる）とした（そして医師は公益上の理由で、私法上の自由が制限され診療治療の契約強制が行なわれている。それは郵便や鉄道と同様である、という）。これに対して、曄道文芸（「開業医ノ民事責任」『民法研究』一九二一年（弘文堂）三八四頁）は、応招を強制し得るかと不応招で患者に損害が生じたために賠償責任を負うかは別問題で、後者は「不作為ニヨル不法行為」であるとした。

現在の通説も、契約成立を認めることはできないが（したがって、その履行の間接強制はできない）、不法行為に基づく損害賠償義務は発生するという（我妻栄『債権各論上巻』一九五四年（岩波書店）一九頁）[28]。

判例もしかりである。すなわち、東京地判昭和五六年一〇月二七日判タ四六〇号一四二頁、名古屋地判昭和五八年八月一九日判時一一〇四号一〇七頁は医師法第一九条第一項について、これは「公法上の義務」で、その「義務違反が直ちに民法上の不法行為を構成するものと判断することは疑問がある。仮に民法上の不法行為を構成するとしても」本件ではその義務違反なしとする。千葉地判昭和六一年七月二五日判時一二二〇号一一八頁は医師法第一九条第一項について、それは「公法上の義務」であり診療拒否が、すべて民事上医師の過失となるとは考えられないが、同条項が「患者の保護のために定められた規定であることに鑑み」医師の診療拒否によって患者が損害を蒙ったときは医師に過失があると「一応の推定」がなされるとして、不法行為責任を認めた。また、神戸地判平成四年六月三〇日判時一四五八号一二七頁も右千葉地判と同様の理由付けと結論を採用している。

もっとも、近時の有力説は、救急告示病院については、この義務違反を「債務不履行」とする（新美論文、山口忍論文）。しかし、近時の「契約締結上の過失」理論を通して契約締結前への契約責任の拡大という判例・学説の動向（前田・前掲書一二〇頁）と、医療契約締結に向けての交渉段階における医師の責任という利益状況からみて、救急医療に限らず、一般的に医師の違法な診療拒否を債務不履行の問題とすべきであろう。

ところで、近時、取締法規の私法上の効果について、従来の公法私法峻別論を批判して、「私法を通じて国家が基本権の保護をはかろうとするときに、すでに公法においてそうした保護を意図した措置を定めているならば、むしろそれを積極的に利用することが要請される。また、公法を通じて、国家が一定の基本権を支援するという立場を採用しているときに、その実現のために私法上の手段も必要ならば、むしろそれを活用することが要請される。もちろん、それによって個人の基本権を過剰に制約することは、いずれにしても許されない。しかし、その限度において、公法と私法は、まさに相互に『支援』しあい、『補強』しあう関係にあると見ることができるのである」（山本敬三「取引関係における公法的規制と私法の役割（1）（2・完）」ジュリスト一〇八七号一二三頁、一〇八八号九八頁・一〇七頁（一九九六年））と主張される。正に、医師法第一九条第一項は憲法第一三条と同法第二五条に定められたすべての国民の基本権保護のための規定であり、その内容水準を確保するために医業独占（医師法第一七条、歯科医師法第一七条）が定められているのである（応招義務の根拠としては「国家が一定の資格ある者のみに医業を免許する以上は、同時に社会公衆の生命身体の危険を防止または除去する義務を負担させ、よって公益に資する」とのほか、伝染病の蔓延を防ぐこと、貧困者にも円滑に診療の機会を得させることなどが挙げられている。小野恵「医師法第第一九条第一項の問題点」東女医大誌三八巻一〇号（一九六八年）七〇七頁、野田・前掲『医事法上巻』一一〇頁）。すなわち、医師法一九条一項は「基本権保護型公序」である。したがって、その目的の完き実現のために私法上の手段が必要ならばその活用が要請される。すなわち、医師法第一九条第一項が保護しようとする利益は単に不特定多数者の一般的公益のみならず個々人の個別的利益でもあり、その個別的利益が医師の本条項違反によって害されたとき、その賠償を必要とするならば、私法も動員され得るわけである。(29) ここにおける私法上の手段としては義務違反による不法行為法上の損害賠償というのが、前述のごとく判例・通説であるが、さらに前述のごとく「契約締結上の過失による債務不履行責任」とすることも、私法上、問題がないと考える。

2　間接強制の可能性　次いで、契約締結の強制が私法上可能かという問題がある（この問題を提起するものとして、手嶋豊・判例時報一四七九号（一九九四年）一九八頁（判例評論四二一号四四頁））。これを患者側からすれば、それを認めても不利益はなく患者側としては認められることが望ましいであろう。他方、医師側としては医師法第一九条第一項においては、「正当事由」によって拒否できるのであるし（医師の「個人の基本権の過剰な制約」はそこで考慮すればよい）、医業独占規定とも相まって、強制執行も可能であると解する。これは民法第四一四条第二項但書の問題と解する。そして、次に締結された契約の履行を強制できるかという問題がある。
ここでは間接強制（民事執行法第一七二条）の可能性のみが問題となろう。

間接強制は不代替的作為債務のすべてに可能なのではなく、次の類型の場合は、許されないとされている。すなわち(a)債務者の履行に外的障害のある場合（「債務者カ其意思ノミニ因リ為シ得ヘキ行為」でない場合。ドイツ民事訴訟法第八八八条第一項、旧日本民事訴訟法第七三四条）。例えば、第三者を手術する債務、第三者たる株式会社から株券の発行を受けて引き渡す債務、(b)債務者の自由意思に反して、その履行を強制することが現代の文化観念上（あるいは人格尊重ないし公序良俗上）是認できない場合（ドイツ民事訴訟法第八八八条第二項）。例えば、婚姻締結の債務、夫婦同居義務、雇傭契約上の不代替的労務の提供債務、(c)債務者の自由意思を圧迫し強制したのでは、本旨に適った給付を実現し難い場合。例えば本人が自由な創造力を発揮すべき芸術活動を目的とする債務（絵や小説をかく債務）、である（兼子一『増補強制執行法』一九五一年（酒井書店）二八九頁、鈴木忠一＝三ケ月章＝宮脇幸彦編『注解強制執行法（四）』一九七八年（第一法規）一六三頁（山本卓）、新堂幸司＝竹下守夫編『民事執行法を学ぶ』一九八一年（有斐閣）二六五頁（上村明広）、鈴木忠一＝三ケ月章編『注解民事執行法（五）』一九八五年（第一法規）二六頁、九八頁（富越和厚）、中野貞一郎『民事執行法（増補新訂六版）』二〇一〇年（青林書院）八一〇頁。なお、三ケ月章『民事執行法』一九八一年（弘文堂）四二一頁は、その他に(d)債権者の側で特別な設備をしなければ債務が履行できない債務（一般には(a)に入れられている）や(e)債務者の資力を考えると実行に不相応に多額の費用を要する債務、が加えられている）。

以上の日本の学説・判例（夫婦同居義務について、大判昭和五年九月三〇日民集九巻九二六頁）の出発点は、ドイツ民事訴訟法第八八八条である。同条第一項によれば、債務者の意思のみに依存する不代替的作為義務の執行は罰金（Geldstrafen）か拘留（Haft）によって強制し得るが、同条第二項によれば婚姻をなす義務（ドイツ民法第一二九七条第一項）、夫婦同居義務（同第一三五三条）、雇傭契約に基づく労務を給付すべき判決（Verurteilung zur Leistung von Diensten aus einem Dienstvertrage）には、この強制執行はできないとされている。

ドイツ民事訴訟法の一八九八年五月一七日の大改正案では、元来は、右の第二項に雇傭契約にもとづく労務給付は入っていなかったが、一八九八年四月二六日の改正委員会で、挿入されたのである。その理由は、人が罰金や拘留で労務を強制的に履行されられるのは今日の自由の観念（heutige freiheitliche Anschauungen）に適合しないというのである。それに対して、委員会では、これは第三者をもって代え難い場合だけでめったにないことであり、この場合に債権者にとって損害賠償ではほとんど意味がなく、自己の利益保護のためにこの手段が唯一のものであると反論されたが、一〇対六で挿入が可決された（Hahn = Mugdan, Die gesamten Materialien zu den Reichsjustizgesetzten, Bd. VIII, 1898, S. 427, Luke, Die Vollstreckung des Anspruchs auf Arbeitsleistung, Festschrift für E. Wolf, 1985, S. 462）。もっとも、この労務給付は雇傭契約に基づくものに限られ、委任（もっとも、ドイツ民法第六七一条参照）や請負にもとづくものは入らず、首尾一貫していないと批判され（Seuffert, Kommentar zur Civilprozeßordnung, 9. Aufl., 1905, S. 580f.）、改正案での挿入は、法的あるいは経済的根拠というより政治的根拠（politische Grunde）によるとされている（Stein, ZPO., 12, Aufl., Bd. II., 1926, S. 846）。[30]
そこで我々としては、ドイツ民事訴訟法第八八八条第二項の三つの場合において、前二者と雇傭契約にもとづく労務給付とは区別する必要がある。もちろん、文化観念や自由人格尊重といった抽象的概念をもって統一することは可能であろうが、前二者は人と人の永遠の全人格的紐帯形成を目的とするものであって、これを強制することは正に自由人格を著しく侵害することとなろう。しかし、雇傭契約に基づく労務給付は、ほとんどの場合、定時定量の労務を給付するだけのことである。さらに、ドイツ民事訴訟法第八八八条は罰金や拘留による強制であり、日本の民事執行法第一七二条は「一定の額の金銭」のみで、その性格は罰金でなく「損害賠償」である。右のことを前提とすれば、日本では、法理上当然に医療契約の履行を間接強制できない、ということにはならないであろう。すなわち、医療契約の履行強制は、なるほど医師の自由な人格の一定の侵害ではあるが、その場合、患者の生命身体という人格権上最も重要な権利との比較衡量を行なうならば、右の医師の自由な人格は医師法第一九条第一項の「正当事由」によって守られていることを考慮に入れるとき、間接強制の可能性もあるのではなかろうか。

そこで、まず(a)の「債務者の履行に外的障害のある場合」であるが、確かに個人の開業医では不可能な医療については、彼個人にその履行を強制執行することはできないが、この場合は転送義務が「医療契約」の内容となり、その履行強制は可能であろう。次に(b)の「債務者の自由意思に反して、その履行を強制することが現代の文化観念上（あるいは人格尊重ないし公序良俗上）是認できない場合」であるが、医師に医療行為という崇高な行為を強制することは文化観念上も公序良俗上も違反するものではなく、また人格尊重という面は「正当事由」で考慮すればよいことである。すなわち、憲法第二五条の生存権保障のために、医師法が制定され、その医師法第一条によって、医師は、「医療及び保健指導を掌ることによって公衆衛生の向上及び増進に寄与し、もって国民の健康な生活を確保する」義務を負わされ、同第一七条は、非医師の医業禁止を定めて、他人に憲法第二二条が保障する「職業選択の自由」を罰則（医師法第三一条第一項第一号）をもって制限し、もって医療水準の確保を図って国民の保健衛生上の被害を防止（「公共の福祉」）しようとしている（野田・前掲『医事法上巻』五七頁）。したがって、患者としては、診療は医師にしか依頼できないわけであるから、医師法第一九条第一項は医師に診療義務を課している。このように、第三者の憲法上の「職業選択の自由」権を制限して成り立つ医業を行なう医師の診療拒否の自由は、単に倫理的にのみ制限されるというのは問題であろう。そして、さらに、その拒否によって危険にさらされる利益は、患者の生命身体という最も重要な法益であり（すべての人権の基本であり、あえていうならば憲法第一三条にその根拠を持つことになろう）、その対比において、診療拒否の自由を考えるならば、それは、私法上も制約があると考えるべきであろう。しかも、その私法上の制約においても、医師の診療拒否の自由は医師法第一九条第一項の「正当な事由」によって保護されるのであるから、このような制約も不当でないと考える。さらに、(c)の「債務者の自由意思を圧迫し強制したのでは、本旨に適った給付を実現し難い場合」については、確かに問題がある。すなわち、医療には医師と患者の「信頼関係」が必要である（医療法第一条の二第一項）。しかし、この信頼関係は、全人格的信頼関係ではなく（もちろんそれがあることが望ましいが）、医療についての信頼関係であり、「人柄が悪くて人間として尊敬できないが医者としての腕は間違いない」という医師と「人柄が良く人間としては尊敬できるが医者としての腕は下手」という医師を比較したとき、患者はどちらを選ぶかをみれば、その答えは明らかであろう。

したがって、この点においても、「医療水準」という基準をもって本旨に適った履行の実現の確保が可能であり（「絵や小説をかくという基準のない」創造活動とは異なる）、問題ないと考える。そして、ここでも「正当事由」をもって妥当な結論が得られるといえよう。

以上のことから、医療契約の履行強制について医師法一九条一項を根拠に間接強制を行なうことが法理上当然に許されない、というものではないことが明らかとなったといえよう。そこで、この間接強制を認める場合に、どのようなテストを行なうべきかについて考える必要があろう。すなわち、この場合、患者の基本的人権と医師の基本的人権が衝突し、後者の基本的人権を制約するわけであるから、その制約が許されるためのテストが必要となる。

そこで、基本的人権相互の矛盾・衝突を調整する公平原理としては、抽象的には「公共の福祉」が存在するが、結局は、各矛盾・衝突の場においてテストされなければならない（佐藤幸治・前掲書一三四頁）。そこで、まず、両基本的人権の比較衡量が必要であろう。[31]さらに、およそ基本的人権の制約は必要最小限度のものにとどまらなければならないとされ（佐藤幸治・前掲書二六〇頁、初宿正典『憲法Ⅱ』一九九六年（成文堂）三〇六頁）、この「必要最小限度の原則」は行政法学上「比例原則」と呼ばれるものである（芝池義一『行政法総論講義』一九九二年（有斐閣）二五四頁）。この原則は、元来は警察権の限界を画すものとされていたが、近時は行政権力活動一般の原則と理解されるようになり、さらに私法上の行為義務設定の原則とさえされるようになってきている。[32]ここに、医師法第一九条第一項の診療義務を、患者に対する私法上の義務でもあると解し、それを間接強制とはいえ国家権力によって強制執行し得る、したがって、法義務と解するならば、医師の「自由権」という基本的人権の制約として、その法義務設定の原則として、「比例原則」も考慮する必要があろう。そして、この比例原則は次のような部分原則から成り立っているとされている。

第一に「適合性の原則」である。当該診療義務が当該患者の病状治療に適合したもの（有効なもの）であることが要請される。[33]診療自体は、ともかく有効であることが多いであろう。

第二に「必要性の原則」である。右の「適合」テストを通過した具体的診療義務が当該患者に必要か否か、例えば夜中に実施されなければならないか、明日の診療時間でもよいかといったことがテストされる。

第三に「均衡性の原則」である。これは、一般に、目的と手段の均衡性といわれるが、本稿においては、次のように理解すべきであろう。右の適合かつ必要な具体的診療義務のうち最も医師にとって不利益が少ないものを選択し、それの実施により患者の受ける利益と医師の受ける不利益を比較衡量し、前者が優る場合は実施を要求し（例えば、生命身体の危険性と学会報告書を作成する自由とを比較すれば前者が優先するであろう）、後者が優る場合は医師法第一九条第一項の「正当事由」をもって実施を否定することになる。[34]

第四に、「比例原則」ではないが、作為義務を課すのであるから、当然に「可能性の原則」が要請される。これは過失の前提たる行為義務とは機能の異なるものであるから、当該医師の可能性（転送義務も含めて）を考慮すべきであろう（例えば、医師自身が重病の床にある）。

この場合に間接強制すべき債務（判決主文＝債務名義そして間接強制の申立書）の内容が明示されなければならない（鈴木＝三ヶ月編・前掲書一〇五頁）。その内容は、もちろん個々の具体的行為を記述する必要はなく、例えば

「Yは X の未熟児A（在胎三一週、体重一五〇八グラムにて出生）の保育・診断・治療の契約を締結させよ」あるいは「……治療をせよ」というので充分である。その診断・治療には未熟児網膜症の診断・治療も含まれることは「未熟児」というところから明らかである。これは、一般に何の疑いもなく認められている金銭債務の支払において「Yは X に金百万円を支払え」という判決においてさえ、Yが一万円札一〇〇枚で支払おうが、千円札一〇〇〇枚で支払おうが、その範囲で「自由裁量」に任されているのと同様であり、その未熟児の保育・診断・治療の内容について不明確なところが判決主文に残されていても、「間接強制」ならば可能といえよう。そして、その具体的内容は、「臨床上必要な医学及び公衆衛生に関して、医師として具有すべき知識及び技能」（医師法第九条）をもって判断すればよいのである。(35)

五　今後の課題

以上、医療契約のいくつかの論点について論じたが、本稿はこれについての論争を呼び起こすことを目的としたもので、これで決着がつくとは考えてはいない。したがって、筆者としては、その決着をつけるためにオランダ民法のごとくに、立法的解決が望ましいと考えている（Hondius = Hooft, The New Dutch Law on Medical Services, NILR, Vol. XLIII, 1996, p. 1-17. オランダでは、オランダ民法典に「医療契約」が規定され一九九五年四月一日から施行されている）。ドイツにおいても、Deutsch = Geiger が債権法改正のための鑑定意見および提案書において医療契約の立法を主張しており、(36)そこで述べられていることは日本においても同様である。すなわち、医療契約について民法は独自の規定を置かず、それにかかわる規定は諸法に散在しており、このことは、法的安定性を欠くこととなり、加えて人の生命身体という最も重要な法益にかかわる医療行為においてすべての当事者の利益調整が充分になされないこととなる。日本でも、民法の他、医師法、医療法、各種保険法などがあり、この相互の関係についても問題が生じている。立法を論ずるときの問題点としては、次のことが挙げられよう。

契約当事者については、制限行為能力者の場合に医療契約能力年齢をオランダ民法のように下げるかということがある（オランダ民法では一八歳で成人とされるが、医療契約については一六歳とされる。Article 7: 447I）。日本でも民法第九六一条の遺言能力の例が参考とされる。ただ、財産権より重要な法益についての管理について果たしてその能力年齢を下げることが妥当なのか議論が残るし、その場合の費用負担はどのようにするかも問題となろう（オランダ民法では両親も費用負担の義務を免れない。Article 7: 447II）。さらに、その他の同意について患者以外の場合に法定代理人か親族か、その親族の範囲如何も議論の余地があろう（オランダ民法 Article 7: 450. Deutsch = Geiger 提案第五条、第六条参照）。

医療を行なう側の当事者については、病院と医師の立場について充分な考慮が必要といえよう（オランダ民法 Article 7: 462. Deutsch = Geiger 提案二条）。

医療契約の内容については、少なくとも、医療水準（オランダ民法 Article 7: 413. Deutsch = Geiger 提案第四条）、説明と同意（オランダ民法 Article 7: 448. Deutsch = Geiger 提案第五条）、カルテ等の保存と患者のアクセス権（オランダ民法 Article 7: 454, 7:456. Deutsch = Geiger 提案第八条）の立法の可否が問題となろう。

そして最後に医療事故については、オランダ民法は特別規定を設けなかったが（Deutsch = Geiger 提案は特別規定を設けた。同第九条）、日本での問題としては、過失と因果関係の立証責任である。前者については、説明を受けず同意していない行為は過失の問題であるとすれば患者側に大きな負担軽減となるであろうが、後者については、推定や一応の証明などの判例法則を立法にまで高めるかが問題として残る（筆者としては、立法することを是と考えている）。

以上、医療契約の広範囲の問題の一部のみを検討したわけであるが、その中心として医療事故を常に念頭に置いてきた。もちろん、本人負担の高まる中、将来的には報酬請求権も大きな問題となろうが、今後も医療事故はなくならないであろうし、医療事故訴訟もなくなることはないということに鑑みれば、医療事故訴訟を念頭に置いて医療契約理論を深めることの必要性は減少しないであろう。筆者としては、基本的に、契約関係のある当事者の間の損害賠償請求は、債務不履行法によるべきであり、不法行為法によるべきでない（いわゆる「取引的不法行為」においても）という思考にもとづいて、今後ともこの医療契約を検討する予定である（確かに、診療契約を医療事故にもとづく損害賠償請求訴訟とのみ結び付けて考察するのは適切でないという批判もあり、患者の自己負担率が高まれば診療報酬請求権の問題なども生じて、その法的性質の考察視点は広がるが、ドイツの判例上問題となる説明義務（Aufklärungspflicht）や助言義務（Beratungspflicht）（高嶌・前掲論文一五〇頁以下）は、日本では民法第六四四条（民法第六五六条）で、カルテ閲覧請求権（高嶌・前掲論文一五八頁以下）は民法第六四五条（民法第六五六条）でカバーし得るであろう）。

（1）　表1。
（2）　加藤一郎は、前掲論文において、契約責任と不法行為責任との相違点としては、過失の立証責任、損害賠償の範囲、過失相殺、債務の連帯性、時効期間、相殺の可否、履行補助者による責任と使用者責任の差異、遺族の請求権等があるが、実際に最も相違の出るのは、立証責任と時効期間の点であり、医師の責任については、もっぱら契約責任によるものとし、医師側に無過失の立証責任があり、その時効期間は三年ではなく（民法第七二四条）、一〇年になる（民法第一六七条第一項）と解すべきである、と主張する。もっとも、病院の医師の履行補助者としての過失については、病院が契約責任を負い、医師個人は不法行為責任を負担する、と主張している。
（3）そもそも、両当事者の「合意」が存在するところでは、その債務はその「合意」内容であり、それが履行されることに一定の保証（Garantie, warranty）があるわけで、「合意」のない不法行為責任よりも、債務者に、より厳格な責任が負わされるべきであろう。
（4）なお、「臓器の移植に関する法律」（平成九年法律一〇四号）第六条は、臓器提供者が生存中に書面で提供の意思を明示していても、「遺族」に摘出の拒否権を与えているのは疑問である。無償の臓器提供が適法行為であるとした以上、行為能力も意思能力もある人の自由意思によって適法行為を行なうことに、遺族といえども第三者が拒否権を有することは問題である。蓋し、死体について遺留分があるわけでなく、祭祀などの慣習への配慮という点でも、例えば民法第八九七条第一項但書は、被相続人の意思を尊重している。しかも、「遺族」の範囲も不明確で、法運用の大きな支障となるであろう。もちろん、反対論をいささかでも説得して立法に漕ぎ着けるという立法政策は理解できるが、私的自治原則から疑問であり、ある程度、一般の理解が得られるようになった段階で、「拒否権」を削除するのが望ましい。
（5）なお、横浜地判昭和六三年三月二五日判時一二九四号八九頁は、小学六年生の少女が母親に付き添われて治療を受けたという事例において、その少女と開設者の間に契約が成立しているとする、とされているが（辻・前掲論文一五六頁）、これは両当事者が争っていないから、裁判所がそれに従ったに過ぎない。
（6）この場合、実質的決定は未成年者が行ない、授業料請求権などの関係で契約当事者は親権者あるいは監護者である、という構成も可能であるが、本文に述べたように、実質的にも親権者あるいは監護者が決定権を有する、決定する義務を負うと解すべきであろう。
（7）新美・前掲論文二五二頁。旭川地判昭和四五年一一月二五日判時六二三号五二頁もしかりである。すなわち、Xらの子Aが外科医Yの下で痔ろう手術を受け、その後腹痛と吐き気を起こし引き続き治療を受けたところ、YはAの病状が虫垂炎であったのを腸炎と誤診し、そのまま治療を続けたので手遅れとなり死亡させた事件である。これに対し本判決は、本件診療契約をXとYとの第三者のためにする準委任契約であるとし、その内容は現代医学の知識、技術を駆使して、可及的速やかにAの疾病の原因ないし病名を適確に診断したうえ適宜の治療行為をすることであるのに、YがAの病状を虫垂炎であることを看過して腸炎と診断して治療をしたことは客観的にみる限り、結果的には準委任契約の不完全履行であり、債務者の帰責事由についてはその不存在を債務者において主張・立証すべきであるのにその証明がないとしてXの請求を認容した。
（8）　ところで、この報酬請求すなわち費用負担について、民法第八五七条か、後見人に民法第八二〇条を引いて、「親権を行う者と同一の権利義務を有する」としているが、後見人がその費用まで負担しないことは明らかである。故に、民法第八二〇条は費用負担の規定ではない（西原道雄「親権者と親子間の扶養」『家族法大系Ⅴ』一九六〇年（有斐閣）九三頁）。そこで於保不二雄は、民法第八七七条以下を根拠としている（中川善之助編『注釈親族法(下)』一九五二年（有斐閣）二四七頁）。西原道雄も離婚後の夫婦間の子供の扶養（生活保持義務）についても第八七七条以下を根拠条文とすることを主張している（西原・前掲論文一〇二頁）。しかし、第八七七条以下は扶養義務を定めたものであって、生活保持義務ではないというのが通説の立場である。そこで、考え得ることは離婚前においては、民法第七五二条・第七六〇条によって、未成年の子の監護教育費用を負うものとし、離婚後については、民法第七六六条・第七七一条、家事審判規則第五三条を、その生活保持義務の根拠とすべきであろう。なお、事実上の離婚の場合には、この監護費用について、協議をすることは自由であるし、もしその協議が調わないとしても、審判を請求できないのであるが（我妻栄『親族法』一九六一年（有斐閣）一三四頁）、その不利益を子に負わすことはできないところで、この場合「第三者」に対する関係では、一般的に離婚と同様の効果を認めることはできない（我妻・前掲書一三五頁）、というのであるから、子は正に離婚の「第三者」であり、「第三者」たる子に対する関係では、事実上の離婚の場合、民法第七五二条・第七六〇条がそのまま継続して適用されると解すべきであろう。
このような考えに対しては次のような批判がある（於保不二雄編『注釈民法㉓』一九六九年（有斐閣）三九〇頁〔明山和

夫〕）。すなわち、監護処分として養育費の支払を命ずるのは監護者の指定・変更等形成的処分に附随してのみ可能であって（家事審判規則第五三条）、養育費のみを単箇に取り上げて、これを監護処分そのものであるとするのは相当でないという批判である。これに対しては、本来民法第七六六条第一項でその養育費をも決めておくべきことであって、もし必要が生じたというのであれば、それは民法第七六六条第二項を適用すればよいことであると反論し得る。さらに、本来の扶養審判事件であれば、手続上被扶養者のための臨時処分をなすことが可能であるが（家事審判規則第九五条）、この監護事件の審判としてであれば、このような審判前の臨時処分をなすことはできない（金沢家審昭和三九年一〇月三一日判タ一七〇号二六五頁）との批判があるが、しかし、現在においては、家事審判規則第五二条の二によって審判前の保全処分ができることになっており、何等不都合ではない。さらに、子供の生活費そのものはともかくとしても、その大学教育などの学費は、監護に関する費用とはいえないから、その請求は結局は扶養内容として処理されなければならないという批判もある。確かに民法第八二〇条は監護と教育を区別し、監護は主として肉体的生育の面、教育は精神的生育の面と区別されている。そして、かつては旧法の影響を受けて父の親権を前提として、母の監護を制限的権利としたので、監護は教育を含まないというのが有力であったが、現在はむしろ含むという積極説が通説といえよう（島津一郎編『注釈民法㉑』一九六六年（有斐閣）一六〇頁〔神谷笑子〕、我妻・前掲書一四三頁、於保不二雄＝中川淳編『新版注釈民法㉕』一九九四年（有斐閣）七四頁〔明山和夫・国府剛〕）。さらに義務教育を越える教育については、費用の負担との関係でやや疑問だが、費用負担者の資産、社会的地位などから、義務教育を越える教育の費用を負担することを適当とする場合には、監護者がそれを決定し、費用負担者にその費用を請求し得るものと解するのを正当としよう（我妻・前掲書一四三頁）とする説もある。しかし現在のように、ほとんどの場合に高校教育を受け、大学教育もかなりの割合で受けるという教育社会においては、義務教育と義務教育を越える教育を区別するのは妥当ではなかろう。したがって、大学教育の費用についてもやはり監護の内容と考えて、民法第七六六条によってそれを決定できると解すべきである。ただ、この説の決定的な弱点は、婚外子の扶養である。父については民法第七八八条が民法第七六六条を準用しているが、母については、認知をせずに親子関係が定められる。この場合の扶養の根拠規定が見当たらない。さらに夫婦の一方が死亡した場合、もはや民法第七五二条や民法第七六〇条を未成年者に対する親の扶養の根拠規定とはなし得ないであろう。そのような場合には民法第八七七条以下によらざるを得ないことになる。そして、民法第八七七条以下によっても民法第八七九条で生活保持義務と生活扶助義務を区別して理解することは、民法第七八九条を活用することによって達成し得るであろう（於保編・前掲書三八九頁以下〔明山〕、深谷松雄「生活保持義務と生活扶助義務」『講座現代家族法四巻』一九九二年（日本評論社）一八七頁以下、佐藤孝夫「生活保持と生活扶助」『現代家族法大系三巻』一九七九年（有斐閣）四一七頁、松島道夫「親権者と親子間の扶養」『現代家族法大系三巻』一九七九年（有斐閣）四二九頁）。そして、監護と教育を一括して身上監護権と称し、財産管理権と対比させるのが妥当であろう（久貴忠彦『親族法』一九八四年（日本評論社）二五八頁、太田武男『親族法概説』一九九〇年（有斐閣）三四二頁）。このように、可能な限り生活保持義務に適した条文に根拠を見付け、その適用困難な場合にのみ扶養の一般法たる民法第八七七条以下にその根拠を見出すべきであろう。

なお、別居後離婚までの間の子の監護費用の支払について、民法第七七一条・第七六六条第一項を類推適用する旨の判決もある（最判平成九年四月一〇日民集五一巻四号一九七二頁）。

ところで、高松高決昭和三一年八月二一日下民集七巻八号二二四八頁は親子間においても子が財産を所有する場合には、まずこれをもって子の生活費へ充当せられることになるとして、民法第八二八条但書を引用するが、この規定は子が成年に達したときの管理計算において、子の養育費および財産管理費と子の財産の収益の相殺、すなわち費用償還請求権と未成年の子の収益返還請求権との「相殺」（於保＝中川編・前掲書一六三頁〔中川淳〕）を規定したもので、したがって民法は原則として養育費は親権者の「名義」で支出されるものであることを予定しているといえる。

右高松高決は生活保持義務の法的根拠を婚姻法上の扶養義務（民法第七五二条）と親子の扶養義務（民法第八二〇条）を根拠とし、民法第八七七条以下のいわゆる生活扶助義務とは法的根拠を別のものと考えている。そして離婚し親権者でない父または母あるいは婚外子の非親権者は親権者よりも、社会生活上、扶養の要請もより薄弱となり、単なる親族扶養の義務者になるに留まり、民法第八七七条以下の義務で生活保持義務を免れるとする。これに対して、広島家竹原支審昭和三三年一二月二三日家裁月報一一巻三号一五八頁は離婚のときに愛情の度合、子の利害に関係する人間関係などを考慮して、財力のない一方の親を親権者とすることも数多くみられ、この場合に財力のある非親権者は生活保持義務を免れて生活扶助義務のみを負うのは不当であり、また父は未成熟子に対して共同生活義務すなわち「共生義務」を負うが、離婚によりその「共生義務」を免れ得ることもあり、親権者でなくなることもあるが、その場合に生活保持義務をも免れるのは不当であるとして、生活保持義務も民法第八七七条以下に定める扶養義務の一態様であると判断している。松山家審昭和三三年一〇月二七日家裁月報一一巻三号一四七頁、広島家呉支審昭和三四年七月二八日家裁月報一一巻一〇号一〇一頁、鳥取家審昭和三五年二月八日家裁月報一二巻六号一二六頁、大阪高決昭和三七年一月三一日家裁月報一四巻五号一五〇頁、大阪高決昭和三七年二月七日家裁月報一四巻五号一五六頁、福岡高決昭和四七年二月一〇日家裁月報二五巻二号七八頁、神戸家尼崎支審昭和四八年九月一八日家裁月報二六巻六号四四頁なども、親権のない親に対して生活保持義務を負うとしている。離婚が子に及ぼす影響を最小限にするという利益衡量からも、後説が支持されるべきである。なお、民法第八六一条に支出金額の予定を行なうことになっているが、この支出金の現実の支払は監護義務者名義で行なうべきであろう（民法第八五九条）。

また、もちろん、後見は法定委任（準委任）とみられるので、民法第六五〇条の適用もあると解すべきである（於保＝中川編・前掲書四一〇頁〔明山・国府〕）。ちなみに、「精神保健及び精神障害者福祉に関する法律」における医療保護入院の場合は、本人の同意がなくても、保護者（後見人、配偶者、親権を行なう者、扶養義務者。同第二〇条）の同意があれば、入院させることができ（同第三三条。なお、同第三五条）、その入院契約は私法上の契約であって、契約当事者は保護者と病院管理者となっている（なお、同第二九条）。
（9）　ところで、一般に、夫婦の一方が患者の場合、他方配偶者は民法第七五二条で協力扶助義務を負い、費用負担においては多くの場合、民法第七六〇条によるであろう。この場合、民法第七六一条の適用があると考える（医療契約も重要な「日常家事」というべきである。蓋し健康は家庭生活の最も具体的かつ重要な基礎だから）。民法第七六一条が他人名義の法律行為について責任を負わせている法的根拠は「授権」と考えるべきであろう（石田穣『民法総則』一九九一年（悠々社）三八二頁）。その類型は、

①患者が本人名義で医療機関と医療契約を締結したとき、他方配偶者も費用について連帯責任を負う、②他方配偶者（例えば夫）が民法第七五二条（場合によっては民法第八五八条・第八四〇条）の義務履行として他方配偶者名義で医療機関と患者の医療についての医療契約を締結したとき、患者本人（妻）も費用について連帯責任を負う、③患者（例えば妻）が他方配偶者（夫）名義で医療機関と医療契約を締結したとき、民法第七六一条は日常家事について夫婦相互に代理権があることを認めたものであるから（最判昭和四四年一二月一八日民集二三巻一二号二四七六頁）、顕名ではないが（民法第九九条。「日常家事」については民法第一〇〇条但書の適用があると考えるべきであろう。蓋し「日常家事」の場合は相手方に不利益はないのであるから）、他方配偶者が費用負担者となり、患者も「授権」によって連帯責任を負う、④他方配偶者（例えば夫）が患者（妻）名義で医療機関と医療契約を締結したとき、①の場合と同様に患者が費用負担者となり他方配偶者も「授権」によって連帯責任を負う（すなわち、①と④の場合は他方配偶者から患者へ、②と③の場合は患者から他方配偶者へ婚姻契約の内容として「日常家事」について「授権」があったと解すべきであろう）。
（10）　なお、医療契約の当事者として「保険者」を主張する考えもあるが、判例のいうごとく、国民健康保険上の制度にもとづく理由（東京地判昭和四七年一月二五日判タ二七七号一八五頁）や患者の「意思内容」（「保険者から医療を受けるという意思はない」。なお、遠藤浩ほか『民法(6)第四版』一九九七年（有斐閣）二四三頁〔森島昭夫〕は「一般の人の意思」を挙げる。）からして、医療契約そのものは患者と医師の間に締結されたとみるべきである。さらに、保険で制限された医療を行なった場合に、それが免責事由とならない（京都地舞鶴支判昭和二六年三月二三日下民集二巻三号四一四頁）ことも考慮に入れるべきであろう（野田寛『医事法　中巻』一九八七年（青林書院）三七四頁、三八二頁）。
（11）　英米においては、医療事故訴訟は、主として不法行為（negligence）の問題とされているので、この点は別稿に譲る。イギリスについては、植木哲＝山本隆司編『世界の医事法』〔信山社、一九九二年〕三二五頁以下〔手嶋豊〕、アメリカについては、同書三七九頁以下〔高嶌英弘〕参照。
（12）　なお、ドイツにおいて「事務処理」（Geschäftsbesorgung）を目的とする雇傭契約あるいは請負契約には「委任」の規定が準用されるが（ドイツ民法第六七五条）、この「事務処理」は経済的なもの（wirtschaftlicher Art）であって、他人の財産的利益の独立的管理であり、健康や教育とは無関係で、したがって、医師、看護師、教師の仕事は入らないとされている（Larenz, Schuldrecht. Bd. II/1, 13. Aufl., 1986, S. 422）。
（13）　ところで、雇傭契約とすると、医師と患者の間に従属関係が生ずるのではないかという疑問については、ドイツの代表的教科書（Larentz, a. a. O., S. 307f.）の雇傭契約の説明によると、次のごとくである。
他人のために働く（im Dienste oder doch in Interesse eines Anderen tätig zu sein）という債務関係群において、典型的には二つの類型が区別される。すなわち、詳細は働く者の決定により活動（Tätigkeit）が行なわれる、したがって自己決定（eigenbestimmt）による場合と、詳細は働いてもらっている者の決定により活動が行なわれる、したがって他者決定（fremdbestimmt）。この他者決定とは、主として分業を行なう組織への組入れ（Eingliederung）を意味し、組織内部において比較的独立しているとか、決定権があるなどは問題とならない）による場合である。ドイツ民法典は、この区別に重点を置かず、雇傭契約とは、あらゆる種類の労務給付（Dienstleistungen irgend welcher Art）を有償でなすことを約する契約と定義している（ドイツ民法第六一一条）。したがって被用者が独立に活動（selbständige Tätigen）を行なうか、従属的地位（abhängigen Stellung）すなわち使用者の意思の下に服する（in Unterordnung unter der Willen des “Dienstherrn”）かは問題とならず、またこの労務は肉体的でも精神的でもよく、専門的能力が必要か否かも区別しない。現に、ドイツ民法は「高級な労務（Dienst höhere Art）」について特別の規定を置いており（ドイツ民法第六二七条第一項）、医師と患者の契約も基本的には雇傭契約であることを前提としている。ただ、他者決定（非独立的）活動の債務を負った場合、すなわち労働関係（Arbeitsverhältnis）が問題となる場合は、それは労働契約（Arbeitsvertrag）であり、民法の規定の他に労働法の適用が問題となり得る。したがって、すべての有償の労働契約は雇傭契約であるが、すべての雇傭契約が労働契約というわけではない。
（14）　「無償性」は、ローマ法に由来し、ローマでは委任（mandatum）は、当事者の一方（mandator）が、他方（procurator）に、無償で（無償といっても現実には謝金（honorarium、謝礼 salarium）を与えることが社会的に強い義務とされ、古典期後期には法的な反対給付とさえされた）、ある事をなすことを託し、後者がこれを受諾することである。これは戦争や取引がローマ市を離れた場所で行なわれることが多くなった共和制末期に、その不在者のために近親者や友人が彼の財産管理や事務処理を好意で引き受けたことから、契約と認められるようになったとされ（船田享二『ローマ法第三巻』一九七三年（岩波書店）一九六頁、二二三頁以下、カーザー（柴田光蔵）『ローマ私法概説』一九七九年（創文社）三五二頁、三六二頁以下）、その委任の対象は、広範囲で、右の由来からして、事実行為も含まれ、したがって、「準委任」という法概念はローマ法においてはなかった。

他方、ローマ法においては、雇傭、請負、賃貸借が一括して「賃約（locatio conductio）」として把握され、雇傭とは自己あるいは自己の労務を貸すこと（locatio conductio operarum）、請負とは注文者が加工すべき対象（なされるべき仕事）を貸すこと（locatio conductio operis）、賃貸借とは物を貸すこと（locatio conductio rei）、と考えられていた（船田・前掲書一八五頁以下、カーザー（柴田）・前掲書三四六頁以下）。フランスは、それを継受して「第三編　所有権を取得する諸々の方法」の「第八章　賃貸借契約」（contrat de louage. 第一七〇八条ないし第一八三一条）の下に、「物の賃貸契約」（louage des choses. 第一七一三条ないし第一七七八条）、「仕事と労働の賃貸借」（louage d'ouvrage et d'industrie. 第一七七九条ないし第一七九九条）を規定する。したがって雇傭（第一七七九条第一号）と請負（第一七七九条第三号）は賃貸すなわち報酬支払義務が契約の本質的内容となり、委任（contrat du mandat. 第一九八四条）は、原則として（反対の合意がない限り）無償であり（第一九八六条）、無償受任者の責任は有償受任者の責任より軽減される（第一九九二条第二項）。なお、物の賃借人は善管注意義務を負うが（第一七二八条第一号）、雇傭には規定がなく、請負では過失責任規定がある（第一七八九条）。

なお、ローマ法（D. 1, 18, 6, 7）でも、医師は結果について責任を負わないとされている。
（15）François Chabas の一九九七年七月一八日付私信によれば、その契約内容は、いわゆる「手段債務」（obligation de moyens）であって「結果債務」（obligation de resultat）でない。蓋しフランスでは、請負契約においても常に「結果債務」を負うというものではないとされている、というのである。もっとも、結果債務を負う場合もある（例えば、血液検査）。
（16）ボワソナアドの起草趣旨は、次の文献による。Boissonade, Projet de Code Civil pour L'empire du Japon, Nouvelle ed., T. III.,

1891, p. 1017-1027. 同様のことが、Code Civil de L'empire du Japon accompagne d'un Expose des Motifs, T. I., 1891, p. 464-473にも記されている。その日本訳として、「民法理由書第九巻（第十二章　雇傭契約及ヒ仕事受負契約、第二百六十六条）」（法務図書館所蔵）がある。
(17) 旧民法では学術技芸のような「高度ナル精神上」の労務提供は雇傭に含まれないとしていたのを、現行民法では「品位ヲ損ウモノ」でないとして、これも雇傭に入れたので、委任と雇傭の区別を明確にするために、前者は法律行為の委託に限定し、そして法律行為以外の事項の委託についても委任の規定が一般に「当嵌る」ように民法第六五六条を起草した（富井政章の起草趣旨説明・法典調査会民法整理会議事速記録四巻一一五～一一六丁（明治二八年一二月三〇日第一二四回整理会議事）（法典調査会民法議事速記録三五巻三九～七一丁））。
(18) スイス債務法第三九四条第一項は委任契約を「自己に委託された事務または労務」を処理する契約とし、その第三項で報酬は合意または慣習があるときは給付すべしと定めている。そして以下第四〇六条までの規定は日本のそれに類似している。そして、スイスでは、一般に医療契約は委任契約と解されている（Zepos = Christodoulou, op. cit., p. 7)。
(19) さらに医療契約の特性として、第二に「侵襲的性格」と「救命的かつ専門的性格」および「専門性にともなう裁量的性格」と第三に「生体機能の複雑性からくる支配不可能要因」と「患者との協力関係や信頼関係なしには充分な成果を期待しがたい」ということが挙げられる（河上正二「診療契約と医療事故」法学教室一六七号〔一九九四年〕六六頁）。いずれも、その通りであるが、それを余りに強調することには危惧を感じる。すなわち「裁量性」も、ほとんどの場合は、「この症状にはこのような対応」というマニュアルがあるのであり（もちろんそのマニュアルの中での裁量性も存在する）、それが医療事故における医師の抗弁として濫用されることには問題がある。むしろ、それは本文に述べたように、医師が「責任」を負う範囲として、その裁量の範囲では、過失の前提たる行為義務が問題となると考えるべきである。さらに「支配不可能要因」も、特に医療のみに存在することでなく、すべての「事務」（例えば「訴訟」）に存在するものであって、「不可抗力」として医師に立証責任を負わせるとしても、その「原因」の予見性、それにもとづく処置の停止を含む対応、あるいは説明にもとづく患者の同意の方をより積極的に認定することが重要であろう。また、患者の協力や信頼についても、医療事故訴訟上は、当然に「医療」に限定されるべきのみならず、原則として素人たる患者の協力や信頼は医師側の積極的要請を前提とすべきであり、安易に「過失相殺」の要因とすべきではないと考える。
(20) 函館地判平成七年三月二三日判時一五六〇号一二九頁は説明不十分（説明債務不履行とすれば）を認定したとみるべきであろう。さらに、説明義務違反なしとされたものとして、浦和地判平成元年五月二六日判タ七一五号二〇八頁は経過観察中の事例、松江地判平成五年六月一六日判タ八二〇号二一六頁は薬名と合併症の不説明の事例、札幌高判平成五年六月一七日判タ八四八号二八六頁は説明したが承諾を得られなかった事例、前掲東京地判平成五年七月三〇日は患者の親族に説明し承諾を得た事例、前橋地高崎支判平成六年四月二八日判タ八五六号二四四頁は裁量との関係の事例。
(21) 鎌田薫「専門家責任の基本構造」『新・損害賠償法講座三巻』一九九七年（日本評論社）二九六頁以下は、専門家の負う義務として「忠実義務」（「履行義務」）、「善管注意義務」（依頼者の指示の有無にかかわらず負う）、「説明・助言義務」を挙げ、そして、第三番目の義務こそ専門家責任の特徴であるとする。誠に卓見である。すなわちこの第三番目の義務は「専門家と依頼者との間の情報格差を埋め合わせて依頼者の自己決定権を確保するため」の義務である。私見によれば、これは、専門家責任を法の実体面から把握したものであり、私見は、これを法的構成の面から把握したものであり、第二番目と第三番目の義務は、合意や「請求」があるときは「債務」の内容として「履行義務」になり、合意や「請求」のない場合は過失の前提たる行為義務になると解するものである。
(22) 民法第四一五条における原告（患者側）の主張立証責任については次のように考えるべきであろう。すなわち、原告は「債務者（被告＝医師側）は当該病状改善への医療行為（説明を受け合意した行為については、その具体的行為、説明を受けずあるいは合意していない場合は抽象的に「医療行為」）を行なうことを約束した（「約束した」という主張・立証であり、そのような行為が具体的に行なわれたとか、行なわれなかったとかの主張・立証ではない）」「病状が改善しなかった」という要件事実について主張立証責任を負う。そして、『（抽象的あるいは具体的）医療行為』が病状改善に役立たなかった、あるいは病状悪化（死亡も含めて）の原因となった」という要件事実については主張立証責任を負わない。このような提言は決して奇異ではない。例えば、金銭消費貸借契約にもとづく債務者の金銭返還債務不履行の場合の民法四一五条による損害賠償請求において、債権者（原告）は、右の結果債務についてさえ、「履行期に金銭が返還されなかったこと」についても主張立証責任を負わないというのが、法曹教育の大本山たる司法研修所の立場である（司法研修所『民事訴訟における要件事実第一巻』〔一九八五年〕二二頁）。したがって、行為債務たる医療行為債務不履行の場合に、「合意された行為債務」と「病状の不改善」については原告が、「被告の行為に帰責事由（過失）がないこと」あるいは「被告の行為と病状の不改善の間に因果関係のないこと」の主張立証責任は被告が負うというのは、“Schlüssigkeit”（中野貞一郎「主張責任と証明責任」判例タイムズ六六八号〔一九八八年〕四頁）からみても、妥当な提言であろう。

（23）　前述のごとく、初期、債務不履行構成の場合、「帰責事由（故意過失）」の立証責任が医師側にあり被害者たる患者に有利とされたが、この場合、その債務内容については患者側に立証責任があり、実は、その債務内容と過失の前提たる行為義務（近時、過失が行為義務違反であることに異論はない）とが区別され難く、結局、この点で、債務不履行構成も不法行為構成も差がないこととなった。しかも、近時は、医療契約のような、いわゆる「手段債務」においては、帰責事由すなわち行為義務違反たる過失は損害賠償責任の要件でない（不可抗力は免責事由となる）という主張が有力である（潮見佳男『『なす債務』の不履行と契約責任の体系」北川還暦記念『契約責任の現代的諸相　上』一九九六年（東京布井出版）三五頁。なお、医療契約においては、「結果保証約束」がある場合はほとんどないであろう）。したがって、この説からは、すべての行為義務違反は患者側が立証責任を負うことになる。この思考の根底には二つの視座があると思われる。一つは不法行為訴訟でも、債務不履行訴訟でも同一の損害賠償という法律効果を目指すのであるから、その法律要件も同じであるべきであるという視座である。しかし、債務不履行訴訟は「合意」を要件としたものであり、「合意」を要件としない不法行為訴訟とは当然に要件が異なるものであり、差があって当然である（近時、使用者責任と履行補助者の過失において帰責根拠が異なるという主張も、この点を考慮したものといえよう（森田宏樹『『他人の行為による契約責任』の帰責構造」中川良延他編『日本民法学の形成と課題（上）星野英一先生古稀祝賀』、一九九六年（有斐閣）三九一頁、同「我が国における履行補助者責任論の批判的検討」法学六〇巻六号〔一九九七年〕二三一頁））。二つめは債務不履行責任においては、不可抗力以外の免責を認めない、すなわち「合意」したことを守らないこと自体が原則として債務不履行である（Pacta sunt servanda. Ulpianus, D. 2, 14, 7, 7; 2, 14, 1pr.）という視座である。確かに傾聴に値する視座であり、立法論としては、筆者も賛成するが、すべての債務不履行に帰責事由（不可抗力より広い）を要求している民法第四一五条の解釈論（奥田昌道編『注釈民法⑽』一九八七年（有斐閣）三二〇頁〔北川善太郎〕）としては、にわかに賛同し難い。そして、仮に解釈論として採用すれば、債務者が債務を履行しないのは、それだけで非難され、不法行為責任よりも厳格に責任を問われるべきであるのに、その帰結として、医療事故では、結局すべての行為義務の主張立証責任を債権者たる患者が負わなければならない。すなわち債務者にとって不法行為責任より厳しい責任を負わせることにならない、という矛盾した結果となる。しかも、すべての行為義務を「合意」に根拠があるとすることは、擬制に過ぎて説得力を持たず、むしろ、そのような場合は明確に「合意」以外に法的根拠を見出す方が説得力を持つであろう。もちろん、私見においても、債務内容も過失の前提もいずれも行為義務である。
（24）①から⑦までは『医療過誤判例百選第二版』一九九六年（有斐閣）掲載の最高裁判所の判決で契約内容ないし過失が問題となった事件である。
（25）東京地判平成九年二月二五日判タ九五一号二五八頁における「信義則上の」「死因解明義務」も過失の前提たる行為義務といえよう。それは死因解明義務という「債務」のためのものである。債務不履行責任の拡大については、前田・前掲書一二〇頁以下参照。なお、医療契約の内容については、東京地判昭和六一年三月二四日判時一二一四号八〇頁参照。
（26）この条項は医療契約を締結せよという「業務」を課すものであるというのが通説（契約説）だが、通説への批判として次のようなことが述べられている（山崎佐「不応招ニ関スル新見解」『医療と法律第五輯』一九二三年（克誠堂書店）一四六頁、一五五—一五九頁。山崎佐説によれば、同条項は事実行為を命令しているものであるとする（事実行為命令説））。すなわち、第一に、契約の成立と履行は区別し得るから、診療契約を締結しさえすれば応招義務を果たしたことになり、契約はいつでも双方から解約し得るから（民法第六五六条・第六五一条）、履行の段階で解約しても応招義務違反にならないと主張する。しかし、医師法第一九条第一項は、履行をも強制しているのであり、この議論にそっていうならば、解約した段階で「診療治療」を「拒ん」だことになるのである。第二に、病院や診療所を非医師が開設したとき、彼は応招義務を負わないことになり不都合であると主張する。この点は注(28)で述べる。第三に、患者が治療費を不払の場合、同時履行の抗弁権を行使できないという不都合がある（治療費不払は「正当事由」とされていないという）と主張する。このことは、別に契約説だけの不都合でなく治療という事実行為命令説でも治療費不払でも治療をしなければならないという不都合は同じであるが、それは措くとして、現在は保険制度が行き渡り大半は保険機関からの支払でまかなわれるから問題はないと考える。もっとも今後患者負担率が高まれば、立法論として先取特権を認める（民法第三〇六条第二号の次に、「二ノ二」として「診療ノ費用」を、同第三〇八条の次に「第三〇八条の二　治療費用の先取特権は債務者の病状に応じてした相当な治療の費用に付いて存在する」）ということも必要であろう。
(27)　そもそも医師法第一九条第一項の義務（診療義務）は、法的義務と規定しながら罰則を設けず、単に義務の宣言のみに止めて「医倫理に委ねられ」たものであるとする見解もある（唄孝一『医事法学への歩み』一九八〇年（岩波書店）三〇七頁）。
(28)　ところで、この医師法第一九条第一項の診療義務は自然人たる医師に課せられた義務であり、国や地方公共団体あるいは医療法人をはじめ非医師が開設する医療提供施設（医療法第一条の二第二項）の場合、その法主体にはこの義務が課せられないのではないかという疑問が、古くからある（山崎佐「不応招ノ片手落」『医業と法律第四輯』一九二一年（克誠堂書店）七一頁、同・前出注(26)一五二頁、同「病院内規と不応招」『医業と法律第八輯』一九三八年（克誠堂書店）一〇二頁、野田・前掲『医事法上巻』一一六頁）。この点については近時の判例が「病院は、医師が公衆または特定多数人のため、医業をなす場所であり、傷病者が科学的で且つ適切な診療を受けることができる便宜を与えることを主たる目的として組織され、且つ運営されるものでなければならない（医療法第一条の五第一項）故、病院も医師と同様の診療義務を負う」と肯定しており（前掲千葉地判昭和六一年七月二五日、前掲神戸地判平成四年六月三〇日）、妥当な結論である。もっとも、この理由付けだけでは病院以外の医療提供施設、診療所の場合に疑問が残る。そこで、さらに医療法第一条において医療を提供する体制の確保を図って国民の健康保持に寄与する目的で医療提供施設の整備を推進するとし、非医師が医療提供施設を開設するには知事の許可を要求し（同法第七条・第七条の二）、管理者には医師をあてることを要求し（同第一〇条）、医療法人の場合には原則として理事長は医師であることを要求し（同第四六条の三）、その理事の中に右管理者を加えることを要求するなど（同第四七条）、可能な限り医療提供施設が「組織体としての医師」となるように規定しているわけであり、したがって病院、診療所を開設した者は病院や診療所の法主体として医師法第一九条第一項の義務を負うと解すべきである。現実には、病院や診療所に患者が診察を請求したとき、即刻自然人たる医師が対応できるように体制化されるべきであり、そのうえで義務違反があれば、この医師の過失が履行補助者の過失として、病院や診療所の法主体の過失とされ（前掲・千葉地判や神戸地判は、そのように構成し得る）、もし、そのような体制化がなされていなかったとすれば、その体制化の欠陥が「組織上の過失」としての診療義務違反となり、その法主体たる病院や診療所の開設者の義務違反となると構成すべきである。
(29)　それは、最判平成元年二月一七日民集四三巻二号五六頁（新潟空港事件）や最判平成四年九月二二日民集四六巻六号五七一頁が原告適格拡大において用いた論理と軌を同じくするものである。
(30)　それは、正にドイツ民法典立法時にも問題となった「労働者保護」という社会問題への対応と軌を一つにするものではなかったかと推測する。上山安敏編『近代ヨーロッパ法社会史』一九八七年（ミネルヴァ書房）二八四頁（二九六頁）〔平田公夫〕、高橋眞「住込被用者に対する使用者の配慮義務について」『谷口知平先生追悼論文集2』一九九三年（信山社）一四二頁（一五七頁）。
(31)　基本的人権にも序列のあることは「二重の基準」からも明らかである（佐藤幸治・前掲書六六一頁、初宿・前掲書三〇二頁）。
(32)　山本敬三「取引関係における公法的規制と私法の役割（1）」ジュリスト一〇八七号〔一九九六年〕一二九頁、同「前科の公表によるプライバシー侵害と表現の自由」民商法雑誌一一六巻四＝五号〔一九九七年〕六五〇頁と本稿の場合は、同様の利益状況にあるといえよう。このように「比例原則」を私法の解釈に用いることは、決して奇異なことではなく、私的財産権のうち最も重要な土地所有権の相互の調整について、すでに民法典は明文をもって「必要最小限度の原則」を規定している（民法第二一一条)。
(33)「適合性」テストは、次の「必要性」テストとの関係において、思考の便宜上、区別されるものであるが、理論的には「必要性」テストに包含されるものではないかと考える。
(34) 両者が同等の場合は「作為義務」を課すのであるから、否定せざるを得ないのではないだろうか。
(35) もっとも、この議論は「机上の空論」であろうし、またそう願うわけであり、現実に可能かも大いに問題であるが、もし万一患者側として、履行強制を求めるとき、そもそも「法理論」として不可能である、ということだけは回避すべきであると考えるものである。このような、医師法第一九条第一項の強化説は、病院がパチンコ店と共に、毎年必ず脱税のワースト五に入り、また大病院の保険診療の水増し請求が多く、指定取消しを受ける事件が発生するなど、誠に憂うべき「医の倫理」の低下が目立つことへの警鐘である。もちろん、「医の倫理」低下だけでなく、弁護士をはじめ一般に「職業倫理」の低下が著しく、本来倫理道徳に委ねるべき分野をもはや「法」が放置すべきでないと考えるからである。
(36) Deutsch = Geiger, Medizinischer Behandlungsvertrag, Gutachten und Vorschläge zur Überarbeitung des Schuldrechts, Bd. II., 1981, S. 1049ff. 山本隆司＝手嶋豊「医師の民事責任に対する立法提案」植木哲＝丸山英二編『医事法の現代的諸相』一九九二年（信山社）二三一頁。

（京都大学法学部創立百周年記念論文集　第三巻　民事法　一九九九年　有斐閣）

第二章　誤振込の法律関係

本稿は次の事件の判例研究である。


一【事実】[1]　各種配管用機材等の製造・販売・エンジニアリング及び施工等を目的とする株式会社X（原告・被控訴人・被上告人）は訴外A（株式会社「東辰」）に対する賃料債務をB銀行C支店にAが有する当座預金口座に振り込んで支払っていた。また、Xは、訴外D（株式会社「透信」）からコピー用紙等を購入し、その代金をDがE銀行F支店（以下E（F）とする）に有する普通預金口座に振込んで支払っていた。唯、XとDの取引は昭和六二年一月以降行なわれておらず、XはDに対して現在は何等の債務も負担していない。

ところで、Xは、銀行振込に際し、振込依頼書をコンピューターで作成しており、受取人名を片仮名で表示していた為に、「東辰」と「透信」は共に「カ）トウシン」と表示されていた。唯、Xは送金手数料節約のため、受取人口座の銀行と同一銀行から振り込むことにしていたので、「カ）トウシン」と入力しても、振込銀行を「B」と入力すれば「A」が受取人として表示され、振込銀行を「E」と入力すれば「D」が受取人として表示されるようになっていた。

ところが、Xが、Aに対して、平成元年五月分の賃料五〇〇万円を支払う為、振込依頼書作成にあたり、誤って振込銀行を「E」と入力した為に（常にこの操作を行なっている人とは別人が操作したらしい）、Dを受取人とする依頼書が出力されてしまった。Xはその錯誤に気付かず、E銀行G支店（以下E（G）とする）で右依頼書をもって振込手続を行ない、E（F）にあるDの普通預金口座に右金額が入金記帳された。Xは、後に、その錯誤に気付き、Eに組戻を申し入れたが、EはDの承諾がないと入金記帳の取消はできないと回答したので、Dに連絡をとったが、Dは倒産し連絡がとれず、そこで、Xは、Dに対する不当利得返還請求権保全の為に、右預金債権を仮差押えをした。(2)

他方、Dの債権者Y（被告・控訴人・上告人）は、Dに対する金銭消費貸借契約公正証書にもとづいて、右預金債権を差押えた。そこで、Eは東京法務局に執行供託したところ、Xは、右供託金について国に対して不当利得返還請求権を有しこの権利はYに主張し得るとして、Yを相手に第三者異議訴訟を提起し、同時にYの強制執行を停止する申立を行なった（この申立は認められた。東京地決平成二年四月六日平成二年（モ）第二一四五号）。

第一審（東京地判平成二年一〇月二五日判例時報一三八八号八〇頁）は次のように判決した。

「振込における受取人と被仕向銀行との関係は、両者間の預金契約により、あらかじめ包括的に、被仕向銀行が為替による振込金等の受入れを承諾し、受入れの都度当該振込金を受取人のため、その預金口座に入金し、かつ、受取人もこの入金の受入れを承諾してこれについて預金債権を成立させる意思表示をしているものであり、右契約は、準委任契約と消費寄託契約の複合的契約であると解される。

ここで、両者が、預金債権を成立させることにつき事前に合意しているものは、受取人との間で取引上の原因関係のある者の振込依頼に基づき仕向銀行から振り込まれてきた振込金等に限られると解するのが相当である。正常な取引通念、当事者の合理的意思に合致すると思われるからである。

本件では、Xと「D」との間に右取引上の原因関係がないことは明らかであるから、本件振込金について「D」と前記銀行との間では預金契約は締結されていないことになる。

本件振込金は、「D」が、前記銀行から、預金として払戻を受ける前であれば、「D」の右銀行に対する他の預金との分別が実質的には可能である。

後記目録記載の債権は、「D」が前記銀行に対して持っている預金債権の中から本件振込金に関する部分を実質的に分別したものと認められるので、前記理由により、預金債権としては有効に成立していないから、外観上は存在するが、実際には、存在していないものである。

不当利得制度の趣旨を考えた場合、Xは、「D」が払戻を受ける前であれば、本件振込金の所有者である前記銀行に対して、払戻の後であれば、「D」に対して、振込金と同額の金銭の返還を請求できると解するのが相当である。

本件振込金は、寄託者がいないのに前記銀行において寄託物と扱われているものであるから、その価値の保留を右銀行（「D」が払戻を受けているときは「D」）に許すことは、法律上の理念より生ずる公平の理想に反することになるからである。

本件強制執行の目的物は、後記目録記載の債権であるところ、前記のようにこの債権は実存しないものであるから、Xは、これについて「その譲渡又は引渡しを妨げる権利を有する第三者」（民執法三八条）であると直接的にはいえないかも知れないが、本件のように目的物そのものが実存しない場合には、右目的物に準ずるものとでもいうべき本件振込金につきこれと同額の金員の返還請求権を有しているのであるから、これを根拠に、右条文を類推して、右第三者に当たると解することができる。

存在しない債権が差し押さえられているという外観を取り除くため、そしてこの外観を放置することにより今後発生が予想される複雑な法律関係を未然に防止するために、Xに第三者異議を認めることは有益である。

以上の理由により、XのYに対する本件第三者異議の訴えを認容することにした。」

X勝訴。Y控訴。

第二審（東京高判平成三年一一月二八日判例時報一四一四号五一頁）は次のように判決した。

「一　振込依頼の錯誤無効について
前記の事実によれば、XはE（G）銀行に対し、Aに賃料等を送金する意思で誤ってDへの送金手続を依頼したものであるから、Xの振込依頼には要素の錯誤があったというべきである。

しかし、右錯誤は、Xの一方的かつ単純な過失により生じたもので、Xが従前から支払方法として銀行振込を利用していたことに照らし、著しく注意を欠いたものといわざるを得ず、Xに重大な過失があると認めるのが相当である。

Xの錯誤の主張は理由がない。
二　原因関係の不存在による預金債権の不成立について
振込金について銀行が受取人の預金口座に入金記帳することにより、受取人の預金債権が成立するのは、受取人と銀行との間で締結されている預金取引契約に基づくものである。

振込金による預金債権が有効に成立するために、受取人と振込依頼人との間において当該振込金を受け取る正当な原因関係が存在することを必要とするか否かも、右預金取引契約の定めるところによるべきであるが、振込が原因関係を決済するための支払手段であることに鑑みると、特段の定めがない限り、基本的にはこれを必要とすると解するのが相当である。

この点は、他銀行にある受取人口座への振込の場合であると、本件のように同一銀行他店舗にある受取人口座への振込の場合であるとによって、異なるところはない。もっとも、現代における振込は、現金に代わる簡便な支払方法として日常的に大量かつ迅速に行われているから、原因関係を欠くとされる場合を広く認めるときは、振込取引の機能を損なうおそれがある。

しかし、本件の振込は、前記のとおりの明白、形式的な手違いによる誤振込であり、このような振込についてまで、誤って受取人とされたDのために預金債権が成立するとすることは、著しく公平の観念に反するものであり、通常の預金取引契約の合理的解釈とはいいがたい。

したがって、他に特別の事情の認められない本件においては、DのE（F）銀行に対する本件預金債権は成立していないというべきである。

三　本件差押えとXの第三者異議について

右のとおり、DはE（F）銀行に対して本件預金債権を取得していない。Xの振込金がDの預金口座に入金記帳され、その金銭価値がDに帰属しているように取り扱われていても、実質的には、右金銭価値は、なおXに帰属しているものというべきである。

しかるに、Xに帰属している右金銭価値が、外観上存在する本件預金債権に対する差押えにより、あたかもDの責任財産を構成するものとして取り扱われる結果となっているのであるから、Xは、右金銭価値の実質的帰属者たる地位に基づき、これを保全するため、本件預金債権そのものが実体上自己に帰属している場合と同様に、右預金債権に対する差押えの排除を求めることができると解すべきである。

なお、Xは、Dに対して取得する不当利得返還請求権に基づいて右と同一の結論を主張するが、実質的にはXに帰属する金銭価値に基づく異議権の主張と異なるところはない。」

X勝訴、Y上告。

二【判旨】「1　振込依頼人から受取人の銀行の普通預金口座に振込みがあったときは、振込依頼人と受取人との間に振込みの原因となる法律関係が存在するか否かにかかわらず、受取人と銀行との間に振込金額相当の普通預金契約が成立し、受取人が銀行に対して右金額相当の普通預金債権を取得するものと解するのが相当である。けだし、前記普通預金規定には、振込みがあった場合にはこれを預金口座に受け入れるという趣旨の定めがあるだけで、受取人と銀行との間の普通預金契約の成否を振込依頼人と受取人との間の振込みの原因となる法律関係の有無に懸からせていることをうかがわせる定めは置かれていないし、振込みは、銀行間及び銀行店舗間の送金手続を通して安全、安価、迅速に資金を移動する手段であって、多数かつ多額の資金移動を円滑に処理するため、その仲介に当たる銀行が各資金移動の原因となる法律関係の存否、内容等を関知することなくこれを遂行する仕組みが採られているからである。
2　また、振込依頼人と受取人との間に振込みの原因となる法律関係が存在しないにかかわらず、振込みによって受取人が振込金額相当の預金債権を取得したときは、振込依頼人は、受取人に対し、右同額の不当利得返還請求権を有することがあるにとどまり、右預金債権の譲渡を妨げる権利を取得するわけではないから、受取人の債権者がした右預金債権に対する強制執行の不許を求めることはできないというべきである。
3　これを本件についてみるに、前記事実関係の下では、Dは、E（F）銀行に対し、本件振込みに係る普通預金債権を取得したものというべきである。そして、振込依頼人であるXと受取人であるDとの間に本件振込みの原因となる法律関係は何ら存在しなかったとしても、Xは、Dに対し、右同額の不当利得返還請求権を取得し得るにとどまり、本件預金債権の譲渡を妨げる権利を有するとはいえないから、本件預金債権に対してされた強制執行の不許を求めることはできない。

そうすると、右と異なる原審の判断には、法令の解釈適用を誤った違法があり、右違法が判決の結論に影響を及ぼすことは明らかであるから、その趣旨をいう論旨は理由があり、原判決は破棄を免れない。そして、以上に判示したところによれば、Xの本件請求は理由がないから、右請求を認容した第一審判決を取り消し、これを棄却すべきものである。」（裁判官全員一致。河合伸一、大西勝也、根岸重治、福田博）
〔第三者異議上告事件、最高裁平成四(オ)四一三号、平成八年四月二六日二小法廷判決、破棄自判、民集五〇巻五号一二六七頁、判例時報一五六七号八九頁〕

三【研究】１　(1)　本件において、第一審、第二審、第三審共に、DのE（F）に対する預金債権の成立不成立を、Xの錯誤とは別に、DとE（F）の普通預金取引契約の「解釈」によって、その決着をはかった（滝沢昌彦・ジュリスト一〇一八号一九九三年一二〇頁）。すなわち、第一、二審はDとXの間に原因関係あるときのみ右預金債権が成立するというのが右契約の合理的（意思）解釈であるとしてXを勝訴させ、第三審はDとXの間に原因関係がなくても預金債権が成立するというのが右契約の「相当」な解釈であるとしてXを敗訴させた。この第一、二審の考えは、これまでの下級審判決に見られたものであり、例えば、名古屋高判昭和五一年一月二八日金法七九五・四四（Aが、Y銀行名古屋支店にある「豊和工業」の当座預金への振込を、Y銀行本店に依頼したが、Aが「豊和産業」と表示した為、為替オンラインで、名古屋支店は「ホウワサンギョウ」と受信し、名古屋支店では「朋和産業」と誤解して、その普通預金口座へ入金記帳し入金案内したところ、朋和産業の債権者Xが右預金債権の差押・転付命令をもって、Yに預金の支払を請求した事件。第一審の東京地判昭和四九年七月五日昭和四八年(ワ)第一五号は、Aの振込でYと「朋和」との間に預金債権が成立することはないとしてXの請求棄却）は、「被仕向銀行と受取人の関係は、両者間になされた普通預金に関する約款（普通預金規定）があり」「前認定の約款により、受取人は被仕向店の受け入れた振込金について、予めなされた包括的な承諾によりこれを受け入れ、預金債権を成立させるのであるが、右約款上の受け入れ承諾の意思は、客観的にも実質上正当な受取人と指定される取引上の原因関係の存在を当然の前提としているものと解され、右正当な受取人に対してでない振込の場合まで、預金として受け入れる意思があると認めることはできない。正常な取引通念に照らしても、当事者の通常の意思を右の如く解するのが相当であるからである」として、Xの請求を棄却した。(3) さらに鹿児島地判平成元年一一月二七日金法一二五五・三二（XはZ銀行にあるAの口座に振り込もうとしたが、Xの誤記によって、Y銀行にあるBの口座に振込手続がなされ、被仕向銀行Yは、入金記帳後、Bに対する回収不能債権と右振込金を相殺したので、XがYに不当利得返還請求をした事件）は「当事者双方の合理的な意思から　して」「事前の包括的な消費寄託契約の意思表示は、無限定のものではなく、客観的に実質上正当な振込金の受取人と指定されるべき、取引上の原因関係の存在を前提としているものと解するべきであり、従って、そのような原因関係を欠く、いわゆる誤振込金については、右の事前の包括的な意思表示には含まれず、その預金債権とはならないものと言わなければならない」と判示して、Xを勝訴させた。
(2)　ところで、凡そ「法律行為の解釈」については、かつての通説は表示行為から客観的効果意思を明らかにすることである（内心的効果意思を問題としない）とする客観主義（表示主義）を採用していたが（我妻栄『新訂民法総則』一九六五年二四九頁）、近時は内心的効果意思こそを明らかにすることであるとする主観主義（意思主義）が抬頭し（石田穣『民法総則』一九九二年二六五頁）、標準的教科書においても「解釈」の第一義は当事者の付与した「主観的意味」の確定であるとするようになっている（四宮和夫『民法総則第四版補正版』一九九六年一四八頁、四宮和夫＝能見善久『民法総則第八版』二〇一〇年一八六頁）。前者が高度成長経済に役立つ取引安全ないし動的安全優先の思想であり、後者はそれに対する反省にもとづく静的安全優先の思想であることは容易に理解し得よう（なお、内田貴『民法Ｉ〔第3版〕』二〇〇五年二六四頁では、両者の対立は実質的に大差ないとするが、問題はその思想的背景の差であると考える）。ところで、本件において、ＤとＥ（Ｆ）の内心的効果意思（主観的意味）を探求すれば、それは第一、二審のいう通りであろうし（ＤもＥ（Ｆ）も共に正常な取引人であろうから）[4]、他方、表示行為からの客観的意味を探究すれば、それは第三審のいう通りであろう[5]。ここで理解し得ることは、「契約」の解釈という手続の下に、ＤとＥ（Ｆ）の意思表示によって設定されたＤとＥ（Ｆ）間の法規範（普通預金取引契約はＤとＥ（Ｆ）の間では法規範となる）の意味を、裁判官が自己の価値判断をもって決定したということである。その価値判断とは、第一、二審においては具体的行為の変則性（原因関係がないのに預金債権を成立させることの不当性）を重視したことであり、第三審においては振込制度の簡易迅速性を重視したことである。したがって、銀行実務家側からすれば、第三審の立場は歓迎すべきものとして受容されるところであろう[6]（石井真司・金法一四六一号一九九六年四頁、川田悦男・金法一三二四号一九九二年四頁、鈴木正和・判タ八四一号一九九四年四四頁、同手形研究一九九四年四九六号一二頁、四九七号二二頁）。しかし、第一、二審を支持する法律家も少なくない（塩崎勤・金法一二九九号一九九一年一一頁、同・銀行法務五二三号一九九六年四頁、木南敦・金法一三〇四号一九九一年七頁、山田誠一・金法一三二五号一九九二年二五頁、西尾信一・判タ七七七号一九九二年八五頁、渡辺隆生・金法一三四五号一九九三年一五頁、牧野英之・判タ八二一号一九九三年六四頁。なお、関沢正彦・金法一〇七八号一九八五年一七（二五）頁も名古屋高判昭和五一年一月二八日金法七九五号四四頁に賛成している）。正に天下を二分して、その勢力は相拮抗しているといえよう。すなわち、どちらにも言分があり決着は付けられないのではなかろうか。すなわち、「契約の解釈」という手段では、本件の解決は図れないのではなかろうか（牧山市治・金法一二六七号一九九〇年一八頁も契約の意思解釈による解決に疑問を呈している。なお、牧山市治・金法一四六七号一九九六年一二頁）。唯、Yの「棚ぼた」（岩原伸作・金法一四六〇号一九九六年一四頁）が不当であることは、第三審判決に賛成する論者にあっても認めるわけであり（例えば、石井真司・金法一四六一号一九九六年五頁。野村豊弘・金融商事判例九九九号一九九六年二頁は救済案として、最判昭和四九年九月二六日民集二八巻六号一二四三頁を引用して、Yに対するXの不当利得返還請求権の可能性を示唆する。）、とすれば、本件においては、むしろXを救済する方向で、しかも、「契約の解釈」という手段を用いないで解決するのが妥当ではなかろうか。
(3) なお、本件について、Dの預金債権の成否が問題でなく、金銭の物権的価値返還請求権（価値の rei vindicatio）がいつまで存続するかが問題となっているとする考えがある（花本広志・法学セミナー五〇二号一九九六年八八頁）。しかし、Dの預金債権が成立すれば価値所有権によっては振込金返還請求はできないのであって（すなわち、Dは正当な権利者であって騙取者でない）、矢張り、Dの預金債権の成否が重要なのではなかろうか（田中裕康・法学教室一九四号一九九六年一三一頁がDの預金が成立してもXはYに優先するというのも疑問である）。また、Dの預金債権不成立の場合に本件と騙取金銭による弁済とは利益状況を同じくするという考えがある（伊藤寿英・金融商事判例一〇〇一号一九九六年四三頁）。しかし、弁済（民執第一五五条）と差押え（民執第一四五条）とは異なるのであり（民執第三八条第四項。本件においても執行停止が命じられている）、騙取金銭による弁済の場合はYは既に金銭による弁済を受けているのであって、XがYに対して不当利得返還請求権を有するかという問題であり、本件ではDの預金債権不成立の場合には、Xは、Yでなく、E（F）に不当利得返還請求権を有するのであって、利益状況は同じでないと考える。

2 (1) そこで、他の解決方法を考察する為に、まず、振込取引の法的構造について考察しておく。それは、左図の如くに重層構造を成している。

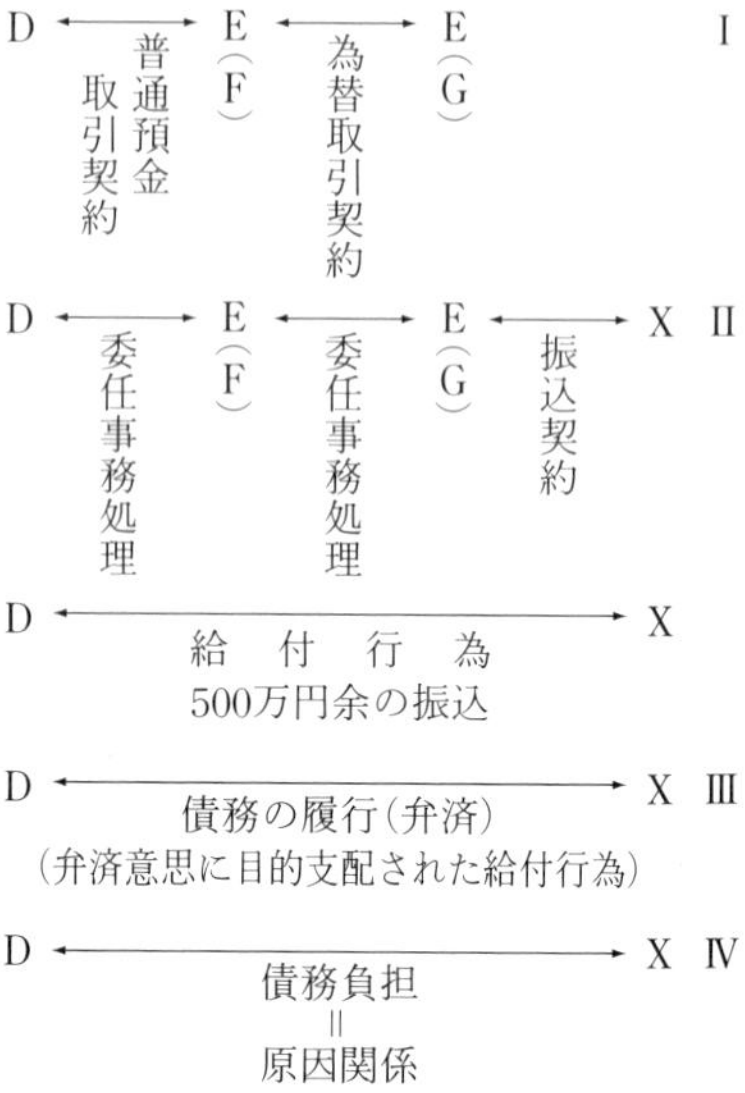

ステージⅠは、具体的な振込取引以前の関係である。E（G）とE（F）[8]、すなわち仕向銀行となるべき法人と被仕向銀行となるべき法人の間では、為替取引契約が結ばれている（前田達明「振込」加藤一郎・林良平・河本一郎『銀行取引法講座上』一九七六年二九八頁）。その法的性格は、「受取人の預金口座に振込金額の入金を委託する委任行為である」と銀行実務家の間では理解されている（金融財政事情研究会編『銀行窓口の法務対策二五〇〇講上』一九九三年四〇五頁）[9]。ステージⅠにおいて、振込に関しては、E（F）と預金取引契約を結んだ人への振込依頼をE（G）が将来に受けたときE（F）が預金者と消費寄託契約（菅原胞治・銀行法務五一五号一九九六年三五頁）をなすことを、E（G）がE（F）に委託しE（F）がこれを承諾する（民法第六四三条）という契約とみるべきであろう。さらに、ステージⅠにおけるE（F）とDの関係は普通預金取引契約（普通預金規定）が結ばれている[10]。すなわち、E（F）がD名義の口座への振込依頼を受けたときはそれをD名義の口座に入金してE（F）が同額のD名義の預金債務（預金債権）を成立させる（法律行為）ということを、DがE（F）に委託しE（F）がそれを承諾する（民法第六四三条）という契約とみるべきであろう。
(2)　次に、ステージⅡは、具体的な振込である。XはE（G）に、五〇〇万円余の現金を手渡し、振込依頼書にE（F）にあるDの口座へ振り込むことを委託し、E（G）がそれを承諾する。これを法的に見れば、XはE（G）に対し、E（F）が預金者と具体的な消費寄託契約を締結する意思表示をしてD名義の預金債権（消費寄託物返還

請求権）を成立させることを、Ｅ（Ｇ）がＥ（Ｆ）に申し込む意思を表示するように委託するものである。Ｅ（Ｇ）は、このＸの依頼書（右の委任契約の申込の意思表示）を受け付けることによって、承諾の意思表示をしたことになり、Ｅ（Ｆ）が預金者と消費寄託契約を締結するための「要物性」要件を充足するのに要する資金たる五〇〇万円余の金員を受け取り（ＸとＥ（Ｇ）の物権契約）、Ｅ（Ｆ）への振込通知（預金者と具体的消費寄託契約を締結することの依頼の意思表示）と資金の移動（決済）が行なわれ、Ｅ（Ｆ）は、ステージⅠの契約にもとづいて、右振込通知と資金移動（決済）を受けて「入金記帳」し、Ｅ（Ｆ）と預金者の間に五〇〇万円余の消費寄託契約が締結され、Ｄ名義の預金債権が成立する。なお、資金移動（決済）前に「入金記帳」されることがある場合は（菅原胞治・金法一三五八号一九九三年四六頁）、要物性理論からいって、停止条件付消費寄託契約の成立と解すべきで、資金移動（決済）によってその条件が成就するとみるべきである。

ところで、このような振込がなされたのは、ＸがＤに五〇〇万円余の債務を負っていたのであり（本件では、負っていないのであるが、まず、一般論として、そのように仮定しておく）、したがって、この振込は、その給付（行為）である。
(3)　そして、その給付（行為）によって、ＸのＤへの債務が消滅するためには、それが「弁済」[11]と認められることが必要であり、それには、Ｘの「弁済意思」（すなわち当該行為をＸがＤに負っている「債務」の履行のためという認容の下に目的支配する意思）が必要なのである（前田達明『口述債権総論第三版』一九九三年四三七頁）。これがステージⅢの問題である。
(4)　そして、ＸがＤに債務を負っているという事実が「原因関係」（Kausalgeschäft）と呼ばれるものであり、これがステージⅣの問題である。

3　(1)　そして、本件のXの誤振込は、ステージⅡで発生したものである。すなわち給付行為たる振込行為そのものの表示上の錯誤である（最判昭和五四年九月六日民集三三巻五号六三〇頁。四宮和夫『民法総則第四版補正版』一九六年一七六頁、四宮和夫＝能見善久『民法総則第八版』二〇一〇年二二二頁）。したがって、XとE（G）間の契約において、それは「動機の錯誤」ではなく、Xの振込依頼の意思表示が表示上の錯誤で無効となれば（民法第九五条本文）、XとE（G）の契約も無効となり[12]、E（G）のその委任契約上の債務は不成立となり、E（G）からE（F）への委任事務処理も無効となり（不成立の債務の履行行為なのだから）、したがって、その無効の委託事務処理にもとづくE（F）からDへの委任事務処理、すなわちE（F）と預金者による消費寄託契約も無効でD名義の預金債権は不成立ということになる（牧山市治・金法一二六七号一九九〇年一六頁）。もっとも、E（F）と預金者の消費寄託契約にとってXの錯誤は「動機の錯誤」であるとも考えられるという批判については、E（G）が復委任の受任者の地位に過ぎないという反論もあるが（筆者は後述の如く復委任でないと考えている）、仮に動機の錯誤としても表示されているわけであり、（E（F）に対してもXのDへの五〇〇万円余の振込という表示がなされ、その表示についての錯誤である）、動機も表示されていれば、要素の錯誤となるというのが判例（大判大正三年一二月一五日民録二〇輯一一〇一頁、大判大正六年二月二四日民録二三輯二八四頁）であると反論し得よう。
もっとも、このような約款においては、民法第九五条の適用そのものが排除されるという考えもあり得るかもしれない。しかし、民法総則の法律行為についての本規定は、当事者の利益衡量からいっても、私的自治原則（意思自治原則）からいっても、「強行法規」と解すべきと考える[13]。
(2)　そして次に、Xの誤記は「重大な過失」（民法第九五条但書）かということが問題となる。一般に、「重大な過失」は「通常の過失（軽過失）と区別される。すなわち表意者の職業・行為の種類・対象等からみて、注意義務を欠く程度がいちじるしいことをいう」（傍点筆者）とされている（川島武宜＝平井宣雄編『新版注釈民法（３）』二〇〇三年四一八頁（川井健））。確かに、本件において、Xは、例えば、「東辰」を「カ）トウシン（ヤヌシ）」などとして区別すべきであって、「東辰」と「透信」を共に「カ）トウシン」としてコンピューターに入れたのは、過失があったといえよう。しかし、銀行実務家でも法律家でもないXにとって、それは「いちじるしい」注意の欠缺といえるのであろうか。実は、振込取引の専門家である銀行実務家でさえ誤入金をすることは避けられないのが実状[14]であり（金融財政事情研究会編『銀行窓口の法務対策二五〇〇講上』一九九三年四〇九頁は、「口座相違の危険は常にある」と述べている）、本件の場合に、Xに対して「いちじるしい」注意の欠缺というのは酷ではなかろうか（木南敦・金法一四五五号一九九六年一八頁も重過失について第二審のように「評価するだけでは片付かない場合がある」とする。牧山市治・金法一四六七号一九九六年一二（一七）頁も「これが重大な過失に当たるものと評価すべきかどうかきわめて微妙である」とする）。筆者としては、東京地判昭和三三年八月二二日判例時報一六三号一七七頁や横浜地判平成元年七月一三日判例時報一三三七号八一頁と比較しても、せいぜいXには「軽過失」[15]があるという程度であろうと思量する。さらに、そもそも、本件のように「Yに回収を許すことは、振込依頼の際に手違いを犯したXに犠牲を強いることになる」わけで「Xにその手違いの帰結としてここまで犠牲を甘受するよう求めることに対して、Xの払う犠牲がその手違いに比べて過大であると論じることができる」（木南敦・金法一三〇四号一九九一年九頁）場合には、Yに重過失の抗弁を認めない（民法第九五条但書の適用排除）という利益衡量も可能であると考える。[16]
(3) しかし、もし、本件において、民法第九五条但書の適用を排除できず、第二審判決のいう如くXに重過失ありとすれば、D名義の預金債権は成立することになる。しかし、その預金債権がDに帰属するか否かは別問題である。正に、菅原胞治・金法一三六三号一九九三年二七頁が指摘するように、右の場合、D名義の預金債権が成立するとしても、その預金債権はDに帰属しないのである。その理由は次の通りである。すなわち、預金債権という金銭債権は債権の中で最も債権らしい債権として、最早「人（債権者）と人（債権者）を結ぶ法鎖」といった法観念から離れて「所有権」などと同じく一つの「財産権」として把握されるべきものであり（於保不二雄『債権総論〔新版〕』一九七二年「旧版はしがき」）、ここに債権の成立と帰属という二つの観念が区別される基盤がある。そして、本件において、成立したD名義の預金債権をDに帰属させるというXの意思は（私的自治原則から、財産権の移転には、当然、その意思が必要となる。例外、民法第八九六条など）、ステージⅢの問題であり、その意思とはXがDに債務を負担し（ステージⅣ）、その債務の弁済としてDに当該債権という財産権を帰属させるというXの目的意思、すなわち弁済意思なのである。それなくして、この預金債権はDに帰属しないのである。(17) それでは、成立したD名義の預金債権は誰に帰属するかといえば、これも菅原胞治・前掲論文の指摘する通り、出捐者たるXに帰属することになる（最判昭和三二年一二月一九日民集一一巻一三号二二七八頁、最判昭和三五年三月八日金法二四四号四頁、最判昭和四〇年一〇月二二日金法四二七号六頁、最判昭和四〇年一二月一〇日金法四三三号九頁、最判昭和四八年三月二七日民集二七巻二号三七六頁、最判昭和五二年八月九日民集三一巻四号七四二頁、最判昭和五三年二月二八日金法八五五号二七頁、最判昭和五三年五月一日本誌八九三号三一頁、最判昭和五七年三月三〇日金法九九二号三八頁、東京地判平成六年六月一五日金融商事判例九五四号二四頁など。なお、塩崎勤・金法一二九九号一九一一年一五頁、同・銀行法務五二三号一九九六年九頁）。

なお、注意すべきは、仮に振込に「無因的性質（ステージⅡとステージⅢ、Ⅳの切断）」を認めるとしても、(18) 本件は、振込行為そのものの錯誤（ステージⅡの錯誤）であって、前述の如く、ステージⅡでは民法第九五条を検討する必要があるということになる。
(4)　ちなみに、XがDに債務を負っており、その履行として五〇〇万円余を振り込んだが、実は、その債務が弁済済みなどの理由で既に消滅していたという場合はどうであろうか。この場合は、ステージⅡの給付行為は何ら意思の欠缺または瑕疵がなく有効であり、D名義の預金債権が成立する[19]。しかし、ステージⅢの「弁済意思」に錯誤があるのだから、民法第九五条本文で、その預金債権はDに帰属しない。しかし、仮に、この場合にも民法第九五条但書の適用が排除できず、またXに「重過失」ありとされれば、右預金債権はDに帰属することになる。したがって、XはDに不当利得返還請求権を取得することになる[20]（菅原胞治・金法一三六三号一九九三年二九頁）。

4 (1) 以上のことを前提として、本件の第三者異議訴訟について考察する。
まず、Xの錯誤の主張が認められれば（あるいは第一、二審のように契約解釈で）、D名義の預金債権は不成立となり、不成立の預金債権の差押えに対して、Xが第三者異議訴訟を申し立てられるかという問題が起こる。

第三者異議訴訟が、ある財産が債務者の責任財産に属するという「一応の外観」（例えば、債務者を債権者とする被差押債権が存在するという債権者の主張）が存在すれば適式に執行を開始し得るという「外観主義」（違法執行でない）とその対象をめぐる真実の権利関係が「くい違う」場合に、それを是正するための制度であり（三ヶ月章「民事執行法」一九八一年一三八頁）、したがって、その制度的使命は、強制執行の対象面（責任財産）での正当性を保障するために、執行の対第三者関係における実体的適否を判決手続で確定し、その結論を執行手続に反映させることにあるとされる（竹下守夫「第三者異議訴訟の構造」法曹時報二九巻五号一九七七年七四三頁）。したがって、その訴訟物は「債務名義に記載された請求権の実現のため、当該目的物に対してなされた強制執行が原告に対する関係で、実体法上違法であるとの主張」ということになる（竹下守夫・前掲論文七六九頁。同旨、中野貞一郎『民事執行法〔増補新訂六版〕』二〇一〇年三〇一頁）。ところで、本件では、Xは、D名義の預金債権の上に同額の仮差押えをし、Yがその上に同額の差押えをしている。そこで、E（F）がD名義と同額の金額を執行供託していた（民執第一五六条第二項。松浦馨・三宅弘人編『民事保全法』一九九三年二六八頁）。この場合に、もし、D名義の債権が不成立であるとすれば、XのE（F）に対する不当利得返還請求権保全の為の仮差押えとなり、この不当利得返還請求権は「取戻請求権（Herausgabeanspruch）」（三ヶ月章「特定物引渡訴訟における占有承継人の地位」『民訴研究Ⅰ』一九六二年二八五（二九九）頁）と構成されるべきで、それは、近時の有力説たる「金銭の物権的価値返還請求権」の思考に合致する（好美清光・金融商事判例七三号一九七六年二頁、同・一橋論叢九五巻一号一九八六年一二頁、四宮和夫「物権的価値返還請求権について」川島武宜ほか編『私法学の新たな展開・我妻栄先生追悼論文集』一九七五年一八三頁、松岡久和「債権的価値帰属権についての予備的考察」龍谷大学社会科学年報一六号一九八六年六八頁）。したがって、Xの右不当利得返還請求権は民執第三八条の「強制執行の目的物について」「目的物の譲渡または引渡を妨げる権利」といえよう（三ヶ月章『民事執行法』一九八一年一四七頁）。そして、Yの差し押えたD名義の預金債権は不存在なのであるから、Xはその侵害を忍受すべき理由はなく、差押えは実体法上違法であり、「不当執行」として排除すべきで、第三者異議訴訟は認容されることになる。
(2)　次に、仮に、民法第九五条但書の適用が排除されず、またXに重過失ありとされて、D名義の預金債権は成立するがDに帰属しないとすれば（したがって、その預金債権は出捐者たる預金者Xに帰属する）、XはE（F）に対する預金債権（の払戻請求権）を民執第三五条の「妨げる権利」として第三者異議訴訟を提起し得、Dに帰属していない預金債権をYは差し押えたわけであるから、それは、実体法上違法であり、したがって、第三者異議訴訟は認容されるというべきであろう[21]（鈴木忠一＝三ヶ月章編『注解民事執行法（1）』一九八四年六七八頁）。

（1）　本件第二審判決の判例時報掲載の評釈（西澤宗英・判例時報一四三六号一九九三年一八九頁（判例評論四〇七号三五頁））と合せて読まれる読者の便宜のために、当事者の略号を右評釈と同一にした。唯、Xが振込依頼をした銀行（仕向銀行）は、E銀行F支店と同一銀行別支店であるので、E銀行G支店とした。
(2) したがって、Xとしては「救済手段があるのに、これに気づかなかったとか、これをしなかった」(後藤紀一・金法一四五五号一九九六年二四頁)わけではない。
(3) 本件について「名古屋高判の判決理由のどこを読んでも錯誤による振込の無効という言葉を使っていないのであり、なぜ本件を(岩原紳作・前田達明らが)振込の錯誤の事例と解したか私にはよく理解できない」という疑問が提起されている(後藤紀一・金法一二六九号一九九〇年一七頁(注(9))。確かに、判決理由では契約解釈のみによる解決を図っている(むしろXが、錯誤無効による原状回復請求権はXに対抗できないと主張している)が、しかし、「工」と「産」は、本文で述べる如く、錯誤の典型例たる「表示上の錯誤」(四宮和夫『民法総則第四版補正版』一九九六年一七六頁、四宮和夫＝能見善久『民法総則第八版』二〇一〇年二二二頁)であって、民法第九五条の問題であり、入金記帳ミス(これも被仕向店の錯誤である。)も重なっているが、振込依頼人が「豊和工業」を「豊和産業」と誤記したこと(振込依頼人の表示上の錯誤)が、事件の発端であることに変わりはない(後藤紀一・金法一三〇〇号一九九一年五頁)。
(4) さらに、仕向銀行の誤発信については、受取人の承諾なしに入金記帳が取り消せるという約款の規定は(普通預金規定第三条第二項)、E(F)も第一、二審のいう如き「意思」を有しているとも考え得る傍証といえよう。
(5) なお、E(F)としては原因関係とは無関係に入金記帳によって預金が成立すると考えるのが常識的であり、受取人側においても原因関係の存否と預金の成否を連動させる意思があるといいきるわけにはいかないという指摘も、一面の真理をついていると思われる(後藤紀一・金法一三九三号一九九四年二五頁)。正に意思解釈のむつかしさを示すものである。
(6) 他にも、後藤紀一・金法一四五五号一九九六年二〇頁、大西武士・判タ九一八号一九九六年一四頁が第三審判決に賛成。なお、第一、二審のような結論は、金融機関として、「安全・確実・迅速な為替取引システムを円滑に行う」という「固有の利害」に配慮がなされていないとする見解もあるが(金法一四五一号一九九六年一頁)、そこで指摘された問題点の殆どは、仕向銀行の誤発信にもとづく入金記帳取消(当座勘定規定第三条第二項、普通預金規定同条同項)の場合においても発生することであり、振込依頼人の場合にのみ問題視するのは疑問である。また入金記帳前に振込依頼人から、組戻によらず、直接被仕向銀行に誤振込の申し出がなされた場合は、振込契約上、組戻によることが商慣習法上（商法第一条）定まっていることをもって、被仕向銀行は申し出に応ずる必要はないであろう。さらに、鈴木正和・判タ七四六号一九九一年一〇三頁は第一審判決に反対して、「銀行として振込による入金について、それが何時振込依頼人の気持ちの変化から、一旦振込手続きを完了したものを、何日も経過してから『あれは勘違いで振込をしてしまった』といって、入金を取り消されたのでは銀行の振込取引は安心して扱えないことになるのである」とするが、すでに指摘されているように（中田裕康・法学教室一九四号一九九六年一三一頁）、仕向銀行の「誤発信等」については入金受取人の承諾なしに入金を取り消せるわけであり説得力を欠く。

さらに、第三審の結論を「相殺」にまで拡げること（鈴木正和・判タ七四六号一九九一年一〇四頁）については銀行実務家においても批判がある。すなわち、「誤振込によって成立した預金債権を受働債権とし、回収不能とみられていた受取人に対する貸付債権を自働債権として被仕向銀行が相殺することができるという屁理屈も出てこないとも限らない」（石井真司・金法一四六一号一九九六年五頁。傍点筆者。しかし、正に、第三審判決の論理によれば、この「屁理屈」を封ずることは困難である。なぜなら、限定なく一般論として「無因論」を展開しているのだから）とする。
（7）塩崎勤・銀行法務五二三号一九九六年四頁は、第三審判決を評して、「誤振込」のような「例外的・病理的ケースについては」、普通預金「規定」や当座勘定「規定」に「特に定めがされていないとみるのが規定の率直な解釈ではないかと思われる」とする。すなわち、右「規定」からの解釈（したがって「法律行為」の解釈）から、本件の解決は導けないということであろう。
（8）本件では、共に同一銀行の支店間取引であり、別銀行間の取引とは異なるが（木南敦・金法一三〇四号一九九一年一〇頁）、一般論ということで、別銀行として議論を進める。
（9）もっとも、仕向銀行と被仕向銀行のステージⅠでの関係は、「内国為替運営機構」に加盟することに始まるから、「法人格なき社団」契約（大西武士・判タ九一八号一九九六年一七頁）を締結したことになり、その契約内容は、内国為替運営規約、内国為替取扱規則、全銀システム利用規則による。しかし、それはあくまで「ステージⅠ」の問題であることに注意すべきである。

（10） 勿論、一般には当座勘定取引契約（当座勘定規定）の場合もあるが、本件では普通預金取引契約である。そして、両方共に、委任と消費寄託という法的性格をもつといえよう。なお、被仕向銀行の行為（入金記帳）は「法律行為的には一方的債務負担と解するほかないであろう」とする見解（木内宜彦「金融法」一九八九年三三五頁）がある。誠に魅力的であるが、それでは「消費寄託契約」（資金について）上の「消費寄託物返還請求権」との関係はどのように解されるのであろうか（資金は、一方的債務負担行為の対価?）。現在は、筆者も、矢張り、預金者との消費寄託契約にもとづく預金債務の負担であると解しておく（一般に、振込によって預金債権が成立すると考えている）。
（11） 厳密にいえば、預金債権による「代物弁済（契約）」ということになろう（菅原胞治・金法一三六〇号一九九三年二四頁、同・銀行法務五一五号一九九六年三二頁）。すなわち、振込依頼人と受取人の「弁済に代えて」預金債権を取得する意思の合致（契約）であり（前田達明『口述債権総論第三版』一九九三年四八七頁）、前者の意思は振込依頼書に表示されており、後者の意思は振込依頼人に自己の口座を知らせるなどの行為に表示されている。
（12） 受取人が誰かということは「要素の錯誤」であることは異論ないであろう（野村豊弘・金法一四五五号一九九六年二二頁）。
（13） 岩原紳作・NBL三八五号一九八七年一四（二〇）頁。なお、北川善太郎編『コンピュータシステムと取引法』一九八七年（磯村保）八七頁は、民法第九五条について、「民法の原則がこのようなものである場合に、たとえば約款を利用して錯誤無効の主張を排除しうるかは疑問である。すでに見たように、民法の定める諸原則は、当事者間の利害の公平な調整基準として捉えられるものであり、意思表示の効力に関する規定は、意思表示者がどのような場合にその拘束を受けるべきであり、どのような場合にその拘束から解放されるかを定めるものである。このような帰責基準を、当事者の自由な交渉が存在しないところにおいて、一方的に約款で変更し、これと異なる基準を設定いることは、利用者の本来享受しうる保護を不当に制約するものである。
錯誤主張を過失ある者にも認めることは、システム契約の円滑な展開を妨げるものである、という反論は当然予想される。実際に、普通取引約款を利用した大量取引について、この規定の適用を排除すべきものとする見解も有力に主張されている。しかし、画一的な取引の必要性は、個別的な利用者の保護を当然に捨象することを正当化するものではなく、そのようなトラブル発生を可及的に防止する努力をなすべきであるとともに、なお生じうる錯誤については、むしろその保護をシステムに内在するリスクとして考慮したうえで、システム導入の採否を判断すべきものといえる。」とし、民法第九五条但書について「キー操作の最後に「これでよいか?」という確認のメッセージが現れて、そのうえで確認のキーを押すような場合には、それでもなおキー操作を誤った場合には「重大な過失」があったといえるかもしれない。しかし、すでに正しくキー操作をなしたと信じている利用者にとっては、このような確認を特に注意してなすものではないとも考えられる。重大な過失の有無は、むしろこのような確認メッセージの存否ではなく、キー操作そのものの容易さ如何によって判断されるべきではないか。通常人なら間違える筈のない容易な操作であるにもかかわらず、これを誤る場合には重大な過失ありとして錯誤主張が封じられるとともに、錯誤の可能性がシステムへのアクセス方法自体に内在するものである場合には、操作の誤りをもって重大な過失と見ることはできないであろう。」とする。

ちなみに、ヨーロッパ契約法委員会のヨーロッパ契約法草案も、錯誤規定を強行法規とすることになっている（オル・ランドー「ヨーロッパ契約法の諸原則」（一九九六年一一月一八日京都大学における講演））。
（14）　誤入金についての銀行の自己防衛策として、平成七年一〇月から、当座・普通等関係預金規定ひな型が改正され、前述の如く、「この預金口座（当座勘定）への振込について、振込通知の発信金融機関から重複発信等の誤発信による取消通知があった場合には、払込金の入金記帳を取消します」（第三条第二項）と規定された。したがって受取人の承諾なしに入金記帳が取消せるわけである。もっとも本規定は、振込依頼人の「組戻」には適用がなく、振込依頼人の便宜のために本規定を流用することは「内為制度加盟銀行間の高度な信頼にもとることはもちろん、本制度自体が一般の理解を得られないことになろうから、とくに注意が必要である」と〞釘〞がさされている（川田悦男・金法一四三四号一九九五年四頁）。
（15）　Xに軽過失があり、銀行や受取人に損害があるときは、Xは契約締結上の過失として（契約責任として）損害賠償責任を負うと解するのが妥当である。賠償範囲は信頼利益に限らず、民法第四一六条に定める範囲と解し、相手方に錯誤について過失があれば、過失相殺（民法第四一八条）の対象となると解すべきである（石田穣『民法総則』一九九二年三五二頁）。四宮和夫『民法総則第四版補正版』一九九六年一八三頁（四宮和夫＝能見善久『民法総則第八版』二〇一〇年二三一頁）は、民法第七〇九条の不法行為（信頼利益の侵害）として、賠償責任を認める可能性を示唆しているが、取引法の問題は不法行為法よりも債務不履行法で処理すべきであるという利益衡量と、「信頼利益の侵害」という構成は権利侵害と損害の区別を不明確にするという観点から賛同できない。中松纓子「錯誤」星野英一編集代表『民法講座（1）』一九八四年四三八頁も表意者の軽過失による賠償責任肯定に積極的である。立法者もこの賠償責任を認めていた（民法主査会議事速記録六巻一一五頁）。なお、ド民第一二二条では、意思表示が無効ないし取り消されたとき表意者は信頼利益について無過失賠償責任を負うことになっている（Larenz, Allgemeiner Teil des deutschen Rechts, 7. Aufl., 1989, S. 387 は、純粋の信頼責任、表見責任であるとしている）。
（16）岩原紳作・金法一四六〇号一九九六年一五頁。例えば「相手方が悪意である場合には、九五条但書は適用すべきでない（学説判例）」（四宮和夫『民法総則第四版補正版』一九九六年一七八頁）というのも、民法第九五条但書の適用は表意者と相手方の利益衡量の問題であることを示している。秋山市治・金法一四六七号一九九六年一二（一七）頁も、受取人が悪意であるから民法第九五条但書の適用はないとする趣旨であろう。唯、このような局面で差押債権者が善意無過失の場合でも差押債権者に対して錯誤主張が許されるかという議論が残る（最判昭和五四・九・六民集三三・五・六三〇は、民法第九五条本文と悪意相手方の問題とも、同条但書と悪意相手方の問題とも構成し得るが、いずれにしても、当該相手方が悪意の場合である）。なお、前田達明「振込」加藤一郎・林良平・河本一郎編『銀行取引法講座上』一九七六年三二二頁注（4）参照。
（17）今井克典「振込システムの法的構成（一）〜（五）」名古屋大学法政論集第一六〇号一九九五年一頁以下によれば、振込システムは、「預金債権の移転」であるとする。誠に傾聴に価する見解である。したがって、振込意思とは、受取人名義の預金債権を成立させる意思（預金意思）ということになる。本件でいえば、Xにおいて錯誤なく真にDへ振り込むつもりであれば、振込人XがE（G）に振込依頼の意思をもって現金を交付し、E（G）がそれを受理することによって、XのE（G）に対する預金債権が成立し、それがXからの委任事務の処理として、文書（意思表示）と資金が被仕向銀行E（F）に移動することによってXの預金債権がYに移転する（今井克典論文によれば、Xの預金債権が消滅しDの預金債権が成立すると主張している）、ということになろう。この説と私見を接合すれば、Xの預金債権は成立するが、Xの錯誤によってDへ移転しない（今井克典・前掲論文（五）名法一六四号一九九六年三六五頁参照）、ということになろう。このような見解に対して、X「には預金の意思はないので、やや技巧的な感がある」という批判がある（中田裕康・法学教室一九四号一九九六年一三〇頁）。仮に、Xに預金意思がないとしても、民法第九五条但書の法律効果として、預金意思があるが如くに預金債権が成立するのであって、何ら「技巧的」ではない（法律上の当然の帰結である）。もし「技巧的」というならば、債権の発生と帰属の分離という点にあるかもしれないが、それも、本文に述べた如く、法理論上当然の帰結であって、「技巧的」というものでないと考える。
(18) 後藤紀一・金法一三九二号一九九四年三〇頁、金法一三九三号一九九四年二四（二五）頁。なお、前田達明「振込」加藤一郎・林良平・河本一郎編『銀行取引法講座上』一九七六年三一五頁（注一〇）に「元来、振込制度は、無益の送金制度であり」とあるのは「元来、振込制度は無因の送金制度であり」の誤植であり、お詫びし訂正するが、現在の私見は本文の如くに変更したい。
ところで、振込取引の「無因」的性質について、それは当事者の契約自由の原則を根拠に約款等で無因的法律関係を形成し得るという後藤紀一説に対して、ドイツにおいて「無因性原則」は法秩序自体が取引保護という公益のために特に定めたものであって、当事者の意思によって自由に処分できるものではないと解され、この問題は私的自治の適用されない範囲に属するものとする見解がある（伊藤寿英・金融商事判例一〇〇一号一九九六年五〇頁）。しかし、ドイツでの議論は、ド民第一三九条本文が法律行為の一部が無効のときはその全部を無効とすると定めていることをもって、原因関係が無効のときに給付行為も無効であるとして、実質的に無因性を排除することができるかということであって、かつてのドイツの判例通説はそれを肯定したが、現在はそれを否定しているというものであり（Flume, Allgemeiner Teil des Bürgerlichen Rechts, II., 1963, §12 III. 4., S.177f., Larenz, Allgemeiner Teil des deuchen Rechts, 7. Aufl., 1989, §23 II 9., S. 459., Baur = Sturner, Lehrbuch des Sachenrechts, 16. Aufl., 1992, §5 IV., S. 43ff. (48))、逆に「無因性」を付与することについては議論されておらず、それは公示性さえあれば（約款などは「公示性」ありといえよう、前田達明『口述債権総論第三版』一九九三年五〇〇頁）、私的自治の範囲といってよいのでなかろうか。もっとも、商法第一条を根拠とすることが、より妥当ではあろう。

(19) もっとも、銀行実務上は、ステージⅡの錯誤とステージⅢの錯誤を区別せず、むしろ銀行間決済手続の差によって、区別され、例えば、振込先金融機関名、店名、金額の誤記（ステージⅡの錯誤）も原因関係債務不存在の誤記（ステージⅢの錯誤）の場合も「組戻」であり、受取人名の誤記（ステージⅡの錯誤）は「訂正」とされている（松本貞男・手形研究四五四号一九九一年二一頁）。ところで、「組戻」の法的構成については次のように考えるのが妥当であろう。まず振込依頼人と仕向銀行の関係は委任関係であり、民法第六五一条で、委任事務着手後でも終了前ならば（我妻栄『債権各論中巻二』一九六二年六八九頁、幾代通＝広中俊雄「新版注釈民法（一六）」一九八九年二八一頁（明石三郎））何時でも「解除」（解約）可能である（振込依頼の意思表示を「撤回」し委任契約を「解約告知」する）。したがって、振込通知が被仕向銀行に到達する前（民法第九七条）ならば解約可能である。しかし、その後は、被仕向銀行は復受任者でないから（復委任という観念は、その委任事務内容が同一の場合に用いられるものであり、仕向銀行と被仕向銀行の委任事務内容は異なるから、ここにおいて復委任の観念は適当でない。来栖三郎『契約法』一九七四年五二三頁）、解約不可能である。唯、振込依頼人としては、受取人のために入金記帳されていないのに返還請求できないというのは不合理である。そこで、この場合は、仕向銀行が撤回の意思を被仕向銀行に表示することを委任し（入金記帳依頼の意思表示を「撤回」する新たな委任）、先に被仕向銀行の委任事務たる入金記帳がなされる前ならば（被仕向銀行の委任事務終了前）、仕向銀行が自らと被仕向銀行との委任を解約する（入金記帳依頼の意思表示を「撤回」し委任契約を「解約告知」する。民法第六五一条）という法的構成が妥当であろう（実務上、「組戻依頼書」に、「先方金融機関において組戻が可能な場合は、組戻していただきますようお願いいたします」とあるのは、そのように解すべきであろう）。
これを図示すれば次のようになる。
①振込通知到達前
振込依頼人
← 委任の解約（民法第六五一条）
仕向銀行

②振込通知到達後入金記帳前
振込依頼人
←　解約の委任（民法第六四三条）
仕向銀行
←　委任の解約（民法第六五一条）
被仕向銀行

なお、銀行側からは、「組戻」と「取消」は異なると主張されるかもしれないが（金法一二五三号一九九〇年三頁）、振込依頼人は勿論、受取人からすれば、どちらでも同じことであり、入金記帳前は、むしろ同様の扱いにするのが消費者保護の観点ではなかろうか。他方、入金記帳後はどうであろうか。西尾信一・金法一二五三号一九九〇年四頁は、振込依頼人の錯誤による入金記帳後は、「銀行としては完全に受任義務を終了していることを考慮して、振込人と被振込人の間だけでの解決方法を模索することはできないものであろうか」とする。傾聴すべき見解である。そして、本件の場合は銀行には供託という手段もあることだし、現に本件では、銀行は訴訟当事者になっていない。唯、鹿児島地判平成元年一一月二七日金法一二五五号三二頁は、被仕向銀行が相殺したのだから訴訟当事者となったのは止むを得ない。

（20）この場合にかぎらず広く、入金記帳後でも、DがE（F）に受領拒否を申し出れば、E（F）は入金記帳を取り消し、入金不能分をE（G）へ返送しE（G）からXに返金するという手続（菅原胞治・金法一三六三号一九九三年三一頁注（21））も可能である（厳密にいえば、DとE（F）の意思によるDとE（F）の取引契約の一部変更となる）。もし、Xも返金受領拒否（例えば明渡請求事件で、Dが家主、Xが借主としたときの賃料。後藤紀一・金法一三〇〇号一九九一年九頁）をしたら、E（G）は供託せざるを得ないであろう。その費用はXに請求することになる。なぜなら、E（G）の責に帰することのできない履行不能であるから、Xは返金を受領する義務があり（民法第一条第二項）、この義務違反として右費用をXは損害賠償しなければならない（民法第四一五条）。

なお、後藤紀一・金法一三〇〇号一九九一年九頁は入金記帳後の拒否は「法的に意味がない」という趣旨であろう（しかし、振込拒否後の振込は拒否できるのであって、受取人の預金債権は成立せず、受取人から不当利得として振込依頼人に返還するという問題でない）。入金記帳後ならば、受取人の預金債権が成立しているが、弁済受領の意思は存在しないから（ステージⅢの問題）、債務は消滅せず、受取人は不当利得として振込依頼人に返還することになる。

ところで、後藤紀一・金法一二六四号一九九〇年一五頁は誤記入と債務があると思って振り込んだのとは、「原因関係との不一致という意味でおなじである」とするが、本文のような理解をすれば、両者は大きな違いがある。たしかに、手形小切手のように転々流通を予定した有価証券ならば、ステージⅡの錯誤についても民法規定の適用はなく（鈴木竹雄『手形法小切手法』一九五七年一三九頁は「一般悪意の抗弁」（民法第一条第二項の信義則）とし、大隅健一郎『改訂手形法小切手法講義』一九六二年三三頁は「人的抗弁」（手形法第一七条、小切手法第二二条）とする）、ステージⅡとステージⅢ、Ⅳにおける錯誤を区別する必要はないかもしれないが、振込による預金債権は転々流通を予定したものでなく、立法論ならば別であるが（岩原紳作「電子資金移動（EFT）および振込・振替取引に関する立法の必要性（1）〜（10）」ジュリスト一〇八三号一九九六年五五頁〜一〇九四号一九九六年一二二頁（特に、ジュリスト一〇八九号三〇六頁））、解釈論としては、ステージⅡとステージⅢ、Ⅳを区別し、それぞれに実定法の法的枠組を適用すべきであり、例えば、第三者保護についても実定法の予定する法制度（例えば民法第四六八条以下）によるべきであろう。
（21） 後藤紀一・金法一四五五号一九九六年二四頁は、本件のような場合に、受取人が破産宣告を受けたときは、振込依頼人に取戻権を認めることを主張するが、そうすれば、当然に第三者異議訴訟においては、振込依頼人を勝訴させることに異論はないであろう（同旨、菅原胞治・銀行法務五一五号一九九六年二八頁）。

本稿執筆にあたっては、谷口安平教授、二本松利忠判事（元京都大学大学院法学研究科客員教授）、長浜隆弁護士、土井克子氏（京都中央信用金庫）に御助力を賜った。ここに記して感謝の意を表するものである。（判例時報　第一五八五号　一九九七年）

第三章　医師の転送義務

本稿は、次の事件の判例研究である。

一【事実】　Yは、昭和四三年三月に大学医学部を卒業した医師であり、昭和五九年七月から兵庫県川西市において内科・小児科を診療科目とする医院（以下「本件医院」という。）を開設している。なお、本件医院は、いわゆる個人病院（診療所）であり、患者を入院させるための施設はなく、一階が診察室で、二階には外階段で通じる処置室があった。

Xは、昭和五一年八月四日生まれで、昭和六一年二月二一日から本件医院でYの診療を受けるようになり、昭和六三年九月二九日までの約二年半の間に、発熱、頭痛、腹痛等を訴えて、二五回以上診療を受けていた。

小学校の六年生であったXは、昭和六三年九月二七日頃から発熱し、同月二八日は学校を欠席し、翌二九日午前には、一人で本件医院に行き、Yの診察を受けた。その際、Xは、Yに対し、前日から軽い腹痛があり、前日の夜には頭痛と発熱があったこと、当日も頭痛と前けい部痛があることを訴えた。Yは、Xに三七・一℃の発熱、軽度のいん頭発赤、右前けい部圧痛を認め、上気道炎、右けい部リンパせん炎と診断し、抗生物質サマセフ、アスピリン含有のEAC錠、解熱剤アセトアミノフェンを処方した。

Xは、右処方薬を指示どおりに服用したが、改善しなかったため、同月三〇日午後七時頃、本件医院でYの診察を受けた。Yは、Xに三九℃の発熱、へんとうせんの肥大・発赤を認め、へんとうせん炎を病名に加え、サマセフ、EAC錠を二倍とする処方をし、同年一〇月三日に来院するよう指示した。
Xは、同月一日には発熱がやや治まり、かゆを食べたが、同月二日（日曜日）、朝から食欲がなく、昼から再び発熱し、むかつきを訴え、同日午後二時頃、本件医院が休診であったため、母親に付き添われ、総合病院であるベリタス病院で救急の診察を受け、鎮痛剤を処方された。

Xは、同日午後八時頃から腹痛を訴え、同日午後一一時三〇分頃、大量のおう吐をし、その後も吐き気が治まらず、翌三日午前四時三〇分頃、母親に付き添われ、ベリタス病院で救急の診察を受けた。同病院の医師は、腸炎と診断し、また、虫垂炎の疑いもあるとして、本件医院での受診を指示した。

Xは、同日午前八時三〇分頃、母親に付き添われ、本件医院でYの診察を受けた。Yは、ベリタス病院での診療の経過を聴いた上、Xに三八℃の発熱、脱水所見を認めて、急性胃腸炎、脱水症等と診断し、本件医院の二階の処置室のベッドで、同日午後一時頃まで約四時間にわたり、Xに七〇〇ccの点滴による輸液を行った。二階への階段の上り下りは、母親が背負ってした。Xは、点滴開始後も、おう吐をしており、その症状は改善されなかった。

Yは、おう吐が続くようであれば午後も来診するように指示をして、Xを帰宅させた。

Xは、帰宅後もおう吐が続いたため、同日午後四時頃、母親に付き添われて本件医院の一階でYの診察を受け、再度、母親に背負われて本件医院の二階へ上がり、同日午後八時三〇分頃までの約四時間にわたり、七〇〇ccの点滴による輸液を受けた。Xは、点滴が開始された後もおう吐の症状が治まらず、黄色い胃液を吐くなどし、さらに、点滴の途中で、点滴の容器が一本目であるのに二本目であると発言したり、点滴を外すように強い口調で求めたりした。母親は、Xの言動に不安を覚え、看護婦を通じてYの診察を求めたが、Yは、その際、外来患者の診察中であったため、すぐには診察しなかった。Yは、その後、点滴の合間にXを診察し、脱水症状、左上腹部に軽度の圧痛を認めた。なお、Xは、同日午後七時三〇分頃、母の不在中に尿意を催した際、職員の介助によりベッドで排尿するのを嫌がり、自分で点滴台を動かして歩いてトイレに行き、排尿後、タオルを渡してくれた職員に礼を述べたりした。

Xは、同日午後八時三〇分頃、点滴終了後、母親に背負われて一階に下り、診察台でYの診察を受けた際、いすに座ることができず、診察台に横になっていた。Xは、点滴前に三七・三℃であった熱が点滴後は三七・〇℃に下がり、おう吐もいったんは治まり、同日午後九時頃、母親に背負われて帰宅した。

Yは、Xの状態につき、このままおう吐が続くようであれば事態は予断を許さないものと考え、今後、症状の改善がみられなければ入院の必要があると判断し、翌日の入院の可能性を考えて、入院先病院あての紹介状を作成した。

Xは、帰宅後もおう吐の症状が続き、熱も三八℃に上がり、同日午後一一時頃には、母親に苦痛を訴えた。Xは、同月四日早朝から、母親が呼びかけても返答をしなくなった。Yは、同日午前八時三〇分頃、Xの状態が気になっていたため、X方に電話をかけ、Xの容態を知って、すぐに来院するように指示した。

Xは、同日午前九時前頃、母親の知人の車で本件医院に来院したが、意識の混濁した状態であり、呼びかけても反応がなかった。Yは、緊急入院を必要と考え、入院先を精密検査・入院治療が可能な総合病院である川西病院と決め、上記紹介状を母親に交付した。

Xは、母親の知人の車で川西病院に行き、受付でしばらく待たされた後、同日午前一一時に入院の措置がとられた。Xは、入院時、意識は傾眠状態で、呼びかけても反応がなく、体幹及び四肢に冷感があり、けい部及び四肢全般に硬直が見られた。川西病院の医師は、直ちに頭部のCTスキャン検査等を実施し、脳浮しゅを認め、Xの当時の症状を総合して、ライ症候群を含む急性脳症の可能性を強く疑い、脳減圧の目的で、同日からグリセオール、デカドロン等の投与を開始し、翌五日からは、脳賦活の目的で、ルシドリール等の投与を行ったが、Xは、その後も意識が回復せず、入院中の平成元年二月二〇日、原因不明の急性脳症と診断された。

Xは、同年一〇月二五日、水頭症の治療のため、川西病院を退院し、関西労災病院脳外科に転院した。

Xは、平成二年二月、関西労災病院を退院したが、その後も急性脳症による脳原性運動機能障害が残り、身体障害者等級一級と認定され、日常生活全般にわたり常時介護を要する状態にある。

Xは、平成一三年五月八日、精神発育年齢が二歳前後で言語能力もないなどとして、後見開始の審判を受け、成年後見人が付された。

そこでXは、Yに対して、①Yが適時に総合医療機関に転送すべき義務（転送義務）を怠ったため、Xに重い脳障害を残した、②仮に、Yの転送義務違反とXの重い脳障害との間に因果関係が認められないとしても、重い脳障害を残さない相当程度の可能性が侵害された旨を主張し、不法行為にもとづき、慰謝料三〇〇万円、逸失利益二二五六万二七八八円、介護費用一〇九五万〇四二五円、弁護士費用五〇〇万円（なお、母親も近親者慰謝料二〇〇〇万円、弁護士費用二〇〇万円を請求している）の損害の賠償請求をした。

原審は、①点滴中のXの言動が意識障害等の徴候であったと断定することには疑問があるなどとして、Yには、急性脳症の発症を疑ってXを直ちに総合医療機関に転送すべき義務があったと認めることはできないとし、さらに、②仮に、Yに転送義務があったとしても、Yの転送義務違反とXの後遺障害との間に因果関係を認めることはできないし、本件は死亡事案でもなく、また、急性脳症の予後は極めて不良で、統計上、完全回復率が二二・二％であることなどからして、早期転送によってXの後遺症が防止できたこと等についての相当程度の可能性があるということもできないとして、Xの請求を棄却すべきものとした。

二【判旨】1「Yは、初診から五日目の昭和六三年一〇月三日午後四時頃以降の本件診療を開始する時点で、初診時の診断に基づく投薬により何らの症状の改善がみられず、同日午前中から七〇〇ccの点滴による輸液を実施したにもかかわらず、前日の夜からのXのおう吐の症状が全く治まらないこと等から、それまでの自らの診断及びこれに基づく上記治療が適切なものではなかったことを認識することが可能であったものとみるべきであり、さらに、Yは、Xの容態等からみて上記治療が適切でないことの認識が可能であったのに、本件診療開始後も、午前と同様の点滴を、常時その容態を監視できない二階の処置室で実施したのであるが、その点滴中にも、Xのおう吐の症状が治まらず、また、Xに軽度の意識障害等を疑わせる言動があり、これに不安を覚えた母親がYの診察を求めるなどしたことからすると、Yとしては、その時点で、Xが、その病名は特定できないまでも、本件医院では検査及び治療の面で適切に対処することができない、急性脳症等を含む何らかの重大で緊急性のある病気にかかっている可能性が高いことをも認識することができたものとみるべきである。

上記のとおり、この重大で緊急性のある病気のうちには、その予後が一般に重篤で極めて不良であって、予後の良否が早期治療に左右される急性脳症等が含まれること等にかんがみると、Yは、上記の事実関係の下においては、本件診療中、点滴を開始したものの、Xのおう吐の症状が治まらず、Xに軽度の意識障害等を疑わせる言動があり、これに不安を覚えた母親から診察を求められた時点で、直ちにXを診断した上で、Xの上記一連の症状からうかがわれる急性脳症等を含む重大で緊急性のある病気に対しても適切に対処し得る、高度な医療機器による精密検査及び入院加療等が可能な医療機関へXを転送し、適切な治療を受けさせるべき義務があったものというべきであり、Yには、これを怠った過失があるといわざるを得ない。これと異なる原審の判断には、転送義務の存否に関する法令の解釈適用を誤った違法があるというべきである。

2　相当程度の可能性の侵害について

医師が過失により医療水準にかなった医療を行わなかった場合には、その医療行為と患者の死亡との間の因果関係の存在は証明されないが、上記医療が行われていたならば患者がその死亡の時点においてなお生存していた相当程度の可能性の存在が証明される場合には、医師は、患者が上記可能性を侵害されたことによって被った損害を賠償すべき不法行為責任を負うものと解すべきである（最高裁平成九年(オ)第四二号同一二年九月二二日第二小法廷判決・民集五四巻七号二五七四頁参照）。患者の診療に当たった医師に患者を適時に適切な医療機関へ転送すべき義務の違反があり、本件のように重大な後遺症が患者に残った場合においても、同様に解すべきである。すなわち、患者の診察に当たった医師が、過失により患者を適時に適切な医療機関へ転送すべき義務を怠った場合において、その転送義務に違反した行為と患者の上記重大な後遺症の残存との間の因果関係の存在は証明されなくとも、適時に適切な医療機関への転送が行われ、同医療機関において適切な検査、治療等の医療行為を受けていたならば、患者に上記重大な後遺症が残らなかった相当程度の可能性の存在が証明されるときは、医師は、患者が上記可能性を侵害されたことによって被った損害を賠償すべき不法行為責任を負うものと解するのが相当である。

このような見地に立って、本件をみるに、Yには、急性脳症等を含む重大で緊急性のある病気に対しても適切に対処し得る、高度な医療機器による精密検査及び入院加療等が可能な医療機関へXを転送し、適切な治療を受けさせるべき義務を怠った過失があることは、前記のとおりであり、また、前記事実関係によれば、Xには急性脳症による脳原性運動機能障害が残り、Xは、身体障害者等級一級と認定され、日常生活全般にわたり、常時介護を要する状態にあり、精神発育年齢は二歳前後で、言語能力もないとの重大な後遺症が残ったというのである。したがって、Yが、適時に適切な医療機関へXを転送し、同医療機関において適切な検査、治療等の医療行為を受けさせていたならば、Xに上記の重大な後遺症が残らなかった相当程度の可能性の存在が証明されるときは、Yは、Xが上記可能性を侵害されたことによって被った損害を賠償すべき不法行為責任を負うものというべきである。

しかるに、原審は、前記のとおり、急性脳症の予後が一般に重篤であって、統計上、完全回復率が二二・二%であることなどを理由に、Yの転送義務違反とXの後遺障害との間の因果関係を否定し、早期転送によってXの後遺症を防止できたことについての相当程度の可能性も認めることができないと判断したのであるが、上記の重大な後遺症が残らなかった相当程度の可能性の存否については、本来、転送すべき時点におけるXの具体的な症状に即して、転送先の病院で適切な検査、治療を受けた場合の可能性の程度を検討すべきものである上、原判決の引用する前記の統計によれば、昭和五一年の統計では、生存者中、その六三%には中枢神経後遺症が残ったが、残りの三七%（死亡者を含めた全体の約二三%）には中枢神経後遺症が残らなかったこと、昭和六二年の統計では、完全回復をした者が全体の二二・二%であり、残りの七七・八%の数値の中には、Xのような重大な後遺症が残らなかった軽症の者も含まれていると考えられることからすると、これらの統計数値は、むしろ、上記の相当程度の可能性が存在することをうかがわせる事情というべきである。

そうすると、原審の上記判断には、上記の相当程度の可能性の存否に関する法令の解釈適用を誤った違法があるというべきである。」

「以上によれば、原判決には、判決に影響を及ぼすことが明らかな法令の違反があり、論旨は理由があり、原判決中上告人に関する部分は破棄を免れない。そして、上記の相当程度の可能性の存否等について更に審理を尽くさせるため、上記部分につき、本件を原審に差し戻すこととする。」（裁判官全員一致。濱田邦夫、金谷利廣、上田豊三、

藤田宙靖
〔損害賠償請求事件、最高裁平一四(受)一二五七号、平成一五年一一月一一日三小法廷判決、破棄差戻、判例時報一八四五号六三頁、民集五七巻一〇号一四六六頁〕

三【研究】 1(1) 本件では、民法第七〇九条の「過失」(あるいは民法第四一五条の「責めに帰すべき事由」の一つとしての「過失」)が、問題の核心である。そこで、まず、この「過失」について論述する。
「過失」とは、現在の判例通説によれば、「客観的行為義務違反」とされている(前田達明『不法行為帰責論』一九七八年(創文社)二一一頁)。「客観的」というのは、具体的な行為者(被告)ではなく、「標準人が行なうであろう、あるいは行なうことのできる」という意味である。それについて、しばしば「一般人」とか「平均人」とか「通常人」とかいった用語が用いられるが、これは、次の理由で用いるべきではない、と考える。すなわち「一般人」や「平均人」「通常人」が行なったであろう「慣行」や「慣習」が、過失(客観的行為義務違反)を免責するものでないことは、すでに判例(最判昭和三六年二月一六日民集一五巻二号二四四頁、最判平成八年一月二三日民集五〇巻一号一頁)学説(前田達明「民法VI2(不法行為法)」一九八〇年(青林書院新社)四七頁)の指摘するところであり、未だに、裁判上、このような免責の主張が、被告側から提起されるのは、「一般人」、「平均人」、「通常人」といった用語を用いていることから来る誤解である、と思われる。したがって、この用語は用いず、規範的意味を含めて「標準人」という用語を用いるべきである。次に、「行為義務」の内容が、「予見」か「結果回避」かといった議論があるが、これは無意味な議論である。何故ならば、「予見」義務を尽くして予見した場合に、そのまま行為して結果を発生させた場合、「予見義務」は尽くしているとして「過失」が免責されるわけではないからである(この場合は、当然に、その予見に従って結果回避の措置をしなければならない)。結局、「予見」義務といっても、それは「結果回避」の前提であり、行為義務の核心は「結果回避」ということになる。そして、予見義務を尽くしても、予見し得ない場合に「過失」が免責されるのは、結果回避不可能ということで免責されるのである。
⑵　次に、このように、「過失」という法律要件（法律要件構成要素といってもよい。）が「客観的行為義務違反」と読み替えられるならば、それは、損害賠償責任という法律効果を発生させるという意味で、「法」義務であり、それは、個々の具体的事件において裁判官によって設定される「法」義務ということになる。そして、この法義務は、民法第七〇九条（あるいは民法第四一五条）を「根拠」にして認められるものではなく、すでに他の「根拠」によって認められていることを前提として、それに違反したことを法律要件（行為義務違反＝過失）として、損害賠償責任という法律効果が認められるのである（それは、要件事実論から当然のことである）。しかも、その「根拠」は「法的」根拠でなければならない。何故ならば、法義務すなわち法規範の設定は、立法機関、すなわち「国会」の専権事項であり（憲法四一条「国会は、……国の唯一の立法機関である」）、したがって、憲法もしくは、国会の制定する法律によって、司法機関たる裁判所に法義務すなわち法規範の設定を授権されていることが法論理的に必然のこととなるからである。この点、医療事故の場合は、民法第六五六条、同第六四四条で「委任の本旨に従い、善良な管理者の注意をもって、委任事務（すなわち、医療契約にもとづく医療行為）を処理する義務を負う」と定められているところから、この「善管注意義務＝客観的行為義務」を、具体的に設定することが可能となるが、一般的には、民法第一条第二項の「信義則」が、右の法的根拠である。すなわち、「権利の行使」としては、例えば、自動車事故の場合に、加害者は、公道を自由に自動車を運行し得るという自由権ないし私的自治権を有しているが、その「権利の行使」にあたっては、〃他人の法益を害してはいけない〃という「信義則」上の義務を負い、それが「過失」の前提たる「行為義務」となる（交通事故のときは、殆んどの場合に、道交法に規定されている行為義務が右の

行為義務となる。取締法規と過失の関係）。他方、「義務の履行」としては（殆んどの場合は、債務不履行との競合が、まず問題となるが）、例えば、運送人が運送品を名宛人に届けるという「義務の履行」にあたって、運送品を滅失損傷したり、別人に届けたりすることのないようにするための行為義務（運送品を丁寧に扱うとか名宛人の住所氏名を正確に確認するとか）を、「信義則」上、負うのである。

なお、現在も「条理上」の義務という文言が用いられるが（最判平成三年四月二六日民集四五巻四号六五三頁）、このような、明治八年太政官布告第一〇三号裁判事務心得第三条の文言を用いることは問題であり（右太政官布告が今日も効力を有するか?）、しかも、「法律でない条理」を「裁判官」が適用することは（我妻栄『新訂民法総則』一九六五年（岩波書店）二二頁）、憲法第七六条第三項に違反することであるから、ここは、民法第一条第二項の「信義則」上の義務とすべきである。
(3) それでは、右のような客観的行為義務違反すなわち過失が、何故、具体的行為者本人に帰責されるのか。蓋し、客観的行為義務違反であるから具体的行為者本人には回避不可能の場合にも、帰責されるのである（前田達明『口述債権総論第三版』一九九三年（成文堂）一三七頁）。その根拠こそ、「信頼原則」である。すなわち、人は社会生活をする場合に（社会的接触）、他人が自己の法益を侵害しないように行為してくれるであろうと信頼して、自ら行為することによって、円滑な社会生活がなされ得る。例えば、交差点で青信号で進行するとき、交差する道路の信号が赤であって、その道路上の自動車は停止してくれるという「信頼」があるから、道路交通が円滑に行なわれるのである。しかるに、赤信号で交差点に進入し人を加害した場合には、その「信頼」を破ったゆえに、民事法上は損害賠償を負うのである。この点、過失責任は行為義務違反といえばよいので、「信頼原則」を、さらに持ち出すのは、屋上屋を重ねることである、という批判がある（奥田昌道編『注釈民法⑽』一九八七年（有斐閣）四〇〇頁（北川善太郎）。しかし、右のように客観的行為義務違反が具体的行為者に帰責し得る理由の説明が必要であり、また、故意責任も客観的行為義務違反（殺人の場合は、「殺すなかれ」という客観的行為義務違反）であり、さらに、それを「意思責任」というのは、屋上屋を重ねることになるである。この点、通説は、故意責任＝意思責任としている。このように、故意責任も過失責任も客観的行為義務違反であるが、それが具体的行為者に帰責されるのは、前者は「意思責任」（私的自治原則から導かれる）、後者は「信頼責任」（それは他者の私的自治原則から導かれる。）とするのが妥当である。

そして、このことは、法律行為の世界において、法律効果の帰属の根拠が、一つは「意思」であり（例えば、民法第九四条第一項、同第九五条本文）、一つは「信頼」であること（例えば、民法第九三条、同第九四条第二項）と対応するのである（前田達明『民法Ⅵ2（不法行為法）』一九八〇年（青林書院）四六頁）。なお、このような考え方は、「契約が個人の自然的な自由、個人の意思の自律」と「社会」という枠組みで把握すべきである、という主張とも通じるのである（金山直樹「フランス革命・民法典における契約自由の原則（一）（二）完」民商法雑誌一三一巻二〇〇四年二号一八三頁、三号三七二頁）。

2⑴　次に、この「過失」の要件事実について考察する。その前に、まず、民法第七〇九条においては、被告の行為（作為、不作為）によって「他人の権利又は法律上保護される利益」（以下、「法益」という。）を侵害した（それによって損害が発生した。）という要件事実が必要である、すなわち、被告の行為（作為、不作為）、「因果関係」、「法益侵害」という要件事実である（これらも、そして、特に「法益侵害」は規範的要件である）。以上の要件事実を前提として、過失の要件事実を検討する。

過失が、いわゆる規範的要件であることは異論のないところであり、一般に規範的要件の要件事実には、評価根拠事実と評価障害事実があることも承認されている（笠井正俊「不動産の所有権及び賃借権の時効取得の要件事実に関する一考察」判例タイムズ九一二号一九九六年四頁）。そこで、過失すなわち民法第七〇九条と同第一条第二項の要件に該当する評価根拠事実は何かを、まず検討する。過失が、前述の如く、社会的接触を基礎とする故に、民法第一条第二項からして、被告が如何なる「権利」の行使によって原告と「社会的接触」を持ったか（例えば、私的自治権の一態様たる交通の自由権の行使として、被告が原告に接触した）、あるいは被告が如何なる「義務」の行使によって原告と社会的接触をしたのか（例えば、被告は医師として、原告は患者として、医療契約を締結し、被告は原告に対して治療義務を負った。）が、評価根拠事実となる。次に、「信義則」によって結果回避義務を負うことの評価根拠事実としては、次の如くである。すなわち、権利の行使と義務の履行に際しては、他人の法益を侵害してはならないことが、「信義則」から導びかれ、そこで信義則によって、そのような法益侵害の回避義務が生じる。そして、この義務は、前述の如く、それに違反すると損害賠償責任という法律効果を発生させるのであるから、「法」義務である。そして、法論理的にみて、この法義務は、このように「法益侵害してはいけない」という命令法規範を前提とすることになる。そして、法は、法が前提とする標準人にとって不可能なことを命ずることはできないから（不可能を命ずることは、守ることのできない法義務を課すことになって、無意味なことである）、標準人にとって当該法益侵害が回避可能であることが前提となる（すなわち、当該法益侵害を客観的行為義務違反に帰属させる根拠である）。したがって、過失の評価根拠事実の一つとして、結果回避可能性（ときに、その前提としての予見可能性）が挙げられる。他方、このような法義務を設定することによって犠牲となる利益が過失の評価障害事実となる。例えば、インフルエンザ集団予防接種訴訟において、東京地方裁判所昭和四八年四月二五日判決は、「レントゲン撮影によって間質性肺炎、生検によって濾胞性大小腸炎を判断できるが、インフルエンザ予防接種を行う医師には、右レントゲン撮影や生検を行う義務はない」としているのは、インフルエンザ集団予防接種においては、右のようなレントゲン撮影や生検を行なうことについての医師の労力や費用という利益を考慮に入れている。最高裁も、そのことを当然の前提として、問診を中心とした義務を設定している（最判昭和五一年九月三〇日民集三〇巻八号八一六頁）。他にも交通事故における注意義務について、最判昭和四三年九月二四日判例時報五三九号四〇頁、最判昭和四五年五月二七日民集二四巻一号五〇頁、債務不履行の事件であるが、京都地判昭和五〇年八月五日判例タイムズ三三二号三〇七頁が参考となる。そして、この評価障害事実は、被告が主張責任を負う。
(2)　以上のことを、前提として、本件の過失について検討を加える。
まず、「義務の履行」については、Xは、昭和六三年九月二九日に、Yに診療を依頼し、Yはそれを承諾したことによって、YはXに対して治療義務が発生した（民法第六五六条、同第六四三条）。その治療行為の履行については善管注意義務を尽くすことが要請される（民法第六四四条）。そこで、この注意義務は、本件では、転送義務の前提として、結果回避可能性が問題となる。この点、第一、二審は、昭和六三年一〇月三日の診療において、X自ら、点滴台を動かして歩いてトイレに行き、排尿後タオルを渡してくれたY医院の職員に礼を述べたことと、同日午後九時頃の診療終了時にはおう吐がいったん治まっていたことなどに照らして、急性脳症の発症の予見は困難とし、予見可能性ひいては結果回避可能性を否定した。それに対して、最高裁は、初診時からの投薬と同日午前の点滴でも症状は改善しないことから、Yは自らの診断と治療が適切なものでないことを認識することの可能性があり、午後の点滴中にも、Xのおう吐が治まらず、軽度の意識障害等を疑わせる言動があり、これに不安を覚えたXの母親がYの診察を求めるなどしたことからすると、Yとしては、その時点で、Xがその病名は特定できないまでも、Y医院では「検査及び治療の面で適切に対処することができない急性脳症等を含む何らかの重大で緊急性のある病気にかかっている可能性が高いことをも認識することができた」とし、予見可能性ひいては結果回避可能性を肯定し、転送義務違反を認めた。以上の結果回避可能性の前提となる、それぞれの事実は「間接事実」であり、これらについては、主張責任や立証責任を観念する必要はない（前田達明「主張責任と立証責任について」民商法雑誌一二九巻六号二〇〇四年七八四頁。本書六六頁）。蓋し、結果回避可能性という要件事実（評価根拠事実）自体について主張責任と立証責任を観念すればよいからである。

なお、注意すべきは、第一、二審と最高裁の判断の差は、規範的評価の差ではなく、事実的評価の差であるということである。

ところで、最高裁が「急性脳症等を含む何らかの重大で緊急性のある病気にかかっている」という「抽象的な」法益侵害をもって、過失を認定していることは、筆者が、つとに主張しているところであり（前田達明「民法Ⅵ2（不法行為法）」一九八四年（青林書院新社）四〇頁）、違法一元論に親しむ考えである。そして、この判決は、過失一元論が妥当でないことを示す一つの証左といえよう。蓋し、過失一元論は、現実的具体的な法益侵害を過失概念において考慮するものだからである。民法第七〇九条は、フランス民法第一三八二条と異なって、法益侵害を、「過失」とは、別の法律要件として規定しているのであるから、過失一元論は立法論であって、解釈論ではないと考える。
3　次に、転送義務違反とXの重大な後遺症の残存との間の因果関係の存在は証明されなくとも、転送義務を尽くしていれば、Xの重大な後遺症が残らなかった相当程度の可能性の存在が証明されるときは、医師の責任を肯定すべきであるという点については（前田達明「権利侵害と違法性」山田卓生ほか編『新・現代損害賠償法講座2』一九九八年（日本評論社）七頁。本書二四六頁）、正に「機会の喪失（perte d'une chance）（澤野和博「機会の喪失の理論について（一）（二）」早稲田大学大学院法研論集一九九六年七七号九九頁、七八号九五頁）の問題であり、単に「生命」侵害に限られるものではない（なお、前田達明・前掲「主張責任と立証責任について」七九一頁参照。本書六五頁）。また、ここにおいては、責任設定の因果関係が、問題として考えられている。そして、この場合に、「期待権の侵害」とは異なって、損害賠償の範囲は、慰謝料に限定されるものではない、と考えるべきである。蓋し、法益侵害結果は存在するのであるから。

なお、作為不法行為と不作為不法行為において、因果関係判断を異にすること（すなわち、行為の属性を作為の面で把握するか、不作為の面で把握するか）については、批判がある（窪田充見・民商法雑誌一二一巻四・五号二〇〇〇年六二七・六三六頁）。しかし、両者には大きな差がある。すなわち、「Yがボールを投げたこと（原因）によってXが負傷した（結果）」とか、Yが「窓から植木鉢を落としたこと」（原因）によってXが負傷した、といった作為の場合は、その因果関係は、いわば一〇〇％の確率で確定される（「現実」である）。それに対して、不作為の場合は、本判決に見られるように、「Yが転送しなかった（原因）」ことによって「Xが水頭症になった（結果）」という不作為の場合は、その因果関係は二二％の確率でしか確定できないのである。すなわち、不作為の場合は、「作為義務を守っていれば結果が回避できたであろう」という常に「推定」に過ぎないのである（一〇〇％とはいえない）。すなわち、結果不発生というのは「仮定」に過ぎず、現実には結果が発生してしまっているのである。ここに、前述のように「機会の喪失」の問題が生ずるのである。したがって、この問題は「衒学的な面白さ」を超えた法実務的にも重要な論点といわざるを得ないのである。

このような意見の対立には、「行為しないときは原則として責任を負わない」という「古典的自由主義思想」から、「行為しないこと自体に責任がある」という「共生の思想」への転換ということが根底にある、と思われる。そして、プライバシー権が「放っておいてもらう権利」という消極的なものから、「自己情報コントロール権」といった積極的なものに転換してきたことも同様である。

もっとも、本判決のいいたいところは、因果関係の問題ではなく、二二％の回復の可能性があれば勿論のこと、一％の回復の可能性しかなくても、医師たる者は、その一％の可能性にかけて、「必要とされる最善の注意義務（最判昭和三六年二月一六日民集一五巻二号二四四頁）を尽くすべきである」、という点にある。

本件については、塩崎勉「開業医に患者を高度な医療を施すことのできる適切な医療機関へ転送すべき義務があるとされた事例」民事法情報二一二号二〇〇四年六三頁、寺沢知子「医師の転送義務違反の成否と転送義務違反が認められる場合における因果関係の証明」法学教室二八五号二〇〇四年八〇頁、大塚直「開業医の転送義務違反と後遺症が残らなかった相当程度の可能性」ジュリスト一二六九号二〇〇四年八五頁、林道晴「開業医の適切な医療機関への転送義務と、患者に重大な後遺症が残らなかった相当程度の可能性がある場合の医師の不法行為責任」NBL七九二号二〇〇四年六八頁、小池泰「判例批評」民商法雑誌一三〇巻四・五号二〇〇四年八七〇頁がある。

本稿執筆にあたっては、手嶋豊氏と原田剛氏の御協力を得た。ここに記して謝意を表するものである。

（追記）　筆者が、判例時報一五八五号（一九九九年）一九二頁（判例評論四五六号三〇頁）に、最高判平成八年四月二六日（民集五〇巻五号一二六七頁、判例時報一五六七号八九頁）の「判例評釈」（本書二〇二頁）を掲載させていただいたところ、森田宏樹氏から御高批を賜った（森田宏樹「振込取引の法的構造―「誤振込」事例の再検討―」中田裕康ほか編『金融取引と民法法理』二〇〇〇年（有斐閣）一二三、一六〇頁）。すなわち、振込依頼人の錯誤で、同人と仕向銀行との振込委託契約が無効となっても、それは仕向銀行と被仕向銀行との間の委任契約にとっては、「動機の錯誤」でしかなく、この契約の無効原因ではないというものである。

ところで、本件では、仕向銀行と被仕向銀行は同一法人であり（前田達明・判例時報一五八五号一九七頁注（1）

（本書二一八頁））、森田宏樹氏の指摘されるような、仕向銀行と被仕向銀行の間に、Xと仕向銀行の間の振込委託契約とは「別個の契約」は存在せず、それはXと仕向銀行の振込委託契約の単なる内部的委任事務処理にすぎない。したがって、「Xの錯誤は、給付行為たる振込行為そのものの表示上の錯誤である（最判昭和五四・九・六民集三三・五・六三〇。四宮和夫『民法総則第四版』一九八六年一七六頁）。したがって、XとE（G）間の契約において、それは『動機の錯誤』ではなく、Xの振込依頼の意思表示が表示上の錯誤で無効となれば（民法第九五条本文）、XとE（G）の契約も無効となり、E（G）のその委任契約上の債務は不成立となり、E（G）からE（F）への委任事務処理も無効となり、（不成立の債務の履行行為なのだから）、したがって、その無効の委託事務処理にもとづくE（F）からDへの委任事務処理、すなわちE（F）と預金者による消費寄託契約も無効でD名義の預金債権は不成立ということになる（牧山市治・金融法務事情一二六七号一九九〇年一六頁）」ということになる（前田達明・判例時報一五八五号（一九九七年）一九五頁（本書二一四頁））。

他方、一般論として、仕向銀行と被仕向銀行が別法人である場合は、どうであろうか。そのときは、筆者が前文に引き続いて記述しているE（F）と預金者の消費寄託契約についてのXの錯誤の意義が妥当する。すなわち、「E（F）と預金者の消費寄託契約にとってXの錯誤は『動機の錯誤』であるとも考えられるという批判については、E（F）（原文はE（G）とあるが、それは誤植である。）が復委任の受任者の地位に過ぎないという反論もあるが（筆者は後述の如く復委任でないと考えている）、仮に動機の錯誤としても表示されているわけであり（E（F）に対してもXのDへの五〇〇万円余の振込という表示がなされ、その表示についての錯誤である）、動機も表示されていれば、要素の錯誤となるというのが判例（大判大正三年一二月一五日民録二〇輯一一〇一頁、大判大正六年二月二四日民録二三輯二八四頁）であると反論し得よう」（前田達明・判例時報一五八五号（一九九七年）一九五頁（本書二一四頁））。

したがって、仕向銀行と被仕向銀行の委任契約にとっても、Xの錯誤は「要素の錯誤」たる「動機の錯誤」として（被仕向銀行にもXからD名義への振込であることは表示されている）、この契約も無効となるのである。
なお、代表的教科書である四宮和夫＝能見善久『民法総則第八版』二〇一〇年（弘文堂）二二二頁においても、動機の錯誤でも、意思表示の内容の主要な部分であり、この点について錯誤が無かったなら、⑴表意者は意思表示をしなかったであろうこと（因果関係）（本件では名宛人が誰かは、〝意思表示の内容の主要部分〟であり、この点について錯誤がなければ、別人への意思表示をしなかったことは明白である。）、⑵その意思表示をしなかったことが、一般取引の通念に照らして正当と認められること（客観的重要性。しかもこの客観的重要性が相手方にも認識可能であること（本件においては、別人に送金しないことは、一般取引観念に照らして正当であるし、このことは、仕向銀行にも被仕向銀行にも認識可能である。）ときには、無効とされる。

（判例時報　第一八八五号　二〇〇五年）

第四章　権利侵害と違法性

一　史的変遷

1　第二次大戦前の動き

(1)　不法行為の一般規定とされる民法旧第七〇九条は、その要件の一つとして、「他人ノ権利ヲ侵害」することを揚げていた。したがって、これに該当する要件事実の存在が認定できないときは、損害賠償という法律効果は認められないことになる。そこで、まず、この要件について、立法者意思を確定しておこう（法典調査会議事速記録第四〇巻一四七丁裏）。本条の起草者である穂積陳重によれば、諸外国法典においては漠然とした書き方になっているが、帰するところは、生命とか財産とか名誉とか、何か法が権利と認めたものの侵害でなければ不法行為債権は発生しないとし、その権利は財産権に限らず、生命、身体、名誉、自由、債権（ただし債務者による債権侵害は民法第四一五条が適用され、本条は第三者による債権侵害に適用される）など非常に広い概念である、と述べている。そして、起草者は、この「権利侵害」を絶対的な要件と考えていたようで、旧民法（ボワソナアド民法、一八九〇年）財産編第三七〇条第一項が「過失又ハ懈怠ニ因リテ他人ニ損害ヲ加ヘタル者ハ其賠償ヲ為ス責ニ任ス」と定めていたのに比べて、「権利侵害」要件を加えた本条は狭くて救済されない事件が出てきて困るという反対意見が出て「故意又は過失ニ因リ他人ニ損害ヲ加ヘタル者ハ其賠償ノ責ニ任ス」としてはどうかという案が出されたのに対し、穂積陳重は、社会生活をする以上は他人に損害を及ぼすことは度々あることだから「権利侵害」という要件がないと際限がなくなると答え、さらに不法行為規定は、既存の権利を保護するものであって新たな権利を創設するものでないと論じている。

右から明らかなように、「権利侵害」要件は、古典的な自由主義思想を背景にしたもので、活動の自由、特に経済的自由競争を裏面から保障する機能を担うことを予定されていた。
(2)　そして、初期の判例は、おおむね、この立法者の意思に従い、「権利侵害」なきところに不法行為責任なし、としてきた。例えば、大判明治四四年四月一三日刑録一七輯五五七頁は、刑法第二三三条該当の被告の行為によって原告の信用が害されても「財産権」の侵害はないとして賠償責任を否定し、大判明治四四年九月二九日民録一七輯五一九頁は、湯屋営業の「老舗」の二重売買において買主から売主への損害賠償請求について「権利」侵害でないとして賠償責任を否定した。そして、さらに「桃中軒雲右衛門事件」が発生した（大判大正三年七月四日刑録二〇輯一三六〇頁）。この事件は、浪曲師桃中軒雲右衛門の浪曲をX会社がレコードに入れて販売したのを、Yが権限なしに複製販売したのでXが著作権侵害を理由に、Yに損害賠償請求したものである。これに対して、大審院は、浪曲のような「低級音楽」には「著作権」はなく、したがって、そのレコードの複製販売は「権利侵害」でないとして、賠償請求を否定した。もっとも、大審院も、このような行為が「正義ノ観念ニ反スルハ論ヲ俟タ」ないことを認めていた。
このような判例の流れを変更したのが「大学湯事件」である（大判大正一四年一一月二八日民集四巻六七〇頁）。この事件の概要は次の如くである。すなわち、京都大学の近隣で「大学湯」という名称をもって風呂屋を営業していたYがXに「大学湯」という「老舗」を九五〇円で売り、合わせて湯屋建物を月一六〇円で賃貸した。そしてXは「大学湯」という名称で湯屋業を営んでいたが、六年後に右賃貸借契約を合意解除した。Yは、Xに対して、右「老舗」について何ら補償せず、第三者に右湯屋建物を賃貸して、「大学湯」という名称で湯屋業をさせたので、XがYに賠償請求したというものである。原審が「老舗」は「権利」でないとして賠償請求を否定したのに対し、大審院は、民法旧第七〇九条における侵害の対象は具体的な権利に限らず、「法律上保護セラルル」「利益」でよいとした。この動きの実質的なねらいは保護法益の拡大ということであり、いわゆる「結果違法論」にとどまるものであった。
(3)　右のような判例の動向に呼応して、学説においても大きな動きが見られた。すなわち、末川博は『権利侵害論』（一九三〇年、弘文堂）において、ローマ法においてさえ実際社会の要求に応ずるために権利侵害を要件としない actio doli が認められていたのであるから、今日の複雑な社会生活において民法第七〇九条をそのままに不法行為の範囲を限縮することは疑問であるとして、「権利侵害」は「違法行為」の徴表で、本質的要件は加害行為の「違法性」であるとし、我妻栄『債権法（不法行為）』（現代法学全集第三七巻、一九三一年、日本評論社）は、不法行為制度は損失の公平分配の思想に基づくべきであり、「違法性」が要件であるとして、その違法性は被侵害法益の種類と侵害行為の態容の「相関関係」によって定まると主張した。ここにいう侵害行為の態容とは刑罰法規違反行為、その他の禁止命令法規違反行為、公序良俗違反行為、権利濫用行為をいうのであって、故意行為、過失行為を指すものではなかった。この違法性論は刑法学における小野清一郎、瀧川幸辰らの通説たる「客観的違法論」に対応するものであった。そしてまた、民法学においても、これが通説となり、右の「相関関係論」にもとづいて、その類型化の努力がなされた。

2　第二次大戦後の動き

戦後日本の高度成長経済は、社会に多くの「ひずみ」を生み出し、不法行為法の分野でも自動車事故、製造物責任、公害、薬害など戦前とは比較にならないほど多くの重大事件が発生した。ここに、不法行為法の理論状況は「混迷」を極めてきた（前田達明『不法行為帰責論』はしがき（一九七八年、創文社））。そして右の「違法論」について、「権利」侵害要件を軽視したために「権利」形成という作業を怠ったという批判（例えば「人格権」。戒能通孝「人格権と権利侵害の類型化」法時二七巻一一号二四頁（一九五五年））、さらに「故意過失」といった主観的要件が「違法性」と無関係としたことへの批判（藪重夫「現代刑法理論（目的的行為論）と民法における違法・有責理論」『北海道大学法学部一〇周年記念法学政治学論集』（一九六〇年（有斐閣））八三頁）が加えられるに至った。特に後者の議論は、理論的にはドイツの刑法理論（目的的行為論）の影響を受けたものであり、さらに「故意」も「主観的違法要素」とする立場が有力となり、正に刑法学における「主観的違法論」の影響が大であり、加えて日本の民事判例においても、過失が、客観的（抽象的）行為義務「違反」として把握されているという現状から、違法性と過失を峻別するという考えが支持し得なくなったという点が重大なモメントといえよう（以上については、前田達明『不法行為帰責論』三頁以下（一九七八年、創文社）、錦織成史「違法性と過失」『民法講座6』（一九八五年（有斐閣））一三三頁）。

そこで、このような理論的「混迷」の中で、判例は、「権利侵害」や「違法性」という要件を、どのように操作しているかをいくつかの代表的事件類型において、検討しておく。

なお、平成一六年法律第一四七号によって、現在、民法第七〇九条は「他人の権利又は法律上保護される利益」と改められている。

二　「権利侵害」要件

1　環境権

公害や自然破壊において、不法行為を理由に、主として差し止め請求を求める根拠として、「環境権」侵害を理由に訴える事件が戦後急増した。これに対して、裁判所は、一貫して「環境権」を否定している（京都地決平成四年八月六日判タ七九二号二八〇頁、浦和地川越支決平成五年九月三日判時一四七七号九六頁、仙台高判平成五年一一月二二日判タ八五八号二五九頁、大阪高判平成五年一二月二二日判タ八四四号一九二頁、仙台地判平成六年一月三一日判時一四八二号三頁、金沢地判平成六年八月二五日判時一五一五号三頁、宮崎地判平成六年一〇月二一日判時一五三一号一一七頁、岐阜地決平成七年二月二一日判時一五四六号八一頁など）。その理由は実質的には、①権利者（原告）の範囲への疑問（最判昭和六〇年一二月二〇日判時一一八一号七七頁など）、②被告の範囲への疑問（名古屋地判昭和五五年九月一一日判時九七六号四〇頁）、③行政との領域への疑問（札幌地判昭和五五年一〇月一四日判時九八八号三七頁、最大判昭和五六年一二月一六日民集三五巻一〇号一三六九頁）などである。したがって、この分野においては、「権利侵害」の要件が「不法行為」法的保護の否定という機能を有しているといえよう。

ところで、この「権利」は、被害者（原告）と被害の範囲の不明確性を活用しようとして主張されたものである（前田達明『民法Ⅳ$_2$（不法行為法）』（一九八〇年（青林書院）一六七頁））。したがって、歴史的に「権利」が「被侵害利益」に拡大された場合（この場合は被害者と被害の範囲は明確であった）とは異なった次元の問題である。この意味で「環境権」概念は、元々から、右の「ジレンマ」を内包したものであり、その故に、その承認は困難なものといえよう。

2　期待権

近時、医療事故訴訟において、医師の行為義務違反と不治癒との因果関係がなくとも、適切な医療を受けることへの患者の「期待権」が侵害されたとして、慰謝料請求が認められることがある（東京地判平成四年一〇月二六日判時一四六九号九八頁、広島高判平成五年一二月二〇日判時一四九七号六五頁など。大阪地判平成八年一一月二〇日判タ九四七号二五三頁は「適切な治療を受ける権利」という）。あるいは「権利」とまでいわずとも「適切な治療を受ける機会」（東京地判平成五年一月二八日判時一四七三号六六頁）、あるいは「適切な看護を受ける期待」（東京地判平成八年四月一五日判時一五八八号一一七頁）とする例もある。

これらの判例の示すところは、実は、医療事故訴訟は、医師と患者の間に医療契約が存在し、患者は適切な医療を受ける債権を有していて、医師はそのような「行為」債務を負っている、ということである（浦川道太郎・判タ八三八号五六頁（一九九四年）が「債務不履行責任を法的根拠とするものが多い」という分析は、正にそのことである）。このような当該債務者による「債権」侵害は不法行為でなく債務不履行とすべきであり（立法者もこの意思であった）、したがって、医療事故訴訟は、この点からも、債務不履行訴訟とすべきであろう。

それはともかく、債権＝債務を履行することへの「期待」は、すべての債権者が有しているものであり、「期待権」という概念を、ここで用いることは望ましいことではない。ここでの問題は、右のような債権侵害＝債務不履行によって、どのような、どの程度の精神的苦痛を被ったか、ということを認定することにある。

この「期待権」と類似したものとして、しばしば論じられるが、全く別の次元のものとして考えるべきものが、いわゆる「延命利益」の喪失（侵害）あるいは「延命享受の可能性」の喪失として慰謝料を肯定するものである（東京地判昭和六〇年九月一七日判時一二〇一号一〇五頁、大阪地判平成四年一月二九日判時一四二七号一一一頁、東京地判平成六年三月三〇日判時一五二二号一〇四頁、富山地判平成六年六月一日判時一五三九号一一八頁、東京地判平成七年三月二四日判時一五四六号四二頁、広島地判平成七年一二月五日判時一五八九号九五頁、大阪高判平成九年四月二五日判時一六一三号一〇六頁など）。これは、実は債権侵害＝債務不履行に因って「延命の可能性」が奪われたというものであり、債権侵害＝債務不履行に因って死亡したというのと同様の問題状況である（人間は必ず死亡するものであるから、医師の債務不履行に因って死亡したというのは、寿命が縮められたということである）。ただ、その延命の可能性が確実であったか否か、確実であっても何年生きられたか、が確定し難いところに、このような概念が用いられることになったのである。すなわち、損害の有無とその程度の不確定性が問題となるわけであり、ここでこそ、フランス法にいう「期待あるいは機会の喪失」（perte d'une chance）理論（澤野和博「機会の喪失の理論について㈠㈡」早稲田大学大学院法研論集七七号九九頁、七八号九五頁（一九九六年））が用いられるべきであろう。もっとも、このことは全ての消極的損害についていえることである。

3　取引的不法行為

近時、バブル崩壊に伴って、特に金融取引をめぐる損害賠償訴訟が急増している。すなわち、変額保険（最判平成八年九月二六日金法一四六九号四九頁、最判平成八年一〇月二八日金法一四六九号四九頁など）、ワラント取引（広島高岡山支判平成八年五月三一日判タ九一九号一八七頁、東京高判平成八年一一月二七日判時一五八七号七二頁、名古屋高判平成八年一〇月二日判タ九五四号一九五頁、東京地判平成九年一一月一一日金判一〇三一号三七頁など）、先物取引（大阪地判平成八年二月一九日判時一五八七号一二五頁、福岡高判平成八年九月二六日判タ九二八号一七三頁など）、投資信託（神戸地判平成八年七月一八日判タ九二七号一七六頁など）などにおいて、民法第七〇九条や民法第七一五条で損害賠償請求がなされている。このような事件類型では、主として勧誘段階での説明義務などの行為義務違反が問題とされ、権利侵害ないし保護法益侵害は問題とされず、次いで「損害」の認定に入っているということは、民法第七〇九条の「権利」ないし「法益侵害」が問題とされておらず、民法第七〇九条の適用範囲の問題とするには疑問が残る。実は、これらの事件類型も医療事故訴訟と同じく、契約法の問題であり、いわゆる「契約締結上の過失」が契約責任（民法第四一五条）の領域とされる現在においては、不法行為訴訟からは排除すべきであろう。ただ、詐欺や強迫が認定し得る場合には不法行為の問題とも考えられる（ドイツ民法第八二六条は、故意の良俗違反行為の場合は「権利侵害」を問題とせず、不法行為の成立を認めているのが参考となる）。このような強度の「違法性」がある場合には、民法第四一八条より民法第七二二条第二項の適用の方が妥当であろう。

三　「違法性」要件

1　民法第七〇九条の「違法性」

民法第七〇九条の「違法性」についての近時の最高裁判所判決を見ることによって、そこでは、どのような事実が違法性判断の基礎とされているかを検討してみる。
(1)　最大判昭和五六年一二月一六日民集三五巻一〇号一三六九頁は、空港の供用のような国の行なう公共事業が第三者に対する関係において「違法」な権利侵害ないし法益侵害となるかの判断をするに当たっては、侵害行為の態様と侵害の程度、被侵害利益の性質と内容、侵害行為のもつ公共性ないし公益上の必要性の内容と程度等を比較検討するほか、侵害行為の開始とその後の継続の経過及び状況、その間にとられた被害の防止に関する処置の有無及びその内容、効果等の事情をも考慮し、これらを総合的に考察するといい、その総合判断の上で「受忍限度」を超える被害がある場合は侵害行為の「違法性」が認められる、とした。

この判決は、違法性判断において、被侵害利益と共に実は「被害防止の処置の有無」といった過失の前提たる行為義務を尽くしたか否かも考慮されると述べ、しかも「受忍限度」概念は「違法性」概念と同義であることを明らかにしている。
(2)　最判平成元年一二月二一日民集四三巻一二号二二五二頁は、公立小学校教師の氏名・住所・電話番号等を記載し、かつ、有害無能な教職員等の表現を用いた大量のビラを繁華街等で配布した場合に、右ビラの内容が、一般市民の間でも大きな関心事になっていた通知表の交付をめぐる混乱についての批判、論評を主題とする意見表明であって、専ら公益を図る目的に出たものに当たらないとはいえず、その前提としている客観的事実の主要な点につき真実の証明があり、論評としての域を逸脱したものでないなど判示の事情の下では、右配布行為は、「違法性」を欠き、名誉毀損の不法行為を構成しない、とした。本件では刑法第二三〇条の二を念頭において、「真実性」の証明と共に「専ら公益を図る目的」という主観的意図をも考慮に入れて「違法性」を論じている。
(3)　最判平成三年一一月一九日判時一四一九号二〇頁は、土地所有者または二重に債権的権利である採石権を取得した者が、その権限にもとづいて当該土地で採石を行なうことは、それ自体では不法行為を構成するものではなく、その採石行為がその権利の取得経過、行使態様に照らして自由競争として保護すべき程度を超える「違法性」を帯びる場合に初めて、債権の侵害として不法行為を構成する、とした。本件は、第三者による「債権」侵害の事件であり、「行為態様に照らして」「違法性」を決するとしているが、それが仮に、通説のいう刑罰法規違反行為、公序良俗違反行為あるいは権利濫用行為などであるとしても、そのいずれにおいても、故意過失などの主観的要素も考慮に入れられていることは明らかである。
(4)　最判平成七年七月七日民集四九巻七号一八七〇頁は、㈠判決を引用して、本件道路の公共性ないし公益上の必要性の故に、原告が受けた被害が社会生活上受忍すべき範囲内のものであるということはできず、本件道路の供用が「違法」な法益侵害に当たるとして損害賠償請求を認めた。したがって、本判決においても㈠判決へのコメントが妥当する。

2　国家賠償法の「違法性」

昭和二一（一九四六）年の日本国憲法第一七条にもとづいて昭和二二（一九四七）年に「国家賠償法」が制定され、この第一条は、民法学の当時の通説に従って、「公務員が、その職務を行うについて、故意又は過失によって違法に他人に損害を加えたときは」国又は公共団体が賠償責任を負うと定めた。判例上、この「違法性」要件がどのように認定されているかを、最高裁判所の判決に見てみよう。
(1)　最判昭和五五年七月一〇日裁判集民事一三〇号一三一頁は、市教育委員会が、市立高等学校教職員の人事異動方針の一つとして、高年齢者に対する退職勧奨の方針を決定し、これにもとづいて同委員会の担当者や学校長が、六〇歳前後の教員に対して行なった本件退職の勧奨は、あまりにも執拗であって、退職勧奨として許容される限度を超えたものとして「違法性」を帯び、市は国家賠償法第一条による損害賠償責任を免れない、とし、あまりに「執拗」という行為態様に「違法性」を認めている。当然そこには行為者の主観的要素（何としても退職させようという意図の下に繰り返し迫る）も考慮に入れられていることは明らかである。
(2)　最判昭和五六年一月二七日民集三五巻一号三五頁は、沖縄県宜野座村内に製紙工場の建設を計画した会社から協力を要請された村長が、右工場を誘致し建設用地の一部として村有地を提供する旨の村議会の議決を経たうえ、その建設及び操業開始に全面的に協力することを言明し、これを信じた右会社が工場建設予定地の耕作者に補償料を支払って明渡を求め、金融機関から融資を受けて機械設備を発注し、工場敷地の整地工事を完了したところ、工場建設に反対する住民の支持を得て当選した新村長が、工場建設予定地周辺の住民の反対が強いこと、右議決後に社会情勢が急変したこと、工場建設は将来の付近地域の開発に支障をもたらすおそれがあること、工場予定地の上流に農業用ダムの建設計画があることを理由に右工場の建築確認申請に不同意を表明したため、右会社がもはや同村の協力は得られないものとして工場建設を断念するに至ったとの事情の下では、新村長による協力拒否は、それがやむを得ない客観的事情にもとづくものであるか、または右会社の被った損害を補償するなどの代償的措置が講じられない限り、同村と右会社との間に形成された信頼関係を不当に破壊するものとして「違法性」を帯び、同村の右会社に対する不法行為責任を生じさせる、とした。すなわち新村長の「協力拒否」は、会社への加害目的の行為ではないが、損害を与えることを「認容」した行為であるから「違法性」阻却事由のない限り「違法性」を帯びるとした。
(3)　最判昭和五七年四月二三日民集三六巻四号七二七頁は、マンションの建設資材搬入用の車両の通行についてなされた道路法第四七条第四項の規定に基づく車両制限令第一二条所定の認定申請に対し、道路管理者たる東京都中野区長が、その建設に反対する付近住民と建築主との間で実力による衝突が起こるのを回避するため、右認定を約五か月間留保した後、右衝突の危険が回避されたと判断してその認定を行なったとの事情の下では、右区長の認定留保は、行政裁量の行使として許容される範囲内にとどまるものであって、これに国家賠償法第一条第一項の「違法性」を認めることはできない、とした。これは区長が「実力による衝突」回避という事実とその目的意思をもって認定留保をしたことが、その目的意思の故に「違法性」が認められない、すなわち違法性が阻却される、すなわち「正当業務行為」であったと解すべきである。（それは、他人の身体拘束という行為も犯人逮捕という客観的事実とその目的意思をもって行なわれたときは違法性が阻却されるのに対比され得る。刑事訴訟法第二一三条）。
㈣　最判昭和六〇年五月一七日民集三九巻四号九一九頁は、検察官が論告において第三者の名誉または信用を害する陳述をしても、それが、もっぱら誹謗を目的としたり、事件と全く関係がなかったり、あるいは明らかに自己の主観や単なる見込みに基づくものにすぎないなど、論告の目的、範囲を著しく逸脱し、または陳述の方法が甚しく不当であるなど、訴訟上の権利の濫用に当たる特段の事情のない限り、右陳述は、正当な職務行為として、国家賠償法第一条第一項の「違法性」を阻却される、とした。ここでは「誹謗目的」などの行為者の主観的要素が「違法性」要素であることが、逆の方向から論じられている。
⑸　最判平成元年六月二九日民集四三巻六号六六四頁は、無罪の判決が確定した場合における公訴提起の「違法性」の有無の判断は、検察官が公訴提起時に現に収集した証拠資料及び通常要求される操作を遂行すれば収集し得た証拠資料をもってすべきであり、公訴提起後その追行時に公判廷に初めて現われた証拠資料であって通常の操作を遂行しても公訴の提起前に収集することができなかったと認められる証拠資料をもってすることは許されない、とした。この判決は公訴提起の「違法性」は公訴提起時に知りまたは知り得た事情によって判断すべきであるとしたもので、実は、行為時の故意または過失が「違法性」の要件であることを間接的に明らかにしたものといえよう。

(6)　最判平成五年一月二五日民集四七巻一号三一〇頁は、被疑者が逃亡中のため逮捕状の執行ができず、逮捕状の更新が繰り返されているにすぎない時点で、被疑者の近親者が、被疑者のアリバイの存在を理由に逮捕状の請求、発付における捜査機関または令状発付裁判官の判断の「違法性」を主張して、国家賠償を請求することは許されない、とした。その理由は「右の時点において前記の各判断の違法性の有無の審理を裁判所に求めることができるものとすれば、その目的及び性質に照らして密行性が要求される捜査の遂行に重大な支障を来たす結果となるのであって、これは現行法制度の予定するところではない」というのである。ここでは、刑事訴訟法などの現行法制度全体から行為の違法性を否定したものといえよう（原審たる東京高等裁判所の「理由」に詳細が尽くされている）。
(7)　最判平成五年二月二五日民集四七巻二号六四三頁は、国及びアメリカ合衆国が管理する飛行場の周辺住民が右飛行場に離着陸する航空機に起因する騒音等により被害を受けたとして国に対し慰謝料の支払を求めたのに対し、単に右飛行場の使用及び供用が高度の公共性を有するということからその被害が受忍限度の範囲内にあるとした原審の判断には、不法行為における侵害行為の「違法性」に関する法理の解釈適用を誤った違法がある、とした。すなわち、前記1(1)最大判昭和五六年一二月一六日民集三五巻一〇号一三六九頁が判示した要素を十分に比較検討して総合的に判断することなく、単に被告の飛行場の使用及び供用が高度の公共性を有するから、原告の被害は「受忍限度」内にあるとしたのは不法行為における侵害行為の「違法性」に関する法理の解釈適用に誤りがあったというのである。
(8)　最判平成七年一一月七日判時一五五三号八八頁は、東京都町田市が東京都獣医師会町田支部に所属する獣医師による場合に限って、飼犬、飼猫の不妊手術を受けさせた町田市民である飼主にその手術料の一部に相当する金員を補助金として交付する旨を定めたことは、同支部に所属しない獣医師の営業上の利益を侵害するものとはいえず、これに国家賠償法上の「違法性」を認めることはできない、とした。この判決は「違法性」判断には法益侵害という「結果違法」も考慮に入れるべきであることを示したものである。

ちなみに、人身保護請求事件においても、人身保護法第二条の拘束救済請求権の要件として、人身保護規則第四条が「拘束又は拘束に関する裁判若しくは処分がその権限なしにされ又は法令の定める方式若しくは手続に著しく違反していることが顕著である場合」と規定したことから、この請求が認められるには「顕著な違法性」が要件とされる。そこで、最高裁判所は、夫婦の間での幼児の「取り合い」事件において、拘束者と請求者のいずれの保護下にあることが子の「幸福」かという観点から判断しようとしている（最判平成五年一〇月一九日民集四七巻八号五〇九九頁、最判平成六年四月二六日民集四八巻三号九九二頁、最判平成六年一一月八日民集四八巻七号一三三七頁。なお、最判平成六年七月八日判時一五〇七号一二四頁は合意違反の事件）。このような観点からは、当然に拘束者の主観的事情なども考慮に入れなければならないことは明白である。

四　現代「違法性」理論論争

以上、判例においては、被害者の保護法益は勿論のこと、加害者の主観的要素も含めて損害賠償ないし差し止めを認めるべきか否かの総合判断の〝土俵〟として「違法性」という法概念が用いられ、しかも「受忍限度」という法概念と同義であることが明らかとなった。他方、学界においては、前述の如く、戦前の通説が戦後になって批判を受け、「違法性」理論は現在、正に百家争鳴の観があるが、大別して「過失違法二元論」、「過失一元論」、「違法一元論」の三つの考えが鼎立しているといえる。以下にそれぞれ検討する。

1　違法・過失二元論

民法第七〇九条の解釈論として、「違法性」と「過失（故意は当然のこととして）」という二つの法概念を堅持しようとする立場で、現在の通説といえよう（四宮和夫『不法行為』一九八五年（青林書院）三〇五頁、森島昭夫『不法行為法講義』一九八七年（有斐閣）二五一頁、幾代通＝徳本伸一『不法行為法』一九九三年（有斐閣）一一四頁、中井美雄編『不法行為法』一九九三年（法律文化社）七四頁〔植木哲〕、吉村良一『不法行為法〔第4版〕』二〇一〇年（有斐閣）九四頁、沢井裕『事務管理・不当利得・不法行為（第二版）』一九九六年（有斐閣）一〇一頁、田山輝明『不法行為法』一九九六年（青林書院）六三頁など）。

しかし、それぞれの主張するところは微妙に相違していて、難解を極めている。例えば、四宮和夫は、「違法」とは「行為不法」すなわち「人の行為が法秩序の課する行為義務に違反したか否かによって判断される」ことであり、「結果不法」すなわち「権利ないし法益」侵害という結果は「行為不法の発生根拠にすぎず、内容そのものではない」という（二八〇頁）。したがって「権利侵害」は、違法性の要件でなく（四〇一頁）、損害賠償責任に特有の責任要件の一つであり（二八五頁）、せいぜい「故意、過失」の「連結点」であることを示す機能をもつにすぎないことになる。そして、客観的行為義務違反としての過失（三〇四頁）は、違法性の要素であると共に「有責性」の要素である（三七八頁）。したがって、四宮和夫は「過失違法二元論」と、いえよう。たしかに客観的行為義務は結果不法発生を防止するためのもので、結果不法はその「発生根拠」である。しかし、損害賠償法において問題となる「結果不法」は、それだけの機能に尽きるものではない。例えば、道路で自動車を運転するとき「前方注視義務」を負うのは、人や財産を加害しないように安全運転するため、という意味で人や財物への加害の可能性は、発生根拠といえよう。しかし右義務違反で人を加害した場合と犬猫を加害した場合では損害賠償法上の扱いが大いに異なる（例えば慰謝料）が、それは結果不法が影響して「違法性」の程度が異なるからである。不法行為法が損害の公平妥当な分配制度（二六三頁）であるならば、判例のように行為不法（加害者）と結果不法（被害者）の両者を対等のものとして考量することが妥当であろう。さらに、「違法性」と区別された「有責性」を論ずるならば、この伝統的法用語の内容からすれば、「違法性判断における一般的基準に対立する意味での個別的基準は（有責性では）採らない」（三七九頁）とするのは背理であろう。

さらに、森島昭夫は「違法性」を被害者と加害者の利益の衡量を行なう概念と考える（二五二頁）。しかし判例上でも衡量されるべき要素には「防止処置の有無」といった「行為義務の内容」も含まれており、客観的行為義務違反としての過失（一七八頁）を違法判断から排除しなければならない理由が明白でない。

あるいは、幾代通＝徳本伸一は「不法行為の成否の判断作用における一つの手掛りとして、ないしは、そこでの思考の整理の便宜のために」「違法性」と「過失」を区別する（一一四頁）という。たしかに、思考経済ということは体系書を書く場合に便利であることから見ても明らかである（吉村良一・前掲書九五頁）。しかし、現実の不法行為事件の複雑さとその法的対応としては「統合・一元化」せざるを得ないのではなかろうか。

また、沢井裕は「違法性は生じた結果から判断される客観的法秩序違反であり（いわゆる結果不法論）、有責性は侵害行為時を基準とする判断であり、行為時における侵害の回避可能性の有無によって判断される（いわゆる行為不法論）」と主張する（二〇二頁）。そして過失は客観的行為義務違反であることを前提としている（一七七頁）。沢井説によれば、結局は共に「不法」（違法の実体という意味でなく「違法」と同義であろう）の問題とするから「違法一元論」に接近しているといえよう。とすれば、両者を、判例のように一つの〝土俵〟にのせて利益考量することを、なぜ否定しなければならないのであろうか。

2　過失一元論

これは平井宜雄の主張するところで、「違法性」概念は、権利侵害要件を拡大したことによってその役割を終えて機能を失ったとし（平井宜雄『損害賠償法の理論』一九七一年（東京大学出版会）三八二頁）、「過失」（「行為義務違反」平井宜雄『債権各論Ⅱ』一九九四年（弘文堂）二八頁）をもって、不法行為の成否の判断を行なうと主張する（『債権各論Ⅱ』二五頁）。しかし、「権利侵害ないし法益侵害」が不法行為成立の限定的機能を失った（『債権各論Ⅱ』二五頁）という認識は必ずしも妥当でない（例えば、前記「環境権」、「宗教的人格権」（東京地判平成五年五月二一日判タ八三四号一四二頁）など）。さらに、「違法性」を広く不法行為成立要件一般を意味すると解することには、特に反対すべき理由はなく、ただ、民法第七〇九条及び判決例中の用語との整合性を、どこまで追求すべきかという問題だけが残り、整合的であろうとすれば（解釈学ではこれが当然の要請であるが）、「過失」の語の方が適切であることは明らかであると主張するが、「過失」の語の方が整合的であるということの説明がなく、むしろ民法第七〇九条は行為義務違反としての「過失」と被侵害利益としての「権利侵害」の二つの用語が用いられ、それらを統一した「題号」として法典は「不法行為」という用語を用いているし、判決例中の用語が「過失」でなく「違法性」を不法行為成立要件一般としていることは前述のところから明らかである。

3　違法一元論

判例において見たように、「違法性」という概念をもって、加害者の故意、過失、動機といった主観的要素や被害者の法益さらに被害者の態度（いわゆる過失＝違法性相殺）などを総合的に考慮して損害賠償を認めるか、認めるとすれば、どの範囲で認めるか（いわゆる義務射程説＝保護目的説＝「違法性」連関説）、額の算定はどうするか（特に慰謝料額）という不法行為の殆ど全ての問題を決定しようという「違法一元論」も主張され、そして、それは歴史的に見ても違法性（iniuria）は一元的に把握されていたのであって背理ではないとする（前田達明『民法Ⅵ$_2$（不法行為法）』一九八〇年（青林書院）一二二頁）。この説に対しては種々の批判がなされているが、例えば「権利侵害要件を放棄する」ことになるという批判（吉村良一・前掲書九五頁）に対しては、「違法一元論」は、民法第七〇九条においては、「故意又は過失」という要件事実が存在するか否か、そして「権利ないし法益侵害」という要件事実が存在するか否かを、まず認定し、存在するとされたとき、次の段階として、総合的に違法性の有無（実はそれは評価であるが）を認定するものであり、「権利侵害」要件を放棄するものではない、と反論し得る。他方、「権利侵害」があったとしても、その他の要素、とりわけ侵害行為の公共性や社会的有用性を理由に侵害行為の差し止めを否定するという、権利の保護という視点からは重大な結果を招くことになる（吉村良一・前掲書九五頁）という主張は、「権利侵害」という要件事実だけで、全ての場合に「差し止め」を認めようという価値判断を前提とするならば、それは判例学説の賛同を得ることは困難であろう。なぜならば、そもそも「権利」は法が認めるものであり、それが公共の福祉などによって制限される（それは「権利」が存在しないといっても同様である）のは、当然のことだからである。

4　今後の課題

不法行為法、特に「違法論」の混迷は、当分結着を見ないであろうが、それは理論的対立だけでなく価値判断の対立をも含んでいることにもとづく。ただ、どのような法用語を用いるにしても、不法行為の認定に考慮すべき要件事実については、各具体的事件類型においては、ほぼ一致しているという点から、ある意味で「整合性」の問題として、今後解明されることが期待される。そのためには、むしろ不法行為事件の各論的研究の集積からの再出発が必要であろう。

（「新・現代損害賠償法講座２」一九九八年　日本評論社）

第五章　違法一元論について

一　本稿の目的

筆者は、かつて、次のように述べた。

「不法行為法は、民法七〇九条で、殆んど全ての事件を処理するような様相を呈し、その理論状況は混迷を極めている」（前田達明『不法行為帰責論』一九七八年（創文社）はしがき一頁。以下、前田達明・前掲書という）。そして、現在もその状況に大きな変化はない。例えば、民法第七〇九条の解釈として、周知のように、過失違法二元論、過失一元論、違法一元論の三説が鼎立している。筆者は、つとに、違法一元論を主張し（前田達明・前掲書一八九頁、二一八頁。なお、以下、前田達明の「違法一元論」を、単に違法一元論という）、近時においては、前田達明「権利侵害と違法性」（山田卓生＝藤岡康宏編『新・現代損害賠償法講座（2）』一九九八年（日本評論社）一頁。以下、前田達明・前掲論文という。本書二四六頁。）に、それを要約している。もっとも、現在においても、違法一元論に対して、多くの批判がなされており、筆者としては、再度、違法一元論を確認し（以下、「第二」という）、次いで、違法一元論批判[1]に対して解答を提示し、加えて他説に対して批判を提起するのが、本稿の目的である。

そこで、本稿においては、敢えて、ポレーミッシュな論述を展開した[2]。それは、論争こそが、学問の発展に不可欠である、と考えたからである。したがって、本稿を契機として、再度、違法一元論に対して、厳しい再批判を期待するものである。

二　違法一元論の確認

1　民法第七〇九条の解釈

(1)　民法典第三編「債権」において、その第五章には「不法行為」と規定されている。では、「不法行為」とは何か。第五章の条文の中で、最も基本的な原則規定である第七〇九条は、「故意又は過失によって他人の権利又は法律上保護される利益を侵害する」行為と規定している。
すなわち、〝故意又は過失〟によって、〝他人の法益を侵害する〟ということが、当該行為に不法性すなわち違法性という法的性質を付与する、というのである。なお、「不法」とは「違法」のことであり（前田達明・前掲書一九六頁、同二〇二頁（注3）、潮見佳男『不法行為法』一九九九年（信山社）二七頁）、「不法」という用語を用いることが、法文解釈としては、より正確であるが、判例学説において、長年、「違法」という用語を用いてきたのであって、今、それを改めるよりも、「違法」という用語を用いる方が、より議論が容易であるから、本稿においても「違法」という用語を用いる。
(2)　したがって、民法第七〇九条においては、「故意過失」という〝行為違法（行為無価値）〟と「法益侵害」という〝結果違法（結果無価値）〟が要件となって、損害賠償責任が認められるのである。すなわち「故意又は過失」という要件と「法益侵害」という要件を、〝違法性〟という同じ〝次元〟に並列して、総合的に判断を行ない、損害賠償責任を認める、あるいは認めない、という構造になっているのである（前田達明・前掲書二一八頁）。したがって、例えば、「故意又は過失」がなければ行為違法なしとして、損害賠償請求は認められず、「法益侵害」がなければ結果違法なしとして、損害賠償請求が認められない。ということは、「理論」として、「違法」という用語を用いるというだけではなく、〝故意又は過失によって他人の法益を侵害する〟が、民法典自身が定めるように、「違法」という「規範的（評価的）要件」である、ということである。そして、この観点からいうと、過失違法二元論というのも疑問があり、過失「法益侵害」二元論というべきであろう（「違法」というのは、法典上、あくまで、「過失」を含んだ用語なのである）。なお、蛇足であるが、違法一元論は、過失一元論が「法益侵害」概念を捨て去るのと異なり、「法益侵害」という要件は勿論のこと、「過失」という要件も維持するのである。すなわち、「『一元化』は、あくまで「権利侵害」「故意」「過失」の意味の解釈によるものであり、責任発生要件の枠組みとして、これらは維持される点で、前掲の「過失一元論」と異なる」（古賀哲夫＝山本隆司編『現代不法行為法学の分析』一九九七年（有信堂）八頁注（9）（山本隆司））というのが、正確な理解である。

以上のことを、法秩序の構造からいうと、法は、諸々の社会的価値のうち、保護に値すると評価したものを、各社会構成員に分配帰属させ、原則として、その者の意思に委ねる（法の分配機能。分配規範。柳沢弘士のいわれる「物的価値規範」（柳沢弘士「ケメラーの民事不法理論（三）」日本法学三一巻四号（一九六五年）一三五頁、柳沢弘士「不法行為法における違法性」私法二八号（一九六六年）一二五頁）に対応するであろう）。これは、憲法第一三条を基本として（憲法第二九条第一項が、その代表例）、民法の「物権」「債権」などが、それである（その他の法による分配もある）。他方、他人に対しては、それを侵害しないように命令する（法の命令機能。命令規範。これは、分配規範から出るのでなく、両者は対等に並ぶものである）。それは、憲法第一二、一三条から、〝他人の基本権を侵害してはいけない〟（他者加害禁止）ということが導かれ[3]、それが民法第一条に結実している。前者の規範に違反するのが結果違法（結果無価値）、後者に違反するのが行為違法（行為無価値）であり、前者は被害者の立場を、後者は加害者の立場を考慮したものである[4]。そして、この両違法性（両無価値性）が加算（これは、勿論、譬喩的表現である。）されて、一定限度を越えたとき、不法行為法的保護を与えるにふさわしい違法度に達したということにするのである。適切な表現ではないが、例えば、
故意＞5、5＞過失、不法行為法的保護の必要な違法度＞6とすると、ある法益Aのある侵害の違法度が1であれば加害者に故意ある場合のみ不法行為法的保護が与えられる（前田達明・前掲書一九二頁）。
次に、このような違法一元論が、これまでの民法第七〇九条の解釈論史からみて、その必然的帰結であることを示そう。

2　違法一元論の成立史

(1)　末川博が、権利侵害論（一九三〇年（弘文堂））において、民法第七〇九条の「権利侵害」を違法性と読み替え、我妻栄が、その「違法性」の決定にあたっては、〝被侵害利益の種類と加害行為の態容との相関関係において、考察されるべきである〟（我妻栄「債権法（不法行為）」一九三一年（日本評論社））とし、日本の不法行為法学は、被侵害利益と侵害行為の類型化に努めてきた。ここで、注意すべきは、我妻栄のいう「侵害行為」とは、刑罰法規違反行為、その他の禁止命令法規違反行為、公序良俗違反行為、権利濫用行為をいうのであって、「故意行為」「過失行為」を指すのではなかった、ということである。それは、末川博にしても我妻栄にしても、当時の刑法学における通説である「客観的違法論」の影響下にあり（小野誠一郎・瀧川幸辰）、「故意又は過失」は、違法性の次元の問

題ではなく、有責性（責任）の次元の問題であると考えていたからである。したがって、有責性の次元の問題である「故意又は過失」を、次元の異なる違法性において考察することは不可能であったのである。しかし、戦後、日本の刑法学界、民法学界においても、過失が、「客観的行為義務違反」であることが認められ、さらに、故意も「主観的違法要素」であることが認められるようになると、「故意又は過失」こそが、違法性決定における侵害行為の〝態容〟として考察されるべきであり、前述のような、「故意または過失」を除外した形ちでの「刑罰法規違反行為等」といった、形式的違法性と「法益侵害」といった実質的違法性を相関的に考察するというのは妥当でない、という鋭い批判がなされた（藪重夫「現代刑法理論（目的的行為論）と民法における違法・責任理論」『北海道大学法学部十周年記念法学政治学論集』一九六〇年（有斐閣）八三頁、柳沢弘士「ケメラーの民事不法理論——不法行為法における行為不法理論と不法類型論についての覚書」日本法学三一巻一、二、三号一九六五—一九六六年、加藤一郎「公害問題について」『日本弁護士連合会昭和四十年度特別研修叢書』一九六五年五一頁、広中俊雄「不法行為法論の新しい動き」法学セミナー一九六六年一一月号三六頁、同『債権各論講義下巻』一九六七年（有斐閣）四三〇頁、四四六頁）。これによって、「故意又は過失」と「法益侵害」を、共に違法性という同じ次元において比較衡量することが可能となり、ここに違法一元論が成立したのである。
(2)　そして、この違法一元論は、たしかに、「故意又は過失」で所有権（絶対権）を侵害したというときは、その要件が充足されれば、特に「違法性」という「用語」を用いることなく、損害賠償責任を肯定し得るし、その要件が充足されなければ、違法性という用語を用いるまでもなく損害賠償責任が否定される。そこでは、理論的説明（「第二」参照）に過ぎない、とも見えるかもしれない（森島昭夫『不法行為法講義』一九八七年（有斐閣）二五四頁、幾代通＝徳本伸一『不法行為法』一九九三年（有斐閣）一一三頁）。しかし、それは、やはり、「違法」という規範的評価が、そこで既になされているのである（規範的要件としての「違法性」）。すなわち、右の二要件が充足されるときは「不法（＝違法）」行為と認められ（したがって、損害賠償責任が認められる）、それが充足されないときは「不法（＝違法）」行為とは認められない（したがって、損害賠償責任が認められない）のである。さらに、違法一元論における「違法性」という用語が、実質的に有用な局面が存在するのである。

3　違法一元論の有用性

(1)　まず、第一に、「債権侵害（相対権）」の場合は、「過失」による「債権」侵害は損害賠償責任を発生させないということについて、判例学説は一致している。すなわち、この場合、「故意」あるいは「害意」があるときのみ損害賠償責任が認められる。しかし、それは民法第七〇九条の文言に明らかに反することになる（法文上は、少なくとも過失で権利を侵害すればよいはずである）。それを説明し得るのは、違法性一元論の違法性概念しかないことは、論をまたない（加藤雅信『新民法大系Ｖ第二版』二〇〇五年（有斐閣）一八四頁）。すなわち、正に、結果違法の程度が低いから、行為違法の程度が、より高い場合にのみ損害賠償責任を認められるのである。
(2)　さらに、同じく相対的利益ともいうべき日照、通風などといった「環境利益」や「景観利益」の場合においては、判決文の中で、過失などの加害者の行為「態容」を法益の重要性と比較衡量している。例えば、日照権を認めたリーディング・ケースといわれる（内田貴『民法Ⅱ第３版』二〇一一年（有斐閣）三六八頁）、最判昭和四七年六月二七日民集二六巻五号一〇六七頁は、次のように判決している。
「ところで、南側家屋の建築が北側家屋の日照、通風を妨げた場合は、もとより、それだけでただちに不法行為が成立するものではない。しかし、すべて権利の行使は、その態様ないし結果において、社会観念上妥当と認められる範囲内でのみこれをなすことを要するのであつて、権利者の行為が社会的妥当性を欠き、これによつて生じた損害が、社会生活上一般的に被害者において忍容するを相当とする程度を越えたと認められるときは、その権利の行使は、社会観念上妥当な範囲を逸脱したものというべく、いわゆる権利の濫用にわたるものであつて、違法性を帯び、不法行為の責任を生ぜしめるものといわなければならない。

本件においては、原判決によれば、上告人のした本件二階増築行為は、その判示のように建築基準法に違反したのみならず、上告人は、東京都知事から工事施行停止命令や違反建築物の除却命令が発せられたにもかかわらず、これを無視して建築工事を強行し、その結果、少なくとも上告人の過失（傍点は筆者）により、前述のように被上告人の居宅の日照、通風を妨害するに至つたのであり、一方、被上告人としては、上告人の増築が建築基準法の基準内であるかぎりにおいて、かつ、建築主事の確認手続を経ることにより、通常一定範囲の日照、通風を期待することができ、その範囲の日照、通風が被上告人に保障される結果となるわけであつたにかかわらず、上告人の本件二階増築行為により、住宅地域にありながら、日照、通風を大巾に奪われて不快な生活を余儀なくされ、これを回避するため、ついに他に転居するのやむなきに至つたというのである。したがつて、上告人の本件建築基準法違反がただちに被上告人に対し違法なものとなるといえないが、上告人の前示行為は、社会観念上妥当な権利行使としての範囲を逸脱し、権利の濫用として違法性（傍点は筆者）を帯びるに至つたものと解するのが相当である」と。

すなわち、加害者の「過失」をも考慮して違法性を判断しているのであって、「権利侵害」だけで判断している（内田貴・前掲書三六一頁）のではないのである。そして、これらの場合は、単に「法益侵害」だけで判断するよりも、「故意又は過失」をも考慮に入れて判断する方が、より妥当なものとして社会的にも受け入れられるであろう（元来、判決とは、特に、不利な判断をされた者、ここでいえば、加害者を説得するものであり、〝お前は、少なくとも過失があったのだから違法性が高いのだ！〃というのは、加害者を説得するのに有用である）。

さらに、故意で不倫をして、相手方の子の法益を侵害しても、損害賠償請求権は認められず、より違法度の高い「害意」を要求するのが（最判昭和五四年三月三〇日民集三三巻二号三〇三頁）、それである（多数意見は、「因果関係」の問題とするが、「故意又は過失」の問題である。潮見佳男『不法行為法』二〇〇二年（信山社）六六頁）。

そして、絶対権侵害も相対的利益の侵害も全て、民法第七〇九条一ヶ条で処理するとすれば、その全てを統一的に説明できる「違法一元論」は、民法第七〇九条の解釈論として、最も有用である、といえよう。

他方、過失違法二元論は過失と違法（法益侵害）とは別次元のものと把握するのだから、右のような比較衡量には不適合な理論であり、過失一元論は違法性は勿論のこと「法益侵害」要件も捨て去るのであるから、要件事実論からいって、採用し難い。

以上のことを前提として、違法一元論批判に解答を提示し、他説に対して批判を提起しよう。以下、出版年代順（二〇〇九年当時）に、それが同じ場合は、著者名のあいうえお順に検討する。

三　違法一元論批判への解答と各説への批判

1　潮見佳男『不法行為法』一九九九年（信山社）四四頁は、次のように、違法一元論を批判する。
「ところで、このように捉えた場合には、過失責任にあっては、権利侵害要件において吟味された当該具体的被害者の具体的権利を保護する必要性と、帰責事由要件において吟味された当該具体的行為者（加害者）の意思決定の自由・行動自由を保障する必要性とを総合的に衡量判断する場が、両要件事実とは別に必要とされる。そして、論者の中には、前述したように、この総合的判断を行う場として、『違法性』という要件事実を別途に立てる見解がある。しかし、不法行為における『違法』評価は、権利侵害・帰責事由に関する判断、およびこの両者のもとでの判断結果の総合的衡量という一連の過程全体においてなされるものである。しかも、この第3段階での作業は、ⓐ具体的な権利侵害の結果と加害行為との間の因果関係（事実的因果関係）を確定することと、ⓑ帰責事由判断をつかさどる規範の保護目的の範囲内に当該具体的権利が入るかどうかを吟味する作業である（伝統的には、相当因果関係の問題として論じられてきている）。こうした点に着目するならば、むしろ、この第3段階での衡量の場に『違法性』という要件事実を当てることは問題であるばかりか、それがまた、違法性を論ずることの必要性をめぐる議論と、要件事実としての違法性の要否をめぐる議論との混線を招くことにもなりかねない。

それゆえに、以下では、過失責任における不法行為におけるトータルな違法評価が、要件事実上では、①『権利侵害』、②『帰責事由』（故意・過失）、③『事実的因果関係』、④『規範の保護目的』に関する考慮の中で段階的に吟味されているのだというように理解して論ずることとする（これらの要件事実とは別に、『違法性』という独自の要件事実を立てる必要はない。なお、わが国の現時点の学説では、上述のように、権利侵害、故意・過失に関する判断を経た後に違法性要件を置く立場のほか、伝統的な相関関係的考慮を基礎とした違法性と故意・過失とを併存させる二元構成、同様の意味での違法性と有責性を併存させる二元構成、そして、違法性を不要とし、権利侵害と故意・過失を立てる構成などが見られる。本書の立場は、違法性と『有責性』を峻別しない点で、これを峻別する四宮和夫、澤井裕、吉村良一と異なり、権利侵害と故意・過失を中心に据える点で平井宜雄と共通するし、また、前田達明の言う『違法性』は、本書では規範の保護目的〔義務射程・保護範囲〕に関する判断であると捉えていることから、この点では——違法性という『要件事実』を立てない点の相違を措けば——骨格部分においては前田説にきわめて接近すると言える。ただし、帰責事由の判断枠組の細目については、後述するように、これらと異なる部分がある）」。

右の批判に対する筆者の解答は、次の如くである。

たしかに、「理論」としての違法性と「要件事実論」としての違法性は異なる。そして、前者については潮見佳男は違法一元論と実質的に同じ作業を行なっているのであるから、筆者としても異議はない（前田達明「不法行為法における過失と違法性について」私法三一号一九六九年一二六頁）。

次に、「要件事実論」としての違法性については、「第二」で明らかにしたように、民法典自身が、「法律要件」として「違法性」を規定しているのだから、「故意又は過失」（行為違法）、「法益侵害」（結果違法）に関する判断を経た後に、「違法性要件」を置くことは許容される、というよりも、民法典の要請により、そうしなければならないのである。

次に過失の帰責根拠について、潮見佳男『債権各論Ⅱ第2版』二〇〇九年（新世社）二八頁は、次のように述べている。

「人は国家により自由を保障された社会の中で他の人々とともに生活をおくっているわけですが、そこでは、他者との交流なしに社会生活をおくることは、きわめて困難です。裏返せば、社会というものは、国家により自由を保守された個々人が共同体を構成して、その中で各々が自由な生活を営んでいるわけです。こうした共同体社会の中では、自由な個人と個人とが接触することにより、自由と自由、権利と権利の摩擦・衝突が生じることは避けられません。このとき、個人の自由の保障を基本理念として維持しつつ共同体社会を機能させるには、『個人はみな、対等（平等）である』との立場を前提にすれば、自由で対等な私人相互の権利・自由を調整する必要が出てきます。そのために、国家は、他者の権利への保障を図るために社会生活上必要と考える措置を、私人に一定の行為を命じ、または禁止することによって負荷することで、自由と自由、権利と権利の摩擦・衝突を回避しよう――そして、他者の権利を保障しよう――とするのです（内心の思想・信条そのものを直接に規制することはできません）。もちろん、こうした一定の行為の命令・禁止は、憲法に適合的なものでなければなりませんし、何よりも個人の行動の自由を制約することにもなりますから、あくまでも他人の権利を保護するのに最大にして、かつ必要最小限の介入でなければなりません（過剰介入の禁止）。

＊過失＝信頼責任とする考え方

もっとも、今日の不法行為学説で②（過失を行為義務違反とする）の考え方を支持する論者の中で、本文に挙げたような説明をしている者は、稀です。むしろ②の考え方を支持する多くの論者が理由として挙げているのは、信頼責任の考え方です。そこでは、次のような説明がされています。

それによれば、共同体社会において、共同体の構成員である個々人は、互いに他者が合理的な行動をとるであろうと信頼して生活を営んでいるのですから、個々人は互いの信頼を裏切らないように行動しなければ、共同体社会はうまく成り立っていきません。そこで、国家は、こうした共同体社会の信頼を裏切る行動をしないように、個々人に対し、社会生活をおくるにあたりとるべき行動を義務づけているのです。この国家により課された行為義務に対する違反、すなわち、共同体の構成員からの信頼を裏切るような行動が、過失と評価されるのです。

余力のある人は、このような考え方と本文で述べた考え方との間で、どこにどのような違いがあるかを考えてみればよいでしょう」。

これについての筆者の解答は、次の如くである。

まず、不法行為法の制度目的が憲法上の基本権の保護と調整である、と意識的に把握したのは、正に潮見佳男の功績である。

ところで、筆者の考える過失の構造も、正に、潮見佳男のいう〝国家は、他者の権利への保護を図るために社会生活上必要と考える措置を、私人に一定の行為を命じ、または禁止することによって〟すなわち、客観的行為義務を課し（法の命令機能。「第二」参照）、その違反を過失とするのである（前田達明・前掲書一八五頁）。

そこで、問題なのは、過失ある行為の帰責根拠である。行為義務違反、すなわち「違法性」をもって帰責根拠である、というのならば、それも一つの理論である。ただ、そのときは、故意行為の帰責根拠も客観的行為義務違反という「違法性」が帰責根拠である、としなければ、理論として一貫しない。(5)

ところが、潮見佳男『不法行為』一九九九年（信山社）一四五頁は、次のように述べている。

「次に見るように過失を客観的行為義務違反と捉える場合には、体系的に見て、権利侵害の認容・意欲という意思に帰責の根拠を置く故意と、法秩序による命令規範・禁止規範に対する違反に帰責の根拠を置く過失とは、別個に取り扱われるべきであるというように考えるのがわかりやすい」。

すなわち、潮見佳男は、故意責任の帰責根拠は「意思」であり、過失責任の帰責根拠は「行為義務違反」すなわち違法性である、とする。これでは、理論として一貫しない。何故ならば、故意行為も過失ある行為も「違法」行為であるが、故意行為にもとづく故意責任の帰責根拠（伝統的用語としては、有責性）としては、さらに、「意思」を要求し、過失ある行為にもとづく過失責任については、違法な行為だけで帰責される（伝統的用語としては、違法性が有責性である、ということになる）、というのは理解し難い。したがって、違法行為が何故に行為者に帰責されるかについて、筆者も、故意責任については「意思」であるというのは、中世神学以来の伝統的ドグマであり、今、これを俄かに捨て去る必要はない、と考える（前田達明「『神学大全』と民法学」創文五〇〇号二〇〇七年一頁。

本書九七頁)。そして、それとパラレルに、過失責任の帰責根拠は「信頼」であるというのが、一貫した理論である、と考える。すなわち、「第二」に述べたように、他人の権利・法益侵害防止のために(前田達明・前掲書一八五頁)、命令規範によって、行為義務が命ぜられ、行為者は、それに従って行為するであろうと、他者は「信頼」するのである。このような「信頼」がなければ社会生活は円滑に行なわれ得ない。さらに、「信頼」ということは、その行為義務が客観的基準でなければならないことの根拠となる。すなわち、法は、「信頼」を想定して行為義務を課すのである。何故ならば、行為者の個人性を全て算入しての「信頼」などは耐え難い、すなわち、社会生活の円滑化をはかり得ないからである。ところで、本来、法は不可能なことを命ずることはできないはずである。すなわち、守ることのできない行為義務を課しておいて、守ることができなかったとして、行為者を「非難」し帰責することはできないはずである。にもかかわらず、「通常人」、「一般人」、「合理人」などといわれている「標準人」の能力を基準とした客観的行為義務を課して、当事者の能力では守れないときでも帰責し得るのは、「信頼」原理以外にはない。そして、この客観的行為義務に違反して、「信頼」を裏切ったことが、過失責任の帰責根拠なのである(前田達明・前掲書一八八頁)。

これは、法律行為における法律効果の帰属が、「意思」と「信頼」である、というのと、パラレルに理解され、正に法律「行為」と不法「行為」の二大領域を共通に理解し得る、という大利点となるのである。

もっとも、潮見佳男が、民事責任の過失構造を、行為者の意思形成・意思決定・行為操縦過程に則して分析しているのは、誠に卓見である(潮見佳男『民事過失の帰責構造』一九九五年(信山社))。ところで、潮見佳男は、「法規範の側から捉えた行為の目的的構造」を支持するが(潮見佳男『不法行為法』一九九九年(信山社)二九頁)、筆者の「主観的目的的行為論」と一線を画している。筆者は、「行為」の「存在拘束性」(前田達明・前掲書「はしがき」三頁）を重視しているが、「行為論」については別稿に譲る。

なお、潮見佳男『不法行為法』一九九九年（信山社）一四二頁は、「違法性の認識」を「故意」の要件とする。そして、ここにいう「違法性の認識」とは、「『この行為の結果なんらかの法的責任を生ずること』についての抽象的認識」とする。しかし、筆者は、故意について、この要件は不要と考えている（前田達明・前掲書二〇九頁）。何故ならば、「法益侵害」を認容していれば、それだけで、十分に客観的行為義務違反であり（行為違法）、「認容」しているところから、〝それは、お前が作出した結果である〟として、行為者に帰責し得る。現に、法律行為の場合に、法律効果帰属の要件として、「適法性の認識」などは要求されていない。さらに、潮見佳男の見解からすれば、被害者が、加害者の「故意」の主張立証をする場合に、加害者に「違法性の認識」があることについても主張立証責任を負わなければならないことになる。しかし、このような「認識」は、正当防衛の場合に存在しないし（しかるに、潮見佳男・前掲書二〇六頁は、正当防衛成立の場合にも「加害行為について行為者の故意が認められる」（傍点、筆者）ものの、不法行為責任が否定される」とするのは、潮見佳男の立場からは、矛盾であろう）。また、右のような「認識」は責任能力の内容と同じである（潮見佳男・前掲書一九一頁）。そして、正当防衛と責任（無）能力については、加害者が、主張立証責任を負うことになっている（潮見佳男も、そのことを当然の前提としているであろう。潮見佳男・前掲書一九四頁）。この点からも矛盾することになる。すなわち、この両者は被告の抗弁であり、原告の民法第七〇九条の主張（したがって、故意も）を認めた上で、主張されるものなのである。
2　澤井裕『事務管理・不当利得・不法行為〔第三版〕』二〇〇一年（有斐閣）一〇〇頁は、次のように違法一元論を批判する。
「不法行為は、実質上、被害の態様と侵害行為の態様の相関関係的衡量によって判断されるというのが一元的説明だとすれば、『実質において』正当というべきである。しかし、一元説は不法行為の要件が、『故意過失』（平井説）、または『違法性』（前田説）のいずれかだとの説明をするから同調できないのである」。

そして、澤井裕は、次のように述べて、過失違法二元論を採用する。

「基本的には、伝統的見解の線上にある。すなわち、伝統的見解は、平井説の指摘の通り、そこでの『違法性』概念は、次の二つの側面を持っていた。①構成要件のレベルの問題　民法七〇九条の『権利』侵害という（構成）要件を『違法な利益』侵害に拡大することを意味する。上述諸見解も、『権利』侵害を無限定に『利益』侵害に拡大すればよいというのではなく、『保護に値する利益』の侵害という一定の法的評価を加えて（構成）要件としているのである。かかる法的評価を『違法』という表現抜きで説明することは不可能ではない。しかし、用いても実害はなく、講学上便利である。国家賠償法一条も『故意又は過失によって違法に他人に損害を加えたときは』とし、構成要件として『違法』性が用いられている（国賠責任は、公権力特有の問題、すなわち、公務員の公権力行使の作為義務の根拠とその違反を問う場合が多いから、『違法』性が特に重要であるが、不法行為の本質的構造は民法も同じである）。②違法性・有責性のレベルの問題　加害者に責任を負わせるためには、形式的に民法七〇九条の（構成）要件に当てはまるだけでは足りず、実質的に『違法』であり、『有責』であることを必要とする。行為が客観的法秩序に違反しているという問題（責任を問われている対象）を『違法性』、行為者に対する非難に基づき責任を帰属させる問題を『有責性』として法的評価を加え、違法・有責行為について責任を認めるというドイツ法的発想がわが国にも継承された。近時は、こういう思考方法の実益性を疑い、論理的説明を避ける傾向がみられる。しかし、『無過失責任でも違法性は必要』としたり、正当防衛などを違法性阻却事由として位置づける限り（通説）、かかる実質的レベルの違法性概念を捨てることはできない」「『正当防衛は違法な侵害からの防衛である』という説明も違法という語なしでは難しい。

本書で『違法性と有責性』の二元説をつる理由をここでまとめると、上述したような①講学上の便宜、②母法のフランス法よりもドイツ法の体系性を評価、③わが国におけるドイツ的発想の明治以来の定着性、④生命・健康・所有権などの絶対権とその他の利益の保護の区別の有用性（利益衡量の問題）などである。

違法性と有責性の配分については議論が多いが、原点は次のようになる。違法性は、生じた結果から判断される客観的法秩序違反であり（いわゆる結果違法論）、有責性は、侵害行為時を基準とする判断であり、行為時における侵害の回避可能性の有無によって判断される（いわゆる行為違法論）」。

しかし、「有責性」を行為者に対する「非難」にもとづき責任を帰属させる問題である、とするならば、行為不法は、有責性の問題ではない。現に澤井裕は、次のように述べている。

「過失の帰責性　本書を含め、伝統的な不法行為論によれば、過失は客観的な違法行為の結果を加害者に帰せしめる非難原因を意味する。古典的不法行為類型においては、加害者が損害を回避しなかったのは、『意思の緊張の欠如』によるから、これを具体的主観的に判断するならば帰責性は明白である。しかし、今日的には、過失の帰責性は難問である。判例・通説によれば、過失判断は個々の加害者の注意能力においてではなく、通常人（平均人）を基準とするから、加害者個人の人的非難を帰責根拠にしていないことは確かである。注意能力に欠ける者に責任を帰属させる根拠は、社会生活を送るうえで、お互いに、少なくとも通常人なみの注意をして行動しているとい期待、いいかえれば社会が彼にかける信頼を裏切った点に、帰責性が認められる」（澤井裕・前掲書一七八頁）。すなわち、澤井裕は、過失の「有責性」は「信頼」を「裏切った」ことであると認めている。

他方、故意の帰責根拠については『『違法な結果を認識しながら行為に出ること』（故意の定義）は、『他人を害するなかれ』規範の重大な違反であるがゆえに、帰責の根拠たりうるのである」（澤井裕・前掲書一七〇頁）とする。さらに、「結果回避義務違反である点において『過失』と共通している。したがって、故意しか主張していなくても、それは結果回避義務違反の主張にほかならないから、『過失』の責任を規定する妨げにならない」という（澤井裕・前掲書一七〇頁）。それならば、「過失」の帰責根拠を「信頼責任」とするのは「屋上屋」を重ねることになる。すなわち、故意も過失も共に「結果回避義務違反＝行為不法」をもって、帰責根拠とするのが一貫した理論といえよう。しかし、「故意」の帰責根拠（有責性）が「意思」であることは、前述のように、中世神学以来の伝統的ドグマであって、それを捨て去る必要はなく、「行為不法」をもって「有責性」とするのは法概念の大混乱である（したがって、「従来、かかる見解がなかった」のである）。その証拠は、澤井裕・前掲書一七〇頁の次の論述の混乱に現れている。「不法行為の要件を、違法性と有責性に分けて考える立場では、被害の態様から違法と判断される場合には、故意は有責性に位置づけられるが、侵害行為の態様を斟酌して違法性を判断すべきとき、または違法性の程度を判断する必要があるとき（慰謝料の算定時など）、同時に違法性の構成要素となって当該行為をして『悪質な』、『危険性のきわめて高い』行為と評価させる（社会倫理的に悪質であり、客観的危険性においてきわめて高度な行為と評価される。したがって、被害法益の種類、程度においてレベルが低い場合も、違法とされ、不法行為が成立する）」。すなわち、ここでは、違法性と有責性が混合されて、両概念が区別のつかないものとなっている。それは、故意の「意思」要素が如何に重要であるか、したがって、故意の「有責性」の問題として「意思」を抜き難いことを示している。

すなわち、過失の帰責根拠は結果回避義務違反ではなく、「信頼」であると認めるならば、故意が、その過失と異なる点は、違法な結果を「認識しながら行為に出ること」なのであるから、それは、正に、「意思」であり、これを帰責根拠とせざるを得ないであろう。したがって、故意の帰責根拠は「意思」ということになる。すなわち、故意は過失と異なって「加害者個人の人的非難を帰責根拠」とし得るのであるから、それを、そのまま肯定すれば、よいだけのことである。

換言すれば、澤井裕も認めるように、「有責性＝帰責性＝帰責根拠」を加害者への「人的非難」と把握する限り（澤井裕・前掲書一〇三頁、一七八頁）、過失責任において結果回避義務違反を帰責根拠にはできない。何故ならば、加害者の能力をもってしては、その行為義務を守ることができなくても、免責されないからである。そこで、「信頼を裏切った」という点に帰責根拠を求めざるを得ず、ここに、「過失責任」は「信頼責任」であるということになる。他方、故意責任については、こうである。民法第七〇九条は、「故意又は過失」と規定していて、少なくとも「過失」を主張立証すればよい如くであるが、澤井裕も認めるように（澤井裕・前掲書一七〇頁）、「過失責任」とは、別に、特に「故意責任」を主張立証する実益が存在する。それは、「過失」よりも「故意」の方が、より重大な責任であることによる。ということは、その帰責根拠も、「過失」の「信頼」とは異ならざるを得ない。それは何か。それは、澤井裕・前掲書一七〇頁の「故意」の定義の中に現れている。すなわち、「故意」とは「違法な結果を認識しながら行為に出ること」すなわち結果回避義務違反を「認識しながら行為に出ること」すなわち「意思」が帰責根拠なのである。澤井裕は「『他人を害するなかれ』規範の重大な違反であるがゆえに、帰責の根拠たりうる」（澤井裕・前掲書一七〇頁）とするが、結果回避義務違反自体が帰責根拠でないことは澤井裕も認めざるを得ないであろうから、問題は規範の「重大な違反」というところが帰責根拠といえよう。それは、正に、前述の「認識しながら行為に出ること」という「意思」と認めざるを得ないであろう。なお、澤井裕は、いわゆる「認識ある過失」を「容認していない故意」として、「故意」であるとする（認識説。澤井裕・前掲書一七一頁）。しかし、それでは、医療事故や交通事故をはじめ、殆んどの不法行為事件は「故意」あり、とされて不当である。蓋し、「標準的」な医師や自動車運転者をはじめ「標準人」は、社会活動を行なうに際して、事故発生の蓋然性を認識していない者は殆んどなく、十分な防止措置をしたと確信して行為し、時に事故を起こす、というのが一般だからである。現に澤井裕・前掲書一七一頁も認めるように、判例は「容認の欠落」をもって、「故意」を否定している。

したがって、澤井裕の「有責性」と呼んでいる「行為不法」は、正に違法性の問題として「結果不法」と共に比較衡量し得るもの、と把握するのが妥当であろう（結局、違法一元論に到達することになる）[6]。
3　北川善太郎『民法講要Ⅳ〔第三版〕』二〇〇三年（有斐閣）二五一頁は、次のように過失一元論と違法一元論を批判する。
「近時の違法性・有責性の二元的構成に対する批判論に共通しているのは、過失不法行為法を念頭においている点である。債務不履行でもいえるのであるが、民事責任法では過失責任とならんで無過失責任も重要であること、また、無過失責任立法の増加が近代法から現代法への展開の一特徴といえることを勘案すれば、不法行為法の枠組も両者を包み込む必要がある。両者に共通した不法行為の法的枠組として違法性概念の意味をどう考えるかの問題はなお存在しているのであり、客観的要件とされていた違法性概念が従来のままでよいのか、違法性概念が客観化した故意・過失概念とが同一かどうかは検討の余地があるであろう。

さて、違法性否定論の一論拠である『権利』要件拡大機能の喪失であるが、法的に保護される利益が今後も新たに発生してくることが予想されるが、かかる利益かどうかの評価基準としての違法性概念の有用性はなお認めるべきである。そのさい、評価基準として利益と行為との相関関係が違法性概念という判断枠組で決まる場合がやはり残ること、さらに、過失の客観化はその通りであるが、違法性はある事態に対する否定評価であり、有責性は行為者に対する非難であり、違法性と過失が同一のものであるとはいえないのである。

以上のような理由に加えて、つぎのような問題で違法性と有責性の二元的構成の積極的意味がなお失われていないと考える。民法では、人の行為を適法行為と違法行為に分けるのが法律要件で今日も一般的であることはすでに触れたが、無過失不法行為責任を取り込んで不法行為を扱うためにも違法性は体系的に有用な概念であること、付加的に、国家賠償法一条一項が要件上違法と有責を区別していること（『故意又は過失によって違法に他人に損害を加えたときは』）等による」。

右のような批判に対する筆者の解答は、次の如くである。

まず、「過失の客観化はその通りである」、すなわち、過失を心理状態でなく客観的行為義務違反である、と認めるのであるならば、それが、どうして、違法性とは別次元の「有責性」として、「行為者に対する非難」といえるであろうか。すなわち、「過失の客観化」の必然的帰結として、前述のように、具体的加害者の能力をもってしては、その行為義務を守ることができなかったとしても、過失あり、とされるのである。すなわち、もし、そのとき、その能力があれば、「お前は、お前の能力をもってすれば、その行為義務を守れたのに、守らなかった。ケシカラン！」と非難できる。この場合には、「行為者に対する非難」として「有責性」を語ることができる。しかし、能力がなければ、「お前は、お前の能力をもってしても、その行為義務を守ることはできなかったが、ケシカラン！」とはいえないのである。この場合には、「行為者に対する非難」としての「有責性」は存在しないのである。すなわち、「過失の客観化」は、過失責任をして、故意責任のような「意思」責任ではあり得ないものにしたのである（北川善太郎も、故意責任については、「意思」が帰責根拠であると考えているのであろう。北川善太郎・前掲書二五八頁）。

とすると、過失責任の帰責根拠は、別のところに求めなければならない。それこそが、前述のように、行為者が行為義務を守ってくれるであろうという、他者の「信頼」なのであり、過失責任は「信頼」責任であるということになる（沢井裕『事務管理・不当利得・不法行為〔第三版〕』二〇〇一年（有斐閣）一七八頁、内田貴『民法Ⅱ〔第3版〕』二〇一一年（東京大学出版会）三三八頁）。

そして、「過失」そのものが「違法性」と同一のものとなったことも、「過失の客観化」の必然的帰結である。

さらに、無過失不法行為責任を取り込んで、不法行為を扱うには、その責任は結果違法（結果無価値）だけで賠償責任を認めるという立法者の価値判断が示されているのであり、違法一元論に対する批判とはならない。

また、国家賠償法第一条第一項が、要件上、「違法」と有責を区別していることは事実である。しかし、この立法時は、末川博と我妻栄の、いわゆる「客観的違法論」が通説であり、「故意又は過失」は、有責性の問題であって、違法性とは別次元の問題である、と考えていたからである(7)。

しかし、現在、国家賠償法第一条第一項の違法性について、判例は、どのように解釈しているのかを検討したところ、故意や過失は勿論のこと、加害行為者のその他の主観的要素をも考慮に入れて違法性を認定しており、結局のところ、民法第七〇九条における違法性と同じ操作を行なっていることが明らかとなっている（前田達明・前掲論文一〇頁、本書二五五頁）。そのことは、違法一元論の実質的根拠である「比較衡量」が、国家賠償法をも含めて不法行為法においては不可欠であることを示すものである。したがって、これも違法一元論に対する批判とはなり得ない。

そして、故意責任は「意思」責任、過失責任は「信頼」責任という構成は、前述のように、法律行為論において、その法律効果の帰属の根拠が「意思」と「信頼」であることと、パラレルに把握され、法思考上、誠に有益な

こととい える。
4　大村敦志『基本民法Ⅱ（第2版）』二〇〇五年（有斐閣）一八二頁は、次のように述べる。
「二種の一元説の優劣に関しては議論があるが、いずれにせよ、故意・過失＋権利侵害という二重の要件を持つシステムはそのままでは維持されなくなってきている。もっとも、一元説と言っても、そこでは主観的要素と客観的要素とが相関判断されるので、二つの要素があることは確かであるとする見解も出てきている。結局のところ、明らかになったのは、二つの要素は独立には判断できないということである。そのことを認めれば、後は言葉の問題であるとも言えるが、以下の章では、さしあたり、加害者側の要件をすべて『過失』の枠内で考えることにしたい」。

右のような批判に対する筆者の解答は、次の如くである。

たしかに、法解釈学は、原則として、全て「言葉の問題」である。ただ、それが、〃どうでもよい〃「言葉の問題」か、〃重要な〃「言葉の問題」かの区別がある。本稿のこれまでの論述から明らかなように、一元論でも、過失一元論を採用するか違法一元論を採用するかによって、重大な違いがあることは明白であり、過失一元論を採用する、というのならば、少なくとも、過失一元論に対する批判（例えば、本稿や古賀哲夫＝山本隆司編（手嶋豊）『現代不法行為法学の分析』（有信堂）一九九七年二八頁）における批判）に答える必要があり、さらに、何故、同じ一元論である違法一元論を採用できないのか、を論証する必要があろう。
5　加藤雅信『新民法大系Ⅴ第二版』二〇〇五年（有斐閣）一八二頁は、次のように違法一元論を批判する。
「違法性一元論をとっても、生命侵害、所有権侵害等の権利・利益の侵害が無過失で行われた場合の損害賠償請求権の不発生を、どのように説明するかに窮することとなる」。

この批判に対する筆者の解答は、次の如くである。

まず、この批判の意味は明確でないが、もし、違法一元論が、過失一元論が「法益侵害」概念を捨て去るように、「過失」概念を捨て去るものである、という理解にもとづくものであれば、それは、「第二」で述べたように、誤解である。違法一元論は、民法第七〇九条において、「過失」という「要件」（行為違法）も「法益侵害」という要件（結果違法）も必要であることを当然の前提としている。

ところで、加藤雅信・前掲書一八四頁は、「（ア）絶対権・絶対的利益の侵害」の場合は過失違法二元論を採用し、「（イ）相対権・相対的利益の保護」の場合は違法一元論を採用している。そして、後者においては、「故意又は過失」を超える「害意」などが問題となるからである、とする。

まず、「権利」と「法律上保護される私益」は、ことほどさように、明確に区別できるのであろうか。

しかし、（ア）の場合に、何故、過失違法二元論でなければならないのか。同じ民法第七〇九条という条文の中で、そのように区別すべき理由が明らかでない。むしろ、一般に、理論とは、統一的に説明できる方が優れているのであるから、（ア）の場合も、違法一元論で統一的に説明できるのであるから、統一する方が優れた説明ということになるであろう。それが可能なことは、既に「第二」で明らかにしている。

しかも、（ア）においても（イ）においても、その故意過失の内容は同一であるにも拘わらず、（ア）では違法要素でなく、（イ）では違法要素である、というのは理解に苦しむ。さらに（ア）において故意過失が違法要素でないとすれば、それはどこに位置付けるのか。恐らく「有責性」の要素ということになろう。しかし、客観的行為義務違反たる過失が「有責性」に親しまないことは、既に明らかである。そして、（イ）においては、「有責性」の要素たる故意過失が、あるいは違法要素でない故意過失が、何故に、突如、違法要素となるのか。

なお、「害意」などは、「行為違法」の一形態として、「故意又は過失」の拡大ないし類推の問題として把握すればよく（丁度、かつて「権利侵害」が「法益侵害」と拡大ないし類推されたように）、違法一元論の問題とするのは妥当であろう。

次に、いわゆる「過失の二重構造論」（加藤雅信・前掲書一四四頁）を見てみよう。加藤雅信・前掲書一四〇頁が掲げる例、すなわち①運転者がボーッとしていて前をよく見ていなかったので事故が発生したとの事実認定があった、というときは、前方注視義務違反（道交法第七〇条）と認定されるのが当然である。すなわち、行為義務違反なのである。そのことを次に見てみよう。

加藤雅信・前掲書一四五頁が「実務的には、過失の認定を、主観的な内心の状態と客観的な行為義務違反のいずれか一方からではなく、双方から行うことは少しも珍しくない。一例をあげれば、交通事故についてのある判決では、一方で『漫然同一速度で進行し』、『狼狽の余りブレーキをかけることもハンドルを切ることも忘れてしまい』等、内心の状態を認定しながら、他方で、『およそ自動車運転者たるもの……の業務上の義務』を複数具体的にあげ、その客観的義務に違反した行為をも具体的に認定したうえで、過失があると判示している」と、「過失の二重構造論」の〝証拠〟として引用している最判昭和四三年八月二日民集二二巻八号一五二五頁の第一審判決である岡山地裁判決における過失の認定を見てみよう。それは、次のように書かれている。

「そこでまず本件事故が雁の過失によって生じたものかどうかについて考えると、成立に争いのない甲第四、同第七ないし第九号証ならびに証人縄鉄雄の証言を綜合すると、雁は事故のあつた交叉点の約一二〇米倉敷寄りの地点の道路中央を時速四二、三粁で東進中前方約二〇米の道路中央より一米左寄りの地点を時速三〇粁で同一方向にスクーターで進行中の亡忠義を認めたが、そのまゝの速度で進行を続け、交叉点の手前約三〇米の地点に到つて右スクーターを追い越そうと思い二、三回警笛を鳴らしたところ、忠義が左手を挙げて合図をしたが、それがいかなる合図であるかも確かめず漫然同一速度で進行し、スクーターの後方五米に接近したとき、スクーターが進路を右に寄せたため、雁は狼狽の余りブレーキをかけることもハンドルを切ることも忘れてしまい、自動車前部のバンパーをスクーター後部に突き当てて右忠義を路上にはね飛ばし、よつて同人を即死させたことが認められる（以上を「A」とする。筆者）。

およそ自動車運転者たるものは、交叉点の手前で先行車を認めた場合、先行車がいついかなる方向に転換するかも知れないので、速度を落し、場合によつてはいつでも急停車できるようにする義務、前車が何等かの合図をした場合、それがいかなる合図かを確かめる義務、交叉点においては追越をしない義務、衝突しそうになつた場合ブレーキをかけ、ハンドルを切る義務並びに前車が右折の合図をして道路中央に寄つた場合にこれを妨害しない義務等高度の業務上の義務を課せられていることは勿論のことであるが（以上を「B」とする。筆者）、前記認定事実によれば（「A」である。筆者）、雁がこれらの義務をすべて怠つた過失（以上を「C」とする。筆者）が重要な原因となつて本件事故が発生したものと認められるのであつて後記の如き被害者側の過失があるにしても、右事故発生が雁にとつて不可抗力であつたとはいえない。

しかして、右事故は雁が被告の被用者として被告の事業の執行中に生じたものであることは当事者間に争いがないから、雁の前記不法行為による損害については被告はその使用者としてこれを賠償する責任のあることは明白である」。

ところで、加藤雅信・前掲書一四五頁は、前述のように、この岡山地方裁判所の判決が、「A」を心理状態としての過失を認定したものと理解し、「B」、「C」を客観的行為義務違反としての過失を認定したものと理解する。

しかし、これまた、誤解である。岡山地方裁判所は、「A」において、加害者の心理状態（あるいは行為という事、実）を認定し、「B」において、おおよそ自動車運転者たる者、すなわち、標準的な自動車運転者が守るべき行為義務を設定し、その上で「前記認定事実」、すなわち「A」という事実を、客観的行為義務違反と評価したのである。すなわち、「A」が規範的要件たる過失に該当する、と判断したのである。すなわち、この判決は、二つの過失を認定しているのではなく、過失はあくまで規範的評価であり、心理状態は過失と評価される「事実」なのである。

　このことは、全ての規範的要件に共通することであり、当事者は、その規範的評価の対象たる「事実」について主張立証責任を負い、その「事実」の規範的評価、すなわち過失とか違法とかは、裁判所の法的価値判断であって、当事者は、それについて主張立証責任を負わないのである。

　以上のように、「過失の二重構造論」は、過失という評価の対象たる「事実」と対象の「評価」たる「過失」を混同する議論であり、賛同し難い。

　なお、蛇足であるが、それでも敢えて、「事実」と「評価」を共に「過失」とする、というのならば、このまったく次元の異なったものを、何故に、同一の概念で把握するのか、しかも、多くの規範的要件の中で、何故に、「過失」だけが、このような理解が可能なのかを説明する必要がある（まさか、全ての規範的要件を〝二重構造〟で把握という主張ではないと考える）。

　さらに、「事実」と「評価」という二つの過失は、まったく次元の異なったものであるから、当然に、その帰責根拠も、異なるはずである。それは何であろうか。もし、例えば、「事実」としての「過失」は「意思責任」、「評価」としての「過失」は「信頼責任」というのならば、疑問が残る。というのは、加藤雅信・前掲書一四五頁は「内心の状態から過失を立証した場合には、最終的な立証対象は抽象的過失であるので、通常人、一般人の注意力のレベルからみても過失といえること」が必要である、と記述する。そうすると、「事実」としての「過失」は、もはや「意思責任」ではない。もっとも加藤雅信・前掲書一四五頁は、「加害者の注意力が通常人、一般人よりも低いことは」「加害者が立証責任を負う」として、あたかも「免責立証」が許されるが如き記述をしている。この二つの記述は、明らかに、矛盾する。「最終的」と「途中経過」ということでは説明できない。すなわち、立証責任とは、全て「最終的」なものである。しかし、もし、そうでないというのならば、何故に、右のような「免責立証」が「途中経過」として許されるのかも説明が必要であろう。そもそも、そのような免責立証を許さないというのが、「抽象的過失」の意義なのであり、それを許せば、「抽象的」でなくなるのである。
6　吉村良一『不法行為法〔第4版〕』二〇一〇年（有斐閣）九四頁は、次のように、違法一元論を批判する。「まず第一に、最近の二元説が、要件を二つに区分することが『思考の整理の便宜』」「や『思考の経済にも役立つ』」「と指摘していることは、重要な意味がある。すなわち、要件を統合して一元的な構成をとった場合、一面ではより柔軟な判断が可能になるというメリットがあるが、そのことは反面で、判断基準が曖昧で裁判官の裁量が広くなるという結果をもたらすおそれもないではない。法的安定性から見ても、裁判官による判断に一定の枠組みを提示することが重要だという点からすれば、不法行為の成否の判断基準はなるべく明確な方がよい。もちろん、二元説をとればそれだけで基準が明確になるというものではないが、判断すべき要素をその性質に即して二つの要素に区別する二元説の方が、少なくとも理論的にはこの要請に応えやすいといえるのではなかろうか。
第二の理由は、一元説によれば権利侵害要件が不法行為の独自の成立要件として否定され、あるいは、特別の意味を持たないものとして相対化されてしまうことに対する疑問である。この傾向は行為不法論からの二元説にも共通している。しかし、このような権利侵害要件の相対化は、本来この要件が含んでいたはずの、法的に保護された利益としての『権利』が侵害された場合に直ちに法的な保護が与えられるべきであるという利益衡量そのものを否定し、結果として権利保護を弱めてしまう結果にならないだろうか（この点を指摘するものとして、錦織成史「違法性と過失」星野英一他編・民法講座六巻一八八頁）。権利侵害が違法性に置き換えられたのはもっぱら不法行為による保護の拡大であったとすれば、権利侵害のこのような法的評価機能は維持すべきではないか。特に、損害賠償の問題だけではなく、差止めによる権利保護の問題をあわせて考える場合、この点は重要な意味を持ってくる。なぜなら、権利侵害要件を放棄することは、権利侵害があったとしても、その他の要素、とりわけ侵害行為の公共性や社会的有用性を理由に侵害行為の差止めを否定するという、権利の保護という視点からは重大な結果をも招くことになるからである。」

「以上のような考えに基づいて、本書では、違法性と過失の両要件の対置という構造を維持し、同時に、違法性要件の判断基準として、主として被侵害利益の種類による分類を試みたのである。なお、このような立場は、現代用語化のための改正により権利侵害に法律上保護される利益侵害が付加されても、基本的にはなお妥当するものと思われる。なぜなら、権利侵害に法律上の利益侵害という広い文言が付加されることによって、これらは要件としての実質的な意味を失い、今後は過失要件への一元化が進むという解釈もあるうるが、しかし、それにもかかわらず今回の改正で権利侵害要件が残されたことは重要であり、権利侵害と法律上保護される利益侵害の上位概念として違法性概念を措定し、その判断の仕方において異なる枠組みを使うこと、すなわち、権利侵害があれば原則として違法とし、その法的評価機能を維持しつつ、法律上保護される利益の侵害については、その利益の多様性や、ここでいう『法律』概念の広さ（すでに述べたように、この場合の『法律』としては制定法規にとどまらない広いものが考えられるべきであるから）から、侵害行為の態様を含む総合的判断を行うという立場は、改正後の条文においても維持可能だからである」。

この二つの批判については、筆者は、既に解答しているので、それをここに引用する（前田達明・前掲論文一八頁、本書二六三頁）。

「『権利侵害要件を放棄する』ことになるという批判に対しては、『違法一元論』は、民法第七〇九条においては、『故意又は過失』という要件事実が存在するか否か、そして『権利ないし法益侵害』という要件事実が存在するか否かを、まず認定し、存在するとされたとき、次の段階として、総合的に違法性の有無（実はそれは評価であるが）を認定するものであり、『権利侵害』要件を放棄するものではない、と反論し得る。他方、『権利侵害』があったとしても、その他の要素、とりわけ侵害行為の公共性や社的有用性を理由に侵害行為の差し止めを否定するという、権利の保護という視点からは重大な結果をも招くことになるのは望ましくないという主張は、『権利侵害』という要件事実だけで、全ての場合に『差し止め』を認めようという価値判断を前提とするならば、それは判例学説の賛同を得ることは困難であろう。なぜならば、そもそも『権利』は法が認めるものであり、それが公共の福祉などによって制限される（それは『権利』が存在しないといっても同様である）のは、当然のことだからである。[8]」

それでは、その法的構成はどのようにするか。そこで、一つの試論を提案する。

まず、第一に、加害者の故意、すなわち被害者の人格権などの権利侵害あるいは損害発生（の可能性）の認識があるときは（重過失も故意と同等に扱うべきである）、民法第一条第一項の〝私権は、公共の福祉（他者加害禁止）に適合しなければならない〟と、同第三項の加害者の〝権利の濫用は、許さない〟を適用し、その法律効果については（民法第一条第一項、第三項には法律効果の規定はない）、同第七二三条を準用する。

第二に、過失の場合は、伝統的に、権利濫用が主観的要件を重視してきたことに鑑み（かつては、害意を要求したが、現在は、故意でよい、とするところまで来ていると考えられる。最判昭和五〇年二月二八日民集二九巻二号一九三頁。シカーネ禁止の客観化については、磯村哲「シカーネ禁止より客観的利益衡量への発展」『権利の濫用上』一九六二年（有斐閣）六〇頁）、民法第一条第三項でなく、民法第一条第一項と同第二項を適用し、加害者の権利行使の際に、他者加害禁止の作為あるいは不作為義務を負うとして（神戸地判平成一二年一月三一日判時一七二六号二〇頁、七四頁）、その法律効果は、同第七二三条を準用する。

第三に、加害者が無過失の場合は、どうであろうか。殆んどの生活妨害の場合は、（法益侵害が既に発生していて）第一か第二にあてはまるであろうが、未発生の場合は、無過失ということも考えられる。この場合は、民法第一九九条（無過失責任である）に鑑み、同条の適用あるいは類推適用を考慮すべきである。しかし、この場合も、生活妨害という観点からも、利益衡量を必要とすると解すべきであり（舟橋淳『物権法』一九六〇年（有斐閣）三六頁参照。ドイツ民法第九〇六条参照）、「おそれ」の解釈としては、〝明らかな妨害発生の可能性の存在〟、すなわち〝妨害発生の確実性〟を要件とすべきである。

さらに、複合汚染の場合の差止請求については、右の法的構成に加えて、民法第七一九条の類推適用ということになる。

すなわち、大塚直・前掲論文一八九頁の例の場合は、まず、原告は、「AとBは、汚染物質の着地濃度を適法レベル濃度以下にせよ（あるいは適法レベル濃度以上排出してはならない）」という判決を求めて訴える。AとBは、それぞれの着地濃度寄与度を主張立証して、減責を求め得る（民法第七一九条第一項後段の類推適用）。すなわち、Aは二五％の削減、Bは〇．五％の削減を主張し得る。しかし、それでは適法レベル濃度以下にならない。そこで、原告としては、着地濃度寄与度が四九％の人を訴えざるを得ない（引込説は不要）。もっとも、原告は、AとBに

〝強い関連共同性〟があることを主張立証して、AとBの減責の主張を排除し得る。すなわち、民法第七一九条第一項前段の類推適用である。

結論としては、山口和男「複合汚染に対する差止請求についての一考察」司法研修所論集創立三十周年記念特集号一九七七年一九四頁と同旨となる。

なお、野崎幸雄「因果関係論・総論」有泉亨ほか編『現代損害賠償法講座5』一九七三年（日本評論社）七五頁、九三頁～九四頁は、「損害賠償の場合と異なり、差止においては、現時点における共同不法行為の成否が問題になるのであって、過去のある時点における共同不法行為の成否が問題とされるのではないから、各企業の排出が相合して、それが被害ないしは危険を発生させているという因果関係の立証がなされれば、各企業は他の排出源の存在を認識をせざるをえず、常に共同不法行為が成立し、差止請求権が発生するということになろう」とするが、疑問である。蓋し、判決は、事実審の口頭弁論終結時の事実を認定するのであるから、その時点では「各企業は他の排出源の存在を認識している」とはいえず（「不知」と主張するであろう）、「因果関係の立証がなされ」るのは、判決確定時だからである。もっとも、口頭弁論終結時に〝将来、他の排出源の存在を認識することも含めて、事実を認定する〟としても、私見（主観的関連共同説）からは、単に「他の排出源の存在を認識」しているだけでは、共同不法行為者ではなく、したがって「常に共同不法行為が成立」するわけではない。

ところで、分割的差止説を主張する学者の中には、次のように述べる見解がある。「差止の場合には、現実の汚染濃度と閾値をもとに各被告について一律の削減率を決定すればよく、損害賠償のように被告の反証等は問題とならず、また、寄与度も考慮する必要がないと主張するものがあることである。すなわち、例えば、原告に隣接しており、着地濃度寄与度が五〇％に達するAと、原告から遠く離れているため、着地濃度寄与度が一％のBとがあり、原告居住地が適法レベル濃度の二倍にまで汚染されている場合には、特段の事情のない限り、各社の排出量をそれぞれ半減しなければ目的を達しえないので、結局、A、Bの寄与度とは無関係に、削減率のみが決定的ファクターとなるというのである。これについては、細かくは、汚染物質の排出量と汚染濃度とが正比例の関係に立つかという問題はあろうが、この点は裁判所の認定においても一応のところで満足するほかはなく、基本的に、右の見解が妥当であろう。そして、この立場は、七一九条一項後段の定めるところに似ているが、被告の反証等を問題としない点で、それとも異なるものといえる。」（大塚直・前掲論文一八八頁）。着地濃度への「寄与度とは無関係に、削減率」を定めるとは、どのようにするのか大いに疑問である（この点、澤井裕『公害差止の法理』一九七六年（日本評論社）一六〇頁は、一応「寄与度」を参考にして、過失相殺法理を用いて、裁判所の裁量で定めるとしている）。このように「寄与度とは無関係に」、被告の削減率を裁判所の裁量で定める、というのは、裁判所に余りに過大な負担を課すことになり、さらに、当事者、特に大きな削減率を課された当事者を十分に説得することはできないであろう。とすれば、裁判所としては、各寄与度を確定して、〝だから、お前は、これだけ削減せよ〟といわざるを得ず、そこで、この各寄与度は、職権探知事項ということになり、さらに、削減率は裁量事項であるということになると、裁判所に過大な負担を課すのみならず、当事者主義を原則とする民事訴訟には馴染まないことになろう。

最後に、右の澤井裕の主張、すなわち「過失相殺法理（民法第七二二条第二項）」の類推適用は、傾聴に値する見解であることを付言する。ここでは、被害者と加害者でなく、加害者間の違法性の比較ということになる。それは、先に筆者が提案した、加害者に、故意（重過失）ある場合、過失ある場合、無過失の場合の、それぞれに適条を変えるのは、この観点を視野にいれたものである。この場合、加害者の故意・過失を根拠付ける事実の主張立証責任は被害者が（さらに、加害者間でも）、着地濃度への「寄与度」の主張立証責任は加害者が負い、削減率は裁判所の裁量事項ということになろう。
7　内田貴『民法Ⅱ　第3版』二〇一一年（東京大学出版会）三六一頁は、次のように違法一元論を批判する。「違法性一元論は、違法性というドイツ法特有の概念を明文の規定のない日本民法に持ち込み、しかもそれに余りに大きな役割を担わせてしまうという意味で、解釈論としては難点があるように思われる。そこで、第1（過失一元論。筆者注）と第3（過失違法二元論。筆者注）の立場が検討を要するということになる。」
その一方で、次のように述べている。

「正当な権利の行使が一定の限度を超えることによって不法行為を構成する事案においては、故意・過失とは別に『権利』や『法律上保護される利益』の侵害の要件は積極的な意味を持ちうる（従来は『受忍限度』という言葉で表現されることが少なくなかった）。むしろ、これらの要件こそが不法行為の成否を決する役割を演ずることが多い。用語としては、民法に規定のある『権利又は法律上保護される利益』の侵害をあえて「違法性」と言い換える必要はないと思うが、趣旨をきちんと理解しておけば、あえて違法性という表現を排斥しなければならないわけではない（違法性一元論でいう違法性とは異なる）」（内田貴・前掲書三六二頁）。

右のような批判に対する筆者の解答は、次の如くである。

「違法」という概念が日本民法に明文の規定がない、というのは、誤解であることは、「第二」で詳述した。(9) さらに、「余りに大きな役割を担わせてしまう」という批判は、民法典自身が、「違法」という法律要件を、そのようなものとして規定しているからであり、さらに、一つの用語を用いて出来るだけ多くの問題を解明できるとすれば、これほど優れた法解釈学はない、といえよう。

しかも、他方では、日本民法の明文に規定のない「違法性」という表現をあえて排斥する必要はない、というのは、どういうことであろうか。「法益」という明文に規定がある用語で十分ならば、いわゆる中間概念たる「違法性」という用語は、用いるべきではないであろう。

もし、その意味が、「理論」としては違法という用語を用いてもよいが、「法律要件」として違法という用語を用いてはいけない、という潮見佳男と同じ見解であるとすれば、それについても、潮見佳男からの批判に対する形で、既に答えている。

なお、過失について、内田貴・前掲書三一八頁が、次のように述べているのは、誠に正鵠を得たものと考える。

「しかし、人々の社会活動に伴う危険性が増大するとともに、それぞれが自分の能力に応じて精神を緊張させていただけでは十分ではなく、むしろ通常人ならその程度の注意を払うだろうという水準の行動が要求されるようになる。すなわち、たとえ当該加害者が自分の能力のレベルで十分注意深く行動していても、通常人の基準で不注意と評価されるなら、過失があり、責任が発生することになるのである。

こうして、過失の判断に客観的な基準が導入されるに伴い、精神の緊張の欠如という心理状態として捉えられていた過失概念は変容を始めることになる。そして、主観的過失概念の変質は、ひいては、不法行為責任の帰責の根拠にも影響を及ぼす。すなわち、主観的な非難可能性から、社会的な信頼の保護へと重心が移っていくことになるのである」。
8　近江幸治『民法講義Ⅵ〔第二版〕』二〇〇七年（成文堂）一三一頁は、次のように、過失違法二元論を支持する。
「思うに、「過失」は、すでに心理的・主観的態様から離れ、法的評価を受けた価値規範（＝注意義務違反）として展開してきた以上、『故意・過失』＝主観的要件、『権利侵害ないし違法性』＝客観的要件、という単純な図式で考えることはできない。その理論的矛盾は、過失一元論、違法性一元論が、つとに指摘してきたとおりである（とりわけ、新過失論の通説批判は正当であり、違法性不要論の主張に合理性があることは否定できない）。だが、『違法性』概念が、単に『権利侵害』拡大機能だけであったかというと、そうではないというのが正確な分析であろう。上記「新二元論がこぞって説くごとく、その表現に微細な差異が見られるものの、ある利益が侵害された場合に、それが違法・不法と評価される際には、おそらく、加害行為との相関性による『違法性』の判断が入っていよう。侵害行為が一般に『過失』から判断されるとしても、『被侵害利益』が保護に値するかどうかは別の法的評価であるからである。違法性概念のこのような機能に着目すれば、この概念はなおかつ有用であるといわなければならない。」「新二元論が妥当であろう」。

この批判に対する筆者の解答は、次の如くである。

ここでは、過失一元論に対する批判は見られるが、違法一元論に対する批判は見られない。ただ、「過失」と「法益侵害」が別の法的評価である、というのが違法一元論への批判であり、過失違法二元論を採用する理由と考えられる。

ここで問題なのは、法的評価ということである。すなわち、「過失」と「法益侵害」が「別の法的評価」であるのに、それが同じ次元で比較衡量がなされるという法的評価については、どのように考えるのかを、説明する必要があるであろう。

9　窪田充見『不法行為法』二〇〇七年（有斐閣）九五頁は、次のように、違法一元論を批判する。
「違法性と有責性を区別しないというあらたな、そして、本書も依拠する見解は、七〇九条の条文にない違法性という言葉を要件として排除することになった（一元化するという場合に、過失にではなく、違法性に一元化するという選択もあり得るが、この場合の違法性は、七〇九条の過失に置き換わるものなので、やはり、過失を要件としつつ、それとは別に認められる要件としての違法性を意味しているわけではない）。問題は、それでは、七〇九条の文言に含まれている権利侵害という要件はどのように扱われるのかという点である」。

この批判に対する筆者の解答は、次の如くである。

まず、「七〇九条の条文にない違法性という言葉」というのは、誤解であることは、既に明らかにした（「第二」）。次に、違法一元論が違法性を「過失」に置き換える、というのも誤解であることは、既に明らかにした（「第二」）。

次に、窪田充見・前掲書八九頁は次のように述べる。

「もっとも、こうした違法性（結果違法）が、果たして損害賠償法としての不法行為法において、その積極的な意義を有するものかは疑問である。

生命や身体のような絶対権の侵害（死亡や負傷）が生じたとしても、行為態様を問題とすることなく、それだけで不法行為責任が生じるわけではない。これらの場合においても、行為態様を検討したうえで、侵害者の不法行為責任が認められたり、認められなかったりする」。

この見解は正しいが、要件事実論から見て、それを「過失」だけで判断できるのか、「権利侵害、法益侵害」という要件が民法第七〇九条に定められているのに、それを無視してよいのか、が問われることになる。

さらに、過失一元論を採用する、としながら、「第二節　故意又は過失」（窪田充見・前掲書三三頁）とは別に、「第三節　権利侵害と違法性」（窪田充見・前掲書八〇頁）を解説しており、例えば、「生命、身体、健康」のところで「故意又は過失によって身体や健康が害され」といった説明があり（窪田充見・前掲書一〇八頁）、あたかも、過失違法二元論のような説明をしている。これと過失一元論とは、どのように調和するのであろうか。少なくとも、平井宜雄の過失一元論ではないであろう（平井宜雄「債権各論Ⅱ」一九九二年（弘文堂）二五、三九頁）。

なお、窪田充見・前掲書四八頁は、信頼責任論について、次のように批判している。

「そのひとつの説明として、『信頼責任』という考え方が示されている。なお、信頼責任という言葉は、民法総則の法律行為をめぐる議論の中でも出てくるが、そこでは、信頼を醸成した者はそれについて責任を負担するといった意味で用いられている。たとえば、表見代理責任の説明においては、（1）代理権の授与等によって代理権があるかのような外形が作り出された、（2）相手方は代理権の存在を信頼したという2つの部分から正当化されるというかたちで、信頼責任という概念が用いられている。つまり、ここでの信頼責任においては、外形の作出という本人への帰責を基礎づける事情と相手方の正当な信頼の保護の必要性という2つが柱となっているのである。

それに対して、従来の不法行為法の議論において信頼責任という言葉が用いられる場合には、もっぱら、『信頼を裏切った』という、上記の（2）に相当する部分にのみ焦点が当てられている。つまり、われわれの社会においては、それぞれが義務を遵守することを前提としており、それに違反することはその信頼を裏切ることであり、ひいては社会的なマイナスをもたらすといったとらえ方をするのである。もっとも、この信頼責任という説明は、必ずしも、なぜ責任を負うのかということについての十分な説明とはなっていない。なぜなら、信頼の対象は、義務を遵守するということであるが、信頼責任からは、なぜ義務を遵守しなくてはならないのかということが説明されないからである。

このような問題は、われわれの社会においては、他人を害さないために一定の義務を相互が負担しているということを、所与の前提として考えざるを得ないのではないだろうかという次の疑問につながる。それならば、その所与の前提はどのように正当化されるのだろうか。それ以上、さかのぼって考えることは、結局、終わりのない問いに向かうことになるように思われる」。

それに対する筆者の解答は、次の如くである（前田達明『民法の〝なぜ〟がわかる』二〇〇五年（有斐閣）二七頁）。「行為『義務』というのは、法が、そのような行為を「せよ！」と義務付けているからです。どの条文が義務付けているのでしょうか。それは、民法一条二項です。すなわち、行為の自由（憲一三条など）などの権利の行使や義務の履行（例えば、医師が診療の義務を履行する）においては『信義に従い誠実に行わなければならない』というのが、その法的根拠です。だから、この信義則は、『他人の法益を害さないようにせよ！』という一般的な命令規定で、そこから、各具体的事件において、それぞれの『行為義務』が具体化される、と解すべきでしょう。そして、この法義務に違反すれば、いろいろな法的制裁（サンクション）のある中で、民法七〇九条の損害賠償責任が挙げられるのです。

ところで、この過失の前提である『行為義務』は客観的なものである、といわれています。すなわち、この行為義務は、法が予定する標準的な人の能力によって果たすことのできる義務であり、具体的な加害者の能力によっては果たすことができないとしても、責任は免れない、ということです。例えば、運転免許を取得したばかりで、うまくカーブを回り切れずに他人の自動車にぶつかったというとき、標準的な自動車運転者ならば、ぶつかることはなかったとすれば、その加害者は過失ありとされて（これを具体的な加害者を問題としないという意味で、『抽象的過失』といいます）、免責されないのです。なぜならば、社会生活上、被害者の側からみれば、加害者となる行為者と接触する場合に、その行為者が、その場において、標準的な人と同じ行為をしてくれるという期待信頼がなければ、生活が成り立たないからです。すなわち、個々の相手方の能力を予測していては、現代社会は成り立たないのです。そして、この高度な技術社会においては、そのような信頼の上に、我々の生活が成り立っていることは明らかです（交通、商品取引など）。

考えてみれば、人が社会生活をするとき、必ず他人の法益を侵害する危険性を有しています。そこで、法は、社会生活上、行為義務を、それぞれの行為者に設定しているのです。それは、社会構成員への行為義務の分配であり、それは、したがって、社会生活上の危険の分配、すなわち、『どの危険をどの人に防止させるべきか』を行為義務を定めることによって分配しているのです。そして、人は、他の社会構成員が各自に分配された行為義務を守ることへの信頼を裏切られたところに過失ありとして、損害賠償請求が許されるわけです。したがって、過失による不法行為責任の帰責の根拠は、『信頼原則』である、という学者もいます（故意による不法行為は、前述のように『意思』が帰責根拠でしたね）。

じつは、このことは、不法行為法だけの問題でなく、取引法すなわち契約法（広く法律行為法）における法律効果発生の根拠としても働くもので、『意思』と『信頼』が法律行為の法律効果発生根拠なのです」。
10　平野裕之『不法行為法』二〇〇七年（信山社）六三頁は、次のように、違法一元論を批判する。
「2つの要件を維持する学説（本書の立場）　これに対して、重複した2つの概念を認める意義はないが、便宜的に2つ認めておくことを否定しなくてもよいという考えや、2つの側面を表現したものにほかならないとして、両要件を維持する学説があり」「これが依然として通説であるといえる（判例も違法性と過失を認める）」。

例えば、名誉毀損では、虚偽の事実であったら客観的に違法であり、ただそれを真実と信じたことに過失がなければ違法ではあるが無過失を理由に責任が否定される。正当防衛では違法性が棄却されるが、誤想防衛の場合には違法性が阻却されないが、過失が否定されることはある。また、無過失責任においては、予見可能性を問わない絶対的な義務が負わされ、義務違反＝違法性は認められ、場合によっては、予見可能性がなく無過失でも違法な行為について責任を負わされるのである。他方で、債権侵害や不当訴訟のように、過失があっても違法性が否定されたり、正当防衛やボクシングといった正当行為のように加害の故意まであっても（但し違法性の認識を故意に要求すれば故意はない）違法性が否定される場合もあるのである。

確かに、英米法のネグリジェンス（negligence）やフランス法のフォート（faute）のように、過失と違法性判断を一元化した1つの概念で済みそれで不都合がないのであれば、日本でも一元化してもよいかもしれない。しかし、わが国では、ドイツ民法学から違法性論が導入され、判例、従ってまた訴訟実務においても違法性という要件が確立しており、訴訟当事者が違法性を問題にするか過失を問題にするか、自由に行えるファジーさがある。一般の傾向としては、不法行為の類型には、身体侵害や財産権侵害のように、その侵害は当然違法とした上で、過失判断、とりわけ予見可能性判断が不法行為の成否の中心的判断になる類型と、そのような権利侵害を介さないで財産的損害を与える事例や受忍限度論が問題となる平穏な生活をする利益の侵害のように、そもそも違法性判断事態が問題になり、そこに義務違反の判断が含まれ、更に過失判断をすることは屋上屋を襲すような類型があるのは確かである。

予見可能性の有無は過失判断で行ったほうが座りはよいし、法の禁止・命令に反する行為か許された行為（適法な行為）かの判断には、違法性判断で行ったほうがなんとなく座りがよい。あまり厳格かつ学理的に、2つの要件について考える必要なく、ファジーな実務の運用を容認してよいであろう。のみならず、差止請求や正当防衛といった制度との関係でも、違法性判断のほうが広い概念であるとしたほうが妥当であろう」。

この批判に対する筆者の解答は、次の如くである。

法解釈学が〝ファジー〟であることが許されるかは、措くとして、過失違法二元論を採用しながら、異なった次元の概念である過失と違法を比較衡量することが、何故に許されるのかについては、説明が必要であろう。

そして、違法性判断と過失判断とが区別できなくなってしまうことを認めるのならば（平野裕之・前掲書六二頁）、過失も違法要素（行為違法）であることを認め、法益侵害（結果違法）と比較衡量ができる、というのが理論として一貫しているのではなかろうか。

4　結びにかえて

(1)　近時、権利論からの〝新しい動き〟が見られることは、前述のとおりである（潮見佳男『不法行為法』一九九九年（信山社）二四頁、山本敬三「不法行為法学の再検討と新たな展望——権利論の視点から——」法学論叢一五四巻四・五・六号（前田達明教授還暦祝賀記念号）二〇〇四年二九二頁）。
この〝新しい動き〟に対しては、「過失一元論」は「権利侵害」を捨て去るのであるから不適合であり、過失違法二元論は被害者の「権利」と加害者の「権利」の衡量（潮見佳男「不法行為法」（信山社）一九九九年二六頁）には不適合であり、結局、違法一元論のみが、この〝新しい動き〟に妥当な理論的枠組みを提供し得るのである（潮見佳男・前掲書四五頁）。というよりも、違法一元論こそが、不法行為法学の歴史から見て、この〝新しい動き〟を生み出した一つの契機であるといっても過言ではない。

もっとも、違法一元論は、「法秩序維持」を重視し、〝新しい動き〟は「権利自由」を重視する（山本敬三・前掲論文三三〇頁、同三四三頁）。ただ、権利自由も憲法以下の法によって与えられたものであり、すなわち、憲法第一一条は、〝基本的人権は現在及び将来の国民に与えられたものである（傍点筆者）〟とし、憲法第九七条は〝基本的人権は現在及び将来の国民に信託されたものである〟と規定しているのであり、したがって、「法秩序維持」と「権利自由」は、これこそ〝コインの表裏〟といえよう。
もっとも、どちらを重視するかは、重大な問題である。それは、現代の日本社会において、官における汚職・公権力の濫用（例えば、無駄な行政支出）など、民における偽装問題など、あるいは「エコ」ならぬ「エゴ」の横行（例えば、交通ルール無視）といった、「法秩序」無視の現状が、マスメディアを賑わさない日はない。しかも、「権利自由」の重視は、社会の格差の拡大につながっている。そのことが、現代日本社会において、大きな〝ひずみ〟を生み出していることも周知のところである。このような状況にあっては、「権利自由」を重視することは危険であり、むしろ「法秩序維持」を重視すべきである。すなわち、憲法や法律で保護された権利や自由も、憲法や法律によって与えられたものであり（信託されたものであり）、それは、「公共の福祉」のために、これを利用する責任を負うのである（憲法第一二条や民法第一条）、という「法秩序維持」の観点を重視すべきである。[10]
さらに、民事手続の制度上、訴訟は、人と人の権利の対立、という構造を採らなければならないが、例えば、環境破壊といった場合の、不法行為訴訟においては、その後ろにある、生きとし生けるもの全てを含めた地球を守る、ということを、法秩序の内容としなければならないであろう。[11]
これに対しては、不法行為法の制度目的は、具体的加害者と具体的被害者の間の損害分配に尽きる、という批判があるかもしれない。たしかに、不法行為法の主たる制度目的は、それであるが、それに尽きるものではない。例えば、判決において、「過失」について、「いやしくも人の生命及び健康を管理すべき業務（医業）に従事する者は」（最判昭和三六年二月一六日民集一五巻二号二四四頁）とか、「おおよそ自動車運転者たるものは」（最判昭和四三年八月二日民集二二巻八号一五二五頁の第一審岡山地裁判決）、と述べているのは、正に、当該具体的事件の解決のみならず、その後の同種の事件において、それが、判例法として、すなわち裁判規範として、（憲法第一二条、同第一三条に由来する民法第一条第二項の命令規範の具体化として）、「法秩序維持」の一環として、この判断が機能することを予定しているのである。さらに、例えば、生成中の利益（環境利益など）は如何なる要件が充足されれば、民法第七〇九条の「権利」あるいは「法益」と認められるのかを判断することは、これまた、憲法第一三条以下とそれに由来する各法の中の「分配規範」の具体化として、その後の裁判規範として、すなわち法秩序の一環として、機能するのである。さらに、それらは、単に、裁判規範として機能するのみならず、「行為規範」としても機能する[12]のであって、ここにおいて、不法行為法が法秩序維持の機能を有することは、明白なことであり、それはまた、重要なものといえよう[13]。
(2)　他方、不法行為法上の個々の解釈論に眼を向けると、「過失相殺」は、加害者と被害者の行為の違法性の比較であるから、「違法性相殺」と考えることで、理論的整合性がはかられるし、さらに寄与度（法典に存在しない用語である。）は、複数加害者の行為の違法性の問題と考えるならば、その意味が明白である。したがって、ここでは、違法性の程度の大小という表現を用いるべきであろう[14]。このように、ここにおいても、違法論は必要であり、過失違法二元論や過失一元論では説明が困難であり、違法性一元論が、その効力を発揮する。それは、不法行為法の主たる制度目的が、各当事者の事情を比較衡量して、いずれの当事者に、どれだけの損害を負担させるのが公平か、を定めることであるから、このような実質的理由からしても、違法一元論は妥当な理論といえよう。したがって、実は、損害論についても、違法一元論は有益であるが、この点については、別稿に譲る。
以上のように、違法一元論は、現在において、また近未来においても、民法第七〇九条の解釈論として、もっとも妥当な見解であることを立証し得たと考える。

（1）現在、筆者が参照可能な文献に拠った。他にも多くの御批判をいただいていると思うが、それについては他日を期したい。
（2）勿論のことではあるが、各著者に対する筆者の大いなる尊敬の念には、いささかの揺るぎもない。日本の学界では、学説批判が、しばしば、学者批判と（第三者に）受け取られることがあるが、それは、まったくの誤解である。例えば、平井宜雄教授や、淡路剛久教授への私の批判は激烈を極めている。しかし、お二人とは、祇園で、一夜、清遊を楽しんだ間柄である。
（3）基本権の限界（制約）としての「公共の福祉」は、少なくとも、ミルの「他者加害禁止」を含むものであることは、歴史的に明らかである（佐藤幸治『憲法第三版』一九九五年（青林書院）四〇〇頁、同『日本国憲法論』二〇一一年〔成文堂〕一三一頁、松井茂記『日本国憲法』一九九九年（有斐閣）三四七頁）。
（4）憲法規範との関係で、この問題を把握するのは、山本敬三、潮見佳男に負うものである。
（5）昭和四三年度私法学会（明治大学）における筆者の個別報告において、故四宮和夫先生から、故意行為も客観的行為義務違反ではないか、とご質問を受け、その通りであるが、故意責任の帰責根拠は「意思」、過失責任の帰責根拠は「信頼」である、と答えたのを憶えている（前田達明「不法行為法における過失と違法性について」私法三一号一九六九年一二六頁）。
（6）故澤井裕先生に、はじめてお目にかかったのは、藤倉皓一郎先生が、Harvard Law School から Robert E・Keeton 先生をお招きになり、同志社大学において開かれたアメリカ研究夏期セミナーの席であった。先生と私は、特に、藤倉先生にお願いして、contributory negligence と comparative negligence について、お教えいただいたのを懐かしく思い出す。以来、関西における不法行為法学の良き先輩として、多大の御教示を賜り、先生が「不法行為法学の混迷と展望」（法学セミナー一九七九年一〇月号）をお書きになったときは、〝反論を書いて欲しい〟というお言葉をいただき、早速、書かせていただいたところ（法学セミナー一九七九年一二月号）、大変お喜びいただいた。もし、御存命ならば、この拙稿をお読み下さり、直ちに反論をお書き下さったであろう、と誠に残念に思う次第である。今は、唯、先生の御冥福を心からお祈り申し上げる次第である。
（7）末川博は、京都大学法学部における講演会において、国家賠償法の立法時に国会に招かれて、自らの権利侵害論、違法論について説明をしたと述べている。

(8) 一般の物権侵害などとは異なり、生活妨害の場合は、権利侵害があれば、直ちに差止請求が認められるのではない、ということは、共通の認識である（大塚直「生活妨害の差止に関する最近の動向と課題」山田卓生＝藤岡康宏編『新・現代損害賠償法講座（2）』一九九八年（日本評論社）一七九頁以下、二〇五頁。ドイツ民法第九〇六条参照）。それには、被害者と加害者の利益衡量が必要である、というのも共通の認識である。そして、差止請求は、損害賠償請求以上に、加害者に重大な不利益を及ぼすものであるから（潮見佳男「不法行為法」一九九七年（信山社）四九一頁）、加害者の行為の自由（所有権の行使など）の制約を正当化する必要がある。ということは、加害者の権利行使という法的観点も考慮に入れる必要があるということである。
(9) したがって、吉田邦彦『不法行為等講義録』二〇〇八年（信山社）二一頁が、違法一元論に対して「しかし、民法にないタームをわざわざ持ち込む必要はない」と批判するのも、誤解である。
(10) 〝「権利自由」重視説も、他人の「権利自由」を重視するのである〞という反論があるかもしれない。しかし、それは背理である。「権利自由」重視説は、その歴史的系譜からして（フランス革命は、その典型例）、まず「自己」の「権利自由」を重視するものである。それに対して、「法秩序維持」重視説は、「権利自由」の限界を明確にすることによって、他人の「権利自由」をも重視するのである。
(11) もっとも、「権利自由重視」か「法秩序維持」かが、現実の裁判で争いとなったときは、裁判官は、その調和を目指して努力をするであろう。それは、正に「個と共同性」の「再定位」であろう（大村敦志『民法総論』二〇〇一年（岩波書店）一五七頁）。それが、憲法と民法の共働か（しかも憲法主導か。山本敬三）、民法そのもののあり方からの出発（大村敦志）かは、民法第一条を見れば、大村敦志も認めるように、その差は絶対的なものではないであろう。ただ、法解釈方法論からいえば、憲法が上位規範である故に、前者を採用せざるを得ないであろう。なお、山本敬三「憲法・民法関係論の展開とその意義」法学セミナー六四六号一七頁、六四七号四四頁（二〇〇八年）参照。
(12) 例えば、銀行などが、どのような取引義務を守れば、損害賠償責任を負わなくてすむかという先例を求めて、最高裁判所まで（全国統一の基準を求めて）争うことは周知のところである。

(13) 判例法が法源であることは、一般に認められているが、私は、それは法解釈の「基準」(平井宜雄の「準則」と同旨と考える。)であると考えている。しかし、いずれにしても、それが、後に裁判に多大の影響を与えることには変りない(裁判所法第一〇条第三号参照)。
(14) なお、差止請求における「寄与度」は、前述のように、自然科学的に検証される、原因度の〝大小〟が中心となる。それは、損害賠償と異なり、将来の損害発生防止という観点から、考察すべきだからであるが、それでも、法益侵害の可能性の〝大小〟という意味で違法性の大小の問題である。四宮和夫『不法行為』一九八五年(青林書院)四七九頁が、「行為の違法性」の問題としているが、それは、故意や過失が、矢張り、法益侵害の可能性の大小という観点から考えれば、理解し得るところである。

(後記) 龍田節先生に、はじめて、お目にかかったのは、先生が、京都大学法学部における初講義である外書購読(英)で、UCCの講義をされたのに参加させていただいたときである。

先生の授業は、誠に厳しく、毎回ついて行くのが精一杯で、青息吐息であったのを憶えている。しかし、一度、授業を離れると、大阪証券取引所や銀行の見学といった、誠に楽しいエクスカーションを御企画なさった。大阪証券取引所では、御案内くださった役員の方が、〝片手千両の市が立つ〟と歌って下さったのを、今も懐かしく思い出す。その後、私も京都大学法学部に残り、京都大学法学部北館研究棟において、先生の研究室の隣に研究室を与えられた。これ幸い、とばかりに、商法上は勿論、種々の難問に出会うと、しばしば、先生の研究室のドアをノックしてお邪魔をしたが、いつも御懇切な御教示を賜った。さらに、同志社大学司法研究科に移ってからも、御迷惑も省みず、いろいろな質問攻めで、お騒がせをしてきた。

したがって、先生には数多くの優れたお弟子がおられる中で、私は一番永く、そして親しく御教導を賜ってきた不肖の弟子であると自覚している。このような先生の大いなる学恩に対して、この拙稿を深甚なる感謝の念をもって、先生に捧げるものである。

第六章　詐害行為取消権について

一　本稿の目的

筆者は、これまで、詐害行為取消権について、形成権説を採用して、いくつかの解釈提案を行なってきた（以下、自説という。前田達明『口述債権総論第三版』一九九三（平成五）年（成文堂）二五九頁以下。判例タイムズ六〇五号一九八六（昭和六一）年初出）。その後、多くの御高批を賜り、また筆者自身も、講義や研究会で、自説を修正すべき点のあることに気付いたが、未だ、試案の段階で、公表するほどに熟していない。ただ、佐藤岩昭『詐害行為取消権の理論』二〇〇一（平成一三）年（東京大学出版会）（以下、佐藤・前掲書という。）三七二頁において、いくつかの御批判と共に、自説が「沿革的見地から見て賛同しがたい」という御批判をいただいた（以下、佐藤第三批判という）。とりあえず、この点を中心に、解答させていただこう、というのが、本稿の目的である。

さらに、近時、民法（債権法）改正検討委員会が、改正案を公表したので、それにも、少しく言及しよう、と考えている。

二　佐藤第三批判の内容

1　佐藤第三批判の内容は、こうである。
「第三点として、この前田教授の解釈論には、詐害行為取消訴訟の基本的構造を見落とすという重大な欠陥が潜んでいるのではないかと私は考える。なぜならば、フランス法、ドイツ法、アメリカ法、ボアソナード民法草案、さらにはわが国の最上級審判例においても、詐害行為取消訴訟は、原告たる取消債権者と被告たる受益者または転得者との間で追行される通常の民事訴訟手続の形態を採っている。従って、債務者をこの訴訟の共同被告とするという学説はきわめて稀な考え方―大審院判例では明治四四年に変更された考え方である―であって、本章第一節で検討した『法典調査会民法議事速記録三』での議論においても最終的には採用されなかったことは、既に紹介したとおりである。従って、前田教授の考え方は、この点においても、比較法的及び沿革的見地から見て賛同しがたい見解であると言わざるを得ない」（初出、一九八八（昭和六三）年）、というものである。
2　それでは、「既に紹介」された『法典調査会民法議事速記録三』の議論とは、どのように、佐藤・前掲書で論じられているのであろうか。まず、その前提として、
(1)　現行民法第四二四条の原案は、第四一九条で、その第二項但書に「債務者及ヒ転譲者ヲ其訴訟ニ参加セシムルコトヲ要ス」と定めていた。この点が、ここでは、問題点となる。
(2)　佐藤第三批判は、それについて、次のように記述している。
「4　現行民法草案四一九条二項但書の意味について

この但書について、穂積博士は次のように趣旨説明をしている。――まず『但書丈ケガ既成法典ノ少シ欠点ト考ヘマス所ヲ補ヒマシタノデ既成法典ニ於テハ此廃罷訴権ニハ債務者ノ訴訟参加丈ケヲ規定シテ御座イマス併シ廃罷訴権と云フモノハ債務者ト取引ヲ致シタ者又ハ其利益ヲ転得シタ者ニ対シテモ為スコトガ出来ルノデアリマシテ其債務者丈ケヲ訴訟ニ参加サセルノハ転得ノナイ場合ニ於テハ夫レデ沢山デアリマス』と穂積博士は述べている。それに続けて、債務者が転得者に更に譲渡した場合には、その転得者に『判決ノ効力ヲ及ボス又場合ニ依テハ求償権ヲ求メラレルコトモアリマセウガ夫レハ債務者ヲ訴訟ニ参加セシムルト同一ニ其転得者ト云フ者ヲ訴訟ニ参加サセナケレバイカヌコトデアラウト考ヘマス』と説明している。それゆえ、本条二項但書においては、訴訟に参加せしめる者を『債務者及ヒ転譲者』としたのであると、穂積博士は改正案を説明している。――以上が穂積博士の解説である。即ち、穂積博士が旧民法財産編三四一条三項に修正を加えた理由は、転得者が生じた場合に、債務者に対してのみならず、転得者に対しても詐害行為取消判決の効力を及ぼさせることにあったようである。しかしながら、本章本節二3において述べたように、旧民法財産編三四一条三項の母体であるボアソナード草案三六一条三項は、フランス民事訴訟法の『強制参加』という制度を明文で規定したものである可能性が高いと考えられる。そして、右の推測が正しいとするならば、法典調査会における現行民法草案四一九条二項但書をめぐる議論は、債務者を強制的に訴訟に引き込むというフランス民事訴訟法上の制度を、明確には意識していなかったと言ってよいのではなかろうか。その例として、『取消』の意味を『法律行為の取消』の意味に解する田部委員は、訴訟参加では足りず、債務者を共同被告としなければならないと主張している。さらに、磯部四郎氏も共同被告ではないかと発言している。以上の発言に加えて、法典調査会においては、現行民法草案四一九条二項但書をめぐって、主参加なのか従参加なのか告知参加なのか、議論は紛糾している。けれども――繰り返しになるが――ボアソナード草案三六一条三項が『強制参加』を定めた規定であるという私の推測が正しいならば、この現行民法草案四一九条二項但書に関する起草者たちの議論は、正鵠を射ていなかったのではなかろうかと思われる。従って、法典調査会の議事について、これ以上立ち入った検討を加えても、現行民法草案四一九条二項但書の意味は明らかにはならないであろうと考えられる。

以上が現行民法草案四一九条二項但書に関する法典調査会での議論についての一応の検討である。論証不足の箇所が多いという欠点は筆者自身が痛感しているところであるが、本書では右に述べた推測を私の一応の結論として呈示したい。そして、より詳しい検討は今後の課題とすることにしたい」（初出、一九九八（平成一〇）年）。

三　佐藤第三批判への解答

1　まず、右の現行民法第四二四条の原案第四一九条第二項但書についての、法典調査会での議論については、すでに吉村良一「〈史料〉債権総則（一四）」民商法雑誌八三巻六号（一九八一（昭和五六）年）一〇四三頁以下（以下、吉村論文という。高橋眞＝玉樹智文＝高橋智也編「史料債権総則」（二〇一〇年、成文堂）一三九頁以下）が明らかにしているところであるが、その前提として、旧民法（いわゆるボアソナアド民法。一八九〇（明治二三）年公布。一八九三（明治二六）年施行予定だったが、いわゆる「法典論争」によって、施行されず。）における詐害行為取消権について言及しておく。何故ならば、法典調査会の議論は、旧民法（法典調査会においては、既成法典と呼ばれている。）の改正作業であったからである。
2　そこで、詐害行為取消権についての旧民法の規定と、それの立法趣旨について、ボアソナアドによる理由書

「民法理由書第二巻財産編人権部」（ボワソナード民法典資料集成第二期二〇〇一（平成一三）年復刻版（雄松堂出版））を引用しておく。それは、次の旧民法財産編第三四一条第三項である。

旧民法財産編第三四〇条　右ニ反シ債権者ハ其債務者カ第三者ニ對シ承諾シタル義務、拋棄又ハ讓渡ニ付キ其損害ヲ受ク但債權者ノ權利ヲ詐害スル行爲ハ此限ニ在ラス
債務者カ其債權者ヲ害スルコトヲ知リテ自己ノ財産ヲ減シ又ハ自己ノ債務ヲ增シタルトキハ之ヲ詐害ノ行為トス

理由
「本條ニ規定スル所ハ即チ前條ノ規定ノ裏面タルモノナリ
夫レ債権者ハ其債務者ノ承継人タル資格ヲ有スルカ故ニ前條ニ定メタル如ク債務者ノ行為ノ利益ヲ挙ケテ之ヲ享受スト雖モ亦其行為ニ因リ債務者ノ資産ニ損失アルトキハ其結果ヲ被ラサル可ラス是ヲ以テ債務者贈与ヲ為シ又ハ有償ノ讓渡ヲ為スモ之ニ依テ得ル所少クシテ為メニ其財産ヲ減少シタルトキハ債権者ノ担保随テ減少セサル可ラス又債務者更ラニ義務ヲ約シ其債務ヲ増加シタルトキハ従来ノ債権者ハ新債権者ト共ニ其財産ノ分配ヲ為サヽル可カラサルカ故ニ其担保亦随テ減少セサルヲ得ス
然レトモ前條ニ於ケルカ如ク本條ニモ亦例外タルモノアリ蓋シ債務者ノ讓渡及ヒ義務ニシテ債権者ニ其効力ヲ及ホサヽルモノアリ『債権者ノ権利ヲ詐害スルノ行為』即チ是レナリ此場合ニ於テハ債権者ハ最早承継人タルモノニ非スシテ第三者タルモノナリ何トナレハ債務者ハ自カラ其敵手ト為リタルヲ以テ債権者ヲ代表スルモノト謂フ可カラサレハナリ

本條ハ先ツ原則ヲ定メ次ヒテ例外則ヲ設ケ且詐害ノ定義ヲ下シタリ
此点ニ関シ欧州諸国ニ於テハ法文ノ不備ナルヨリ数多ノ問題ヲ発生シ論議未タ決セサルヲ以テ本法ハ以下諸條ヲ以テ悉ク之ヲ断定シタリ（前田達明の傍線）
本條ニ特ニ詐害ノ定義ヲ下シタルハ詐害ハ単純ナル損害ト同視スヘカラサルモ亦全ク之ト別視スヘカラス此両者ヲシテ成ルヘ懸隔セシム可カラサルカ故ナリ抑損トハ債務者ノ行為ニ因リ債権者ニ及ホス所ノ損失ヲ云フ而シテ其損害タル善意ニテ之ヲ加フルコトアリ
詳カニ之ヲ言ヘハ債権者ニ害ヲ及ホスノ意ナクシテ之ヲ惹起スルコトアリ又之ト異ナリ債務者債権者ニ害ヲ加ヘントスルノ意思アリタルモ遂ニ実際ノ損害ノ生セサリシトキハ亦タ債権者敢テ苦情ヲ唱フヘキニ非ス何トナレハ債権者ハ苦情ヲ唱フルモ毫モ為メニ利益を得ル所アラサレハナリ蓋シ利益ハ訴権ノ正当ノ原因ニシテ利益ナケレハ訴権アラサルナリ故ニ本條ニ所謂詐害ノ行為アリテ之カ為メ債権者其行為ヲ廃罷スルノ権利ヲ行フヲ得ルハ債権者ニ損害ヲ加ヘントスルノ意思ト実際ノ損害ト並ヒ存スルヲ要ス即チ事実ト意思トアルコトヲ要ス
然レトモ債務者ハ必ス其債権者ニ害ヲ加ヘントシタルノ意思ヲ力メテ隠蔽スヘカ故ニ債権者ハ其意思ノ直接証拠ヲ挙クル能ハサルコト最モ多カルヘシ是ヲ以テ本條ハ債務者自カラ其現ニ無資力ナルコトヲ知リタルコト又ハ其行為ノ為メニ無資力ヲ来スヘキヲ知リタルコトヲ以テ債権者ヲ害スルノ意思アリタル証拠ト為スニ足レリトセリ然レトモ債務者知ラス識ラス既ニ無資力ナルカ又ハ既ニ無資力ナルコトヲ知ルモ更ラニ其新行為ヲ以テ資力ヲ回復スルヲ得ヘシト信シタリシトキハ仮令其行為ノ為メ債権者ニ大ナル損害ヲ及ホシタルトキト雖モ猶ホ債権者ヲ詐害スルノ行為アラサルモノトス
本條ノ規定ハ範囲頗ル広キモノニシテ総テ債務者ノ資産ヲ減少シ之カ為メ債権者ノ担保ヲ減少スル所ノ一切ノ行為

ヲ攻撃スルヲ得セシメ敢テ其性質如何ヲ問ハス其債権者ノ担保ヲ減少スルニ直接ナルコト即チ譲渡若クハ既得権ヲ抛棄シタルト間接ナルコト即チ新義務ヲ負担シタルトヲ区別スルヲ要セス加之損害ト之ヲ加ヘントスル意思トノ二個ノ条件ヲ要スルノ点ニ関シテハ有償行為ト無償行為トヲ区別スルニ及ハサルモノトス或ハ論者中贈与ニ在テハ取得者利益ヲ保存センコトヲ求ムルモノナルカ故ニ損失ヲ免レントスル所ノ債権者ニ比スレハ保護ヲ加フルコト較ニ少ナキヲ以テ足レリトスト云フ者アラン然レトモ是レ謬説スルヲ免レサル所ニシテ債務者実情ニ出テ恩義ニ酬ヒ又ハ慈愛ノ心ニ因リ贈与ヲ為サント欲シ敢テ債権者ヲ害セントスルノ悪意ニ出テサル限リハ決シテ其債務ヲ負担シ之ニ対スル債権者アルカ為メ之ヲシテ贈与ヲ為スノ権ヲ失ハシムヘキニ非サルナリ只次条ニ断定スル所ノ問題ニ関シテハ有償行為ト無償行為トニ就キ区別ヲ設ケタリ
又或ハ反対論者中受贈者ヲ措テ債権者保護シ債務者ノ意思ノ善悪ヲ問ハスシテ債権者ニ其贈与発能スルノ権ヲ与フヘシト主張スル彼ノ贈遺ノ有効ナルハ残余ノ相続財産ヲ以テ死者ノ債務ヲ弁済スルヲ得ル場合ニ限ルヲ以テ贈与ノ場合ニ於テモ亦同一ノ法則ヲ取ル者アラン然レトモ此論拠タル容易ニ駁撃シ去ルヲ得ルモノナリ蓋シ贈与ト遺贈トノ間ニハ此点ニ就キ大ニ異ナル所アリ即チ債務者死去シタルトキ先ツ其債務ヲ弁済シタル後ニアラサレハ遺贈ノ履行ヲ為ス可カラストセサルニ於テハ債権者到底弁済ヲ得ルコト能ハサルニ至ルヘキモ債務者ノ生存スル間ハ債権者未タ必スシモ到底弁済ヲ得サルノ危害アリト謂フ可カラス
然レトモ亦贈与ノ場合ニ於テハ行為有償ナル場合ニ比シ取得者ノ為メ較ニ不利ナル所アリ蓋シ贈与ノ包括名義ナルトキハ先ツ贈与者ノ債務ヲ弁済シタル後ニアラサレハ其効ヲ奏セサルナリ何トナレハ債務者包括贈与ヲ為サハ必ス無資力タルヲ知ラサル可カラサルヤ明カナレハナリ然リ而シテ此場合ニ於ケルモ猶ホ債権者其弁済ヲ請求スルヲ得ルハ詐害行為アルカ故ニ非ス包括ノ贈与ハ一種ノ相続ナリトノ原則ニ基クモノナリ

唯債務者既得権ヲ譲渡シタル場合ト其権利ノ言込ヲ受ケタルニ当リ之ヲ取得セサル場合トハ本条ノ適用ニ関シ須ラク区別スルヲ要スルモノナリ此区別タル既ニ羅馬法ニ於テ行ハレタル所ニシテ条理ニ基キタルモノナルカ故ニ現時ニ至ルモ尚ホ之ヲ為サヽル可ラス蓋シ債権者ハ債務者カ自己ノ担保ヲ減少スルコトヲ防塵シ其行為ヲ廃罷スルヲ得ルモ是レ債権者其担保ニ就キ自ラ既得権ヲ有スルカ故ナリ然レトモ債権者ハ債務者更ニ其担保ヲ増加スヘキコトヲ求ムルヲ得ス仮令人アリテ債務者ニ贈与ノ言込ヲ為シタルトキト雖モ債権者決シテ債務者ニ之ヲ取得スヘシト望ムコト能ハス又債務者ニ代ハリ自ラ之ヲ受諾スヘシト称スルコト能ハス何トナレハ贈与ノ言込アリタルトキ縦令言込ノ名望高キトキト雖モ猶ホ之ヲ受クルト否トハ一ニ債務者ノ適宜ニ任セ其自由ニ委セサル可カラサレハナリ仮令債権者斯ノ如キ権利アリト称スト雖モ到底本条ニ依ルヲ得スシテ前条ニ依ルヘキノミ然ルニ前条ニ依レハ贈与ヲ受諾スルハ純然タル権能ニシテ債務者ノミ独リ行フヲ得債権者ノ行フヲ得サルモノナリ
本条ノ法文ハ汎博ナリト雖モ亦債権者ハ差押フ可カラサル物ヲ目的トシタル譲渡行為ヲ以テ自己ヲ詐害シタルモノトシ之ヲ廃罷セシムルヲ得サルヤ多弁ヲ要セサルナリ蓋シ此場合ニ於テハ債権者自己ノ為メ損害アリト称スルコトヲ得ス何トナレハ其財産ハ譲渡シ得ヘキモノナルトキト雖モ猶ホ債務者ノ純然タル意思ニ依ルニ非サレハ之ヲ以テ其債務ノ弁済ニ供スルコト能ハサレハナリ」

同第三四一条　詐害ノ行爲ノ廢罷ハ債務者と約束シタル者及ヒ轉得者ニ對シ次條ノ區別ニ從ヒ債權者ヨリ廢罷訴權ヲ以テ之ヲ請求ス
債務者カ原告タルト被告タルトヲ問ハス詐害スル意思ヲ以テ故サラニ訴訟ニ失敗シタルトキハ債權者ハ民事訴訟法ニ從ヒ再審ノ方法ニ依リテ訴フルコトヲ得

右孰レノ場合ニ於テモ債務者ヲ訴訟ニ参加セシムルコトヲ要ス
債権者ガ詐害ノ行為ノ廢罷ヲ得ル能ハサルトキハ被告ニ對シテ損害賠償ヲ要求スルコトヲ得

理由

「本条ハ債権者債務者ノ詐害行為ニ因リ被リタル損害ノ賠償ヲ求ムルカ為メ用ユルヲ得ル所ノ方法ヲ規定スルモノナリ
其第一ノ方法ハ通常用ユヘキ所ノモノニシテ債権者ヲ詐害スルノ行為ヲ取消スコトヲ以テ目的トスル訴権ナリ此訴権ヲ以テ他ノ削除訴権ト区別スルカ為メ之ヲ称シテ『廃罷訴権』ト云フ
第一項ニ廃罷訴権ハ債務者ト約束シタル者ニ対シ又付随シテ詳カニ之ヲ言ヘハ時宜ニ依リ法律ノ許ス限リハ転得者ニ対シ行フヲ得ルモノトセリ蓋シ此訴権ハ債務者ノミニ対シ行フコトヲ得サルヤ明カナリ其理由二アリ第一債務者カ第三者ト為シタル所ノ合意ハ復タ債務者ノ善意ノミヲ以テ之ヲ取消スコトヲ得ヘカラス第二債務者ハ固ヨリ無資力ナルヘキカ故ニ之ニ対シ訴権ヲ行フモ債務者ノ為メ何等ノ利益ヲモ生セサルヘシ是ヲ以テ廃罷訴権ハ債務者ト約束シタル者ニ対シ之ヲ行ハサル可ラス但第三項ニ之如ク債務者ヲシテ訴訟ニ参加セシメ之ヲシテ其行為ノ有効ナルコトヲ主張スルヲ得セシムルヲ要ス然ランニハ債権者第三者ニ対シ得タル所ノ判決ヲ債務者ニ対抗スルコト能ハサルヘシ
而シテ廃罷スヘキ行為カ第三者ニ対シ債務者ノ負担シタル義務又ハ債務者ノ之ニ対シ有シタリシ債権ノ放棄ナル場合ニ於テハ第三者ノミ独リ被告タルヘシ故ニ廃罷訴権ハ必ス之ニ対スル対人訴権（前田達明の傍点）タリ而シテ第三者ハ債権者ト約束シタルモノニ非サルカ故ニ其訴権ハ契約ヨリ生スルモノニ非スシテ第三者ノ詐害ニ通謀シタルニ因リ加ヘタル不正ノ損害又ハ其不当ノ利得ニ因リ発生スルモノナリ

又譲渡ヲ廃罷スヘキ場合ニ於テモ譲渡物尚ホ取得者ノ所有タルトキハ其廃罷訴権ハ対人訴権ナリ其理由ハ前段ニ陳ケル所ト同一ナリ又縦令取得者既ニ其物ヲ他ニ譲渡シタルトキト雖モ猶ホ或ル場合ニ於テハ法律上転得者ニ対シ廃罷ヲ行フヲ得セシメタリ是レ法理上然ラサル可カラサル所ナリ蓋シ転得者ニ対シ廃罷ヲ行フヲ得セシメサルトキハ到底損害ノ賠償ヲ為ス能ハサルコト多カルヘシ然レトモ亦毫モ詐害ニ与ミシ通謀ヲ為サヽリシ第三者ニ対シ訴権ノ効力ヲ及ホシ之ニ損害ヲ加フ可カラサルカ故ニ転得者ニ対シテハ次条ニ定ムル所ノ区別ヲ為スコトヲ要ス此区別ニ従ヒ転得者ニ対シ廃罷訴権ヲ行フ場合ニ於テモ亦其訴権ハ普通ノ損害ニ基クモノナルカ故ニ対人訴権ナリ
第二項ハ債務者ノ詐害行為ニシテ契約ニ非サルモ亦廃罷スルヲ得セシメサル可カラサル所ノモノヲ規定ス蓋シ債務者債権者ヲ詐害スルノ意思ニ出テ第三者ヨリ訴訟ヲ委ケ被告タルニ当リ自ラ能ク弁護セスシテ故ラニ敗訴シ又ハ第三者ニ対シ訴訟ヲ起スモ外面上攻撃ヲ為スニ止マリ実際力メテ其権利ヲ主張セス遂ニ其請求ヲ却下セラルヽニ至リ而シテ債権者第三百五十九条第二項ニ定メタル所ノ訴訟参加ノ権利ヲ行ハサリシトキハ裁判所全ク債務者ノ為メニ誤マラレタルモノナルカ故ニ債権者ニ其判決ヲ攻撃スルヲ許スモ決シテ裁判所ノ判決ヲ尊重スヘキノ原則ニ戻ルモノニ非ス故ニ此事ニ関シテハ特別ナル非常上訴ノ方法ヲ設ケタリ之ヲ称シテ再審ト云フ（民事訴訟法第四百八十三条ヲ参看スヘシ）
但法律ニ於テハ何レノ場合ニアルモ必ス債務者ヲ訴訟ニ参加セシムルコトヲ要ストセリ此場合ニ於テハ債務者ハ第三者ニ付随シテ被告タルヘシ何トナレハ債務者ハ其行為ヲ防御シ之ハ約束シタル者ヲ保護スルノ責務アルモノナレハナリ（民事訴訟法第四百八十三条ヲ参観スヘシ）(1)
末項ハ廃罷ノ実効ヲ奏スルコト能ハサル場合詳カニ之ヲ言ヘハ詐害行為ノ廃罷ヲ為スコト能ハサル場合ヲ規定スルモノナリ此場合ニ於テハ其行為ノ廃罷ニ代フルニ損害賠償ノ請求ヲ以テシ債権者ノ損害ヲ補償スヘキモノトス今其

実例ノ主タルモノヲ挙ケンニ詐害行為タル譲渡ノ目的動産物ニシテ而シテ取得者之ヲ隠蔽シ遂ニ之ヲ発見スルコト能ハサルニ至リタルトキ又ハ詐害譲渡ノ目的動産タルカ又ハ不動産タルモ取得者之ヲ善意ノ第三者ニ転売シ次条ノ規定ニ従ヒ之ニ対シ廃罷訴権ヲ行フコト能ハサルトキノ如キ即チ是レナリ
何レノ場合ニ於ケルモ物ノ転得者ニ移リタルトキハ詐害ヲ被リタル債権者転得者ニ対シ廃罷訴権ヲ行ハスシテ単ニ第三者ニ対シ損害賠償ノ訴権（前田達明の傍点）ヲ行フニ止マルコトヲ得何トナレハ転得者ニ対シ廃罷訴権ヲ行フハ大ニ困難ナルコトアレハナリ」

同第三四二条　債権者ハ攻撃スル行為ノ如何ヲ問ハス其債務者ノ詐害ヲ證スルコトヲ要ス此他有償ノ行為ニ付テハ債務者ト約束シ又ハ之ト訴訟シタル者ノ通謀ヲ證スルコトヲ要ス
譲渡ニ對スル廢罷訴權ハ有償又無償ノ轉得者カ最初ノ取得者ト約束スルニ當リ債權者ニ加ヘタル詐害ヲ知リタルトキニ非サレハ其轉得者ニ對シテ之ヲ行フコトヲ得ス

理由

「本条ニ断定スル所ノ三個ノ問題ハ数多ノ外国法典ニ於テ明瞭ニ規定セサルヨリ今ニ至ルマテ尚ホ法学者間ニ論議一定セサル所ノモノナリ
其第一問題ニ対スル論決ハ既ニ第三百四十四条ノ説明ヲ為スニ当リ之ヲ開示シタリ今詳カニ之ヲ説明センニ詐害行為ノ廃罷ヲ為スニハ縦令其行為無償ナルトキト雖モ猶ホ未タ単ニ債権者ニ損害アルノミヲ以テ足レリトセス其行為ノ有償ナルト無償ナルトヲ問ハス廃罷訴権ニ必要ナル基本ハ実際ノ損害ト併セテ詐害ノ意思トノ存スルニ在リ而シテ詐害ハ之ヲ推定スヘキモノニ非サルヲ以テ債権者ハ其証拠ヲ挙ケサル可ラス但前ニ述ヘタル如ク債務者其無資力

ナルヲ知リタルノ証拠アレハ以テ詐害ノ意思ノ証拠ト為スニ足ルモノトス何トナレハ債務者ノ心裡ノ善悪ヲ証スルハ到底為シ能ハサル所ナレハナリ
第二問題ニ対スル論決ハ無償行為ト有償行為トニ関シ異ナルモノニシテ廃罷訴権ノ事ニ関シ行為ノ有償ト無償トヲ区別スルハ一ニ此問題ニ就テ然ルノミ即チ行為ノ無償ナルトキハ債務者ト約束シタル所ノ第三者善意ナルモ猶ホ廃罷訴権ヲ被ルヲ免カレサルヘシ然ルニ有償権原ニテ約束シタル所ノモノハ其通謀シタルトキ詳カニ之ヲ言ヘハ債権者ニ対シ行フタル詐欺ニ参与シタルトキニ非サレハ其行為ノ利益ヲ失フコトナシ而シテ其詐害ニ通謀シタルノ証拠ハ債権者詐害ノ情状ヲ知リタルノ証明ヲ為スヲ以テ足レリトス斯ノ如ク無償行為ト有償行為トノ間ニ設ケタル区別ハ羅馬法以来法学者ノ斉シク認メタル所ニシテ其基ク所ノ趣旨頗ル至当ナリト雖モ亦往々論者其趣旨ヲ誤リ極端ニ走リ之ヲ適用スル者アリタリ其趣旨トハ何ソヤ曰ハク『受贈者ハ利益ヲ保有センコトヲ求ムルモノニシテ詐害ヲ被リタル債権者ハ損失ヲ免レンコトヲ求ムルモノナルカ故ニ債権者ヲ保護スルコト受贈者ニ比シ一層厚キヲ要ス』ト之ニ反シ債務者ト有償権原ニテ約束シタル者ハ廃罷ノ効ヲ争ヒ以テ債権者ト同シク損失ヲ免カレンコトヲ求ムルモノナリ故ニ其間位置ノ優劣アルモノニ非ス然ルニ同一ノ位置ヲ有スル者ノ間ニ訴訟ノ起リタルトキハ既ニ完結シタル所ヲ維持シ各自ヲシテ其既得シタル位置ヲ保有セシメ占有者ノ位置ヲ勝レリト為スヲ至当トス
又詐害行為契約ニ非ス訴訟ニシテ債務者其債権者ヲ詐害スルカ為メ故ラニ敗訴シタル場合ニ於テモ亦右ト同一ノ区別ヲ為サヽル可カラス詳カニ之ヲ言ヘハ有償行為ニ基キ訴訟ノ起リタルトキハ相手方債務者ト通謀シタルトキニ非サレハ判決ノ廃罷ヲ目的トスル所ノ再審ヲ許ス可ラス之ニ反シ贈与ニ基キ訴訟起リ其履行ニ関シ訴訟アル場合ニ於テハ受贈者債務者ト通謀セサルモ債務者其債権者ヲ詐害スルノ意思アリタルヲ以テ再審ノ訴ヲ許スニ足レリトス
第三問題ニ対スル論決ハ即チ第二項ニ掲クル所ニシテ其一点ニ就キ通常外国ノ判決例ニ於テ認ムル所ト趣旨ヲ異ニ

シタリ（前田達明の傍線）蓋シ既ニ説明シタル如ク廃罷訴権ハ債務者ト約束シタル者ニ対シ之ヲ行フコトヲ得セシメサル以上ハ充分其目的ヲ貫徹スルコト能ハサルモノナリ然レトモ詐害ヲ被リタル債務者ト其権利ヲ詐害シテ債務者ノ譲渡シタル物上ニ物権ヲ保有スト謂フ可ラス蓋シ債権者ノ財産ヲ以テ一般ノ担保トスルモ其担保タル特ニ質権ヲ得又ハ抵当ヲ設定セシメテ得タル所ノ特別ノ担保ト同一ノモノニ非ス是ヲ以テ債権者ハ物権固有ノ効力利益タル真ノ追及権ヲ有ス可カラス唯転得者ノ位置義務ノ要素ヲ有スルトキハ之ニ対シ対人訴権ヲ行フコトヲ得ヘキノミ是ヲ以テ悪意ノ転得者即チ当初債権者ノ権利ヲ詐害シタルノ事情ヲ知リタル所ノ転得者ニ対シテハ廃罷訴権ヲ行フヲ得ヘキヤ未タ曽テ異議ヲ唱ヘタル者アラサルナリ蓋シ此場合ニ在テハ前ニ述ヘタル如ク転得者ハ不当ノ利得ヲ受ケタルモノナレハ之ヲ返還スルノ責アルヤ明カナリ然レトモ転得者当初詐害アリタルコトヲ知ラス其譲受ヲ為スニ当リ善意ナリシトキハ論者概ネ一ノ区別ヲ為シ有償権原ノ転得者ハ廃罷訴権ヲ被フルコトアル可カラス但無償権原ノ転得者ハ『損失ヲ避ケンコトヲ求ムル債権者ニ対立シ利益ヲ保有センコトヲ求ムル者ナル』カ故ニ廃罷訴権ノ効力ヲ被ルヘシト云ヘリ是レ上段ニ於テ論者往々此原則ノ趣意ヲ謬リタリト言ヘル所ナリ
本法ハ欧州ノ法学者間ニ行ハル、所ノ通説ト其趣意ヲ異ニシ（前田達明の傍線）善意ノ転得者ハ其取得ノ権原如何ヲ問ハス換言スレハ其有償ノ取得者タルト無償ノ取得者タルトヲ問ハス均シク之ヲ保護シタリ蓋シ債権者ニ加ヘタル詐害アリタルコトヲ知ラスシテ贈与ニ因リ転得ヲ為シタル者ハ偏ニ『利益ヲ保有スルコトノミヲ求ムル』モノト謂フ可カラス又他人ノ財産ヲ不当ニ利得シタルニ因リ返還ノ義務ニ服従スヘキモノナリト謂フ可カラス実ニ受贈者モ其贈与ヲ有効ニ取得シタルモノト自信シタルニ当リ忽然之ニ其利益ヲ奪フトキハ亦買主ト同シク損害ヲ被ルモノト謂ハサル可ラス蓋シ受贈者其贈与者其贈与ヲ受ケ安心シテ其利益ヲ保有スルヲ得ヘシト信シタルトキハ其生計ノ状態ヲ変シ或ハ結婚シ或ハ商業若クハ工業ヲ起シタルコト無シトセス然ルニ之ニ其贈与ノ利益ヲ奪フトキハ総テ其資産ヲ傾倒シ之ヲシ零落セシムルニ至ルコトアルヘキナリ彼ノ詐害行為ヲ為シタル債務者ヨリ直接ニ贈与ヲ受ケタル者ニ至テハ多少之ニ懈怠ノ責ヲ帰セサル可ラス就中贈与者ノ地位ヲ穿鑿シ而シテ後贈与ヲ受クヘキニ其注意ヲ為サヽリシハ其責ヲ免カル可カラスト雖モ転得者タル受贈者ニ至テハ最初ノ譲渡ヲ為シタル者即チ詐害ヲ為シタル債務者ヲ識ラサルヘキカ故ニ毫モ之ニ懈怠ノ責ヲ帰ス可カラス
是ヲ以テ本条ハ此点ニ就キ断然通説ト其趣意ヲ異ニシタリ」

同第三四三条　廢罷ハ詐害行為ニ先タチ權利ヲ取得シタル債權者ニ非サレハ之ヲ請求スルコトヲ得ス然レトモ廢罷ヲ得タルトキハ聰債權者ヲ利ス但各債權者ノ間ニ於テ適法ノ先取原因ノ存スルトキハ此限に在ラス

理由

「本条ニ掲クル所ノ規定中其第一ニ付テハ毫モ疑義ノ容ルヘキモノナ（シ）ト雖モ其第二ニ至テハ較ニ論議ヲ生スルコトアルヘシ
抑々債務者詐害行為ヲ遂ケタル後ニ至リ始メテ之ト約束シタル所ノ債権者ハ詐害ヲ受ケタリト謂フコト能ハサルヤ明カナリ蓋シ該債権者ハ債務者ノ意思ヲ了知シ其財産ト債務トノ現状如何ヲ知ラサル可カラサルカ故ニ決シテ之カ為メニ誤ラレタリト謂フ可カラス是ヲ以テ廃罷訴権ハ詐害行為ノ行ハレタル以前ニ在テ債権者タリシ者ニ非サレハ之ヲ行フコト能ハス
然レトモ亦或ル学者ノ唱ヘタルカ如ク一旦廃罷訴権ヲ行フタル後其廃罷ノ利益モ亦詐害行為以前ノ債権者ニノミ属スヘシトスルハ其債権者ノ利益ヲ保護スルコト過当ナリト謂ハサル可カラス（前田達明の傍線）若シ果シテ然ルヘシトセハ遂ニ債権者ヲ二階級ニ分チ其間ニ分配スヘキ財産ヲ二団ニ別ツニ至ルヘキモ斯ノ如キハ破産及ヒ無資力ノ

原則ニ背馳スル所ナリ
抑々廃罷ノ効力ハ事物ヲシテ詐害行為ノ未タ行ハレサリシトキノ状態ニ復セシメ債務者ノ資産ヲシテ其以前ノ旧状ニ復セシムルニ在ルモノナリ故ニ詐害行為カ債権者ノ一人ニ対シ約束シタル義務ナルトキハ其債権者ノミ独リ債務者ノ財産分配ニ加フルコト能ハス之ヲ除斥シタルノ利益ハ自余ノ債権者ニ属スヘキナリ
又債務者其有スル債権ヲ伴テ抛棄シ以テ債権者ヲ詐害シタルトキハ其抛棄ヲ受ケタル者其債務ヲ弁済スヘク総債権者之ヲ分配スルノ利益ヲ享受スヘシ譲渡ヲ廃罷シタル場合ニ於テモ亦其趣意同一ニシテ譲渡シタル物更ニ債務者ノ資産ニ復帰シ之ヲ売却シテ其代価ヲ総債権者間ニ分配スヘシ然レトモ廃罷ノ言渡ヲ受ケタル者モ亦自カラ其譲渡ノ対価ヲ給付シタリシトキハ自余ノ債権者ト共ニ分配ニ与リ己レカ曽テ払フタル所ノ代価又ハ有償物ノ返還ヲ受クルコトヲ得ヘシ
本条末段ニ債権者間ニ適法ノ先取原因ノ存スル場合ヲ以テ本条ヲ適用スヘキ限ニ在ラサルモノトシタリ是レ亦廃罷シタル行為ハ未タ曽テ存セサリシモノト看做スノ趣意ヲ適用シタルモノナリ例ヘハ債権者中譲渡物ノ上ニ先取特権ヲ有シタリシ者ハ亦之ヲ保有スヘシ加之廃罷ヲ行フル者ハ之ニ因リ先取権ヲ得ルコトアリ即チ廃罷ノ為メ訴訟ヲ起シタル債権者ハ其回復シタル財産ノ価額ヲ以テ嘗テ訴訟ノ為メ其支出シタリシ立替金及ヒ費用ヲ自余ノ者ニ先チ返還セシムルヲ得是レ総債権者ニ利益ヲ与ヘタルニ因リ生スル所ノ先取特権アル場合ナリ」

同第三四四条　廢罷訴權ハ詐害行為ノ有リタル時ヨリ三十个年ニシテ時効ニ罹　リ消滅ス若シ債權者カ詐害ヲ覺知シタルトキハ其覺知ノ時ヨリ二个年ニシテ消滅ス
右ノ時効ハ再審申立ノ訴權ニ之ヲ適用ス

理由

「対人訴権ノ時効ノ期間ニシテ其最モ長キモノヲ三十年トス是証拠編ニ於テ規定スル所ナリ廃罷訴権ノ場合ニ於テモ亦其時効ノ期間ヲ三十年トス蓋シ其期間ヲ三十年ト定メタルハ債権者ヲシテ自己ヲ傷害シタル詐害ヲ覚知スルニ充分ナル時ヲ得セシメンカ為メナリ然レトモ一旦債権者詐害ヲ覚知シタルトキハ其訴権ヲ行フノ期間ヲ二ケ年ニ短縮スルモ又以テ十分ナリト認メタリ又詐害行為アリタル時ヨリ二十九年ヲ経テ始メテ詐害ヲ発見シタリシトキハ三十年ノ残期間ノミ訴権ヲ行フヲ得ルニ過キス」

(3)　以上から、明らかなように、まず、旧民法の詐害行為取消権は、ボアソナアドの独創部分が多く（前田達明の傍線）、比較法的にみて、他の外国法と多くの〝断絶〟がある、ということである。
さらに、佐藤第三批判との関係で重要な点としては、旧民法財産編第三四一条第三項において、債務者も訴訟に関与させなければならない、とされていた点である。これは、フランス民事訴訟法における「強制参加」、すなわち、一般的には、訴訟当事者の一方が、これまで訴訟に現れていない第三者を、強制的に訴訟に引き込み、判決を、その第三者に対抗せしめるために設けられた制度を意味する、と推測されている（佐藤・前掲書二四七頁）。このように、債務者を詐害行為取消訴訟に関与させなければならない理由は、理由書にあるように、債務者は自己の法律行為によって受益者（や転得者）の利害に積極的に関与したのであるから、債務者には、その自己の行為（son acte）の防禦と行為の相手方保護の「責務（son rôle）」がある、というのである。また、第一に、債務者にその行為の有効性を主張させる機会を与えるためであり、第二に、詐害行為取消判決の効果を債務者に対抗せしめるようにするためである、という推測もなされている（佐藤・前掲書二四七頁）。この推測には、賛同するのである。何故ならば、これこそ、自説が形成権説を採用する二大根拠だからである（前田達明『口述債権総論第三版』一九九三（平成五）年（成文堂）二七一頁、二七二頁）。いずれにしても、旧民法においては、債務者を排除して訴訟を進めることはできない、ということになっていた点を記憶しておく必要がある。なお、この点、母法のフランス法においては債務者の被告適格については殆ど言及されていない、ということであるが（佐藤・前掲書九五頁）、しからば、旧民法財産編第三四一条第三項の規定が、ボアソナアドの独創によるものか、あるいは、当時のフランスでの詐害行為取消訴訟においては、債務者に強制参加させるのが一般的であったのか（ボアソナアドが、それにヒントを得て、立法したのか）不明であるが、とにかく、日本民法における詐害行為取消権の原案が、比較法的に、〝断絶〟したものとなった原因の一つが、ここにあることを注目すべきである。

次に、たしかに、ボアソナアドは、「訴権」という用語を用いているが、それは、実体法上の「請求権」といった程度の意味で用いているのではないかと考えられる（前田達明の傍点）。
(4)　そして、法典調査会における詐害行為取消権の規定の原案は、次のようである。
「原案第四一九条　債権者ハ債務者カ其債権者ヲ害スルコトヲ知リテ為シタル法律行為ノ取消ヲ裁判所ニ請求スルコトヲ得
前項ノ請求ハ債務者ノ行為ニ因リテ利益ヲ受ケタル者又ハ其転得者ニ対シテ之ヲ為ス但債務者及ヒ転譲者ヲ其訴訟ニ参加セシムルコトヲ要ス」
この規定についての法典調査会の議論、特に原案第四一九条第二項但書の議論は、前述のように、既にわれわれの共同研究（前田達明他「〈史料〉債権総則（一一）」民商法雑誌八一巻三号一〇〇頁以下（一九七九（昭和五四）年））によって明らかとなっているので、吉村論文から引用する。なお、カッコ内の「一八巻」というのは、学術振興会版

「法典調査会民法議事速記録」の巻数である。

【起草趣旨】

穂積陳重（一八巻一二〇丁表～一二一丁表）
本条と次条併せて、いわゆる廃罷訴権を定めたものである。まず本条で廃罷訴権を起こすことが出来ることを定め、次条において、その場合を詳しく規定した。
本条は旧民法財産編第三四〇条三四一条を少し修正したものである。
(1)　第一項は第三四〇条と三四一条一項を併せたもので実質は変らない。
(2)　第二項本文は、如何なる人に対して廃罷訴権を起こすことができるかを定めたもので、旧民法と異ならないが、ただ『債務者ト約束シタル者』とあるのを『債務者ノ行為ニ因リテ利益ヲ受ケタル者』と改めた。
(3)　但書だけが少し改めてある。すなわち、旧民法では債務者の訴訟参加だけを規定してあるが、この廃罷訴権は債務者と取引をした者やその利益を転得した者に対しても為し得る。従って、それらの者を訴訟に参加させなければならないと考える。
(4)　第三四一条二項の再審に関する規則は民事訴訟法で十分であり、第四項の損害賠償の方は言うまでもないことなので、この二つは削除した。

【主要審議】

一　二項削除提案について
高木豊三（一八巻一二一丁表～一二二丁表）
旧民訴法五一条二項(2)によれば詐害するために二人で共謀していれば共同被　告とすることになる。ところ

が、本条では、どちらか一方を被告として置いて、他の一人を『参加トシテ引附ケル』というようになってい
る。この関係はどうなっているのか。
穂積陳重（一八巻一二二丁裏）
民訴法との関係は「私ノ眼中ニナカツタ」。
梅謙次郎（一八巻一二二丁裏）
旧民訴法五一条は、第三者に主参加の権利を与えたものだが、本条は、従参加として訴訟に参加させなけれ
ばならない、ということを規定したもので、抵触しない。
田部芳（一八巻一二三丁裏）
訴訟法上の従参加は、『其人ニ対シテ裁判ノ全体ニ絶対的ノ効力』が及ぶ場合に、後で訴訟の仕方が悪いと
苦情を言うことはできないため、その人を参加させる趣旨である。ところが本条の場合はそうではない。原則
として当事者の外には裁判の効力が及ばないのだから『転譲者債務者ニモ其効力ヲ及ホサウト云フニハ二人ヲ
相手取ツテ往カナケレバナラヌ』。それ故、本条のような場合、明文がなくても、『皆一緒ニ』訴えることにな
るから、二項は削除する方がよい。
高木豊三（一八巻一二四丁表〜裏）
田部委員の案に賛成。旧民訴法五三条(3)の従参加は、自分の利益のために原告や被告を助けるため自ら進んで
参加する場合である。告知参加は、後で自分が賠償を求めるとか、求められるとかいうことを通知するための
ものである。更に旧民訴法六二条(4)の場合は、占有者が訴を受けたとき、所有者が答弁するまでは自分も答弁し
ないと言える旨規定している。従って、以上の規定によれば、民法で参加と言ってみても、民訴法の規定では

本条のような参加はできないことになる。できるとすれば旧民訴法五一条の主参加の場合である。
梅謙次郎（一八巻一二四丁裏〜一二五丁表）
旧民訴法五九条[5]六一条[6]では、本条で規定した参加はできない。それ故、我々は第二項を置くことにしたのである。本条が採用されれば民訴法の参加の規定を修正したい。しかしその参加の性質は五九条と同じである。五一条については、これは『原告被告ガ共謀シタ場合』の規定であり、本条は『共謀セヌトキニ之ニ依ルノデアリマスカラ五一条ノ場合ハ此中ノ狭イ適用ニ過ギナイ』。従って五一条があるから本条二項を削除してよい、ということにはならない。
磯部四郎（一八巻一二五丁表〜一二六丁表）
本条は訴訟参加ということが書いてあるが、『共同被告』ということではないのか。本条の規定は民訴法の主参加でも従参加でもなく、『初メノ債務者及ヒ転譲者ハ共ニ関係人デアルカラ訴ヘナケレバナラヌ』という規定ではないのか。そうだとすると『共同被告トスルコトヲ要ス』という意味に読める。意味からいって『両方合併シテ債権者ヲ害シタモノデアルカラ共同被告トシテ訴ヘル』ということではないか。
穂積陳重（一八巻一二六丁表〜一二七丁表）
本条二項の『参加』は『共同被告』という意味ではない。本条は法律行為によって利益が他の所に移った場合、その利益をもとに取り返すという規定である。すなわち『利益ヲ受ケタ者丈ケニ対スル訴デアル』。その利益を譲渡した人は、その人の手から利益が離れているのだから、その人なしでも判決ができる。つまり『但書ガナクテモ動キガ取レル』。しかしそうすると債務者より利益を受けた者やその利益を転譲した人が非常に迷惑するので、それらの人の利益を考えて但書を設けたのである。それ故被告はあくまで『現ニ利益ヲ受ケテ居ル者』である。
田部委員に聞きたいが、第二項を削ったならば、誰を相手どるかが分るのか。また、現在利益を受けている者までの『道筋ノ者』が『同等ノ被告』になるのか。
田部芳（一八巻一二七丁表〜一二八丁表）
『詐害行為廃罷ノ訴』は、物や利益を取戻すものではなく、『債権者ニ対シテ害ヲ為シタ所ノ行為ヲ取消ス』ものである。従って『ドウシテモ其行為ニ関係シタ者皆訴ヘナケレバ其目的ヲ達セラレヌ』。『其行為ニ関係スル人ハ被告トシテ訴ヘナケレバナラヌト云フコトハ性質カラ出テ来ル』。
磯部四郎（一八巻一二八丁表〜一二九丁表）
第二項但書が、転得者や利益を受けた者の便利を保護するためのものだとすれば、旧民訴法五九条だけで十分である。廃罷訴権において債務者や転譲者を訴えなければならないのは当然であり、従って、もし明文で定めるなら共同被告人としなければならず、そうでなければ第二項は当然のことだから不要になってしまう。
穂積陳重（一八巻一二九丁表〜一三〇丁裏）
廃罷訴権によって法律行為の取消を裁判所に請求するときは、その当事者を必ず双方共『共同被告』にしなければならないわけではない。法律行為の取消は、法律行為によって受けた利益を皆『取消シテ後ヘ戻ス』ことが目的である。本条二項は、法律行為に関係した者を皆共同被告にする『手数ノコトハシナクテモ』其利益を受けている人に対して『詐害行為ニ依テ得タモノデアルカラ其売買ト云フモノハ無効デアルカラ返セト云フコトガ言ヘ』ることを定めたものである。『此第二項ト云フモノハ大変便利ナ規定デアリマス』。しかし、共同被告にしなければならないという議論が出てくるぐらいなので、裁判の効力を全ての人に及ぼすために但書に

『其訴訟ニ参加セシムルコトヲ要ス』と定めたのである。
梅謙次郎（一八巻一三〇丁裏～一三二丁表）
二項削除説について二つの点が理解できない。①旧民訴法五一条二項は『第三者カ原告及ヒ被告ノ共謀ニ因リ』と規定してあるが、『共謀ト書イテハ強過ギテイケナイ』ので、本条では『害スルコトヲ知リテ』と書いた。債務者も相手方も知っていたときでも旧民訴法五一条二項の適用をうけない場合もあり、従って民訴法の規定があるから、本条二項が不要ということにはならないのではないか。②旧民訴法五九条では、訴訟告知に拘らず訴訟を執行することができるのであり、それに対し本条では原告が債務者及び転譲者を参加させる手続をとらなければ、被告は『訴訟ノ答弁』をする義務がない。両者は違っているのだから、民訴法だけで良いことにはならない。
磯部四郎（一八巻一三二丁裏～一三四丁表）
利益を受けた者や転得者の便利のため参加させる方が良いというのなら、それは旧民訴法五九条の法文で足りる。また本条の場合は旧民訴法五一条は関係がない。本条の場合『名ハ参加人デアッテ其実ハ共同被告人ノコトヲシナケレバナラヌ』。法文も『参加セシメルコトヲ要ス』と言っているのであり、廃罷訴権についてこれらの人間を参加させないときは裁判所は訴を下げてしまうかもしれない。だとすれば、訴訟を起こすときは、いつでも債務者又は転譲者を参加させなければならなくなる。そうすると『是レハ共同被告人ト云フ意味デハアルマイカ』。
鳩山和夫（一八巻一三四丁表～裏）
田部委員の案に賛成。第二項を削れば結果は『法律行為ヲ有効ニ取消スコトニ付テ必要ナル人丈ケヲ被告人ニスルト云フ結果ニナル』。そうだとすれば、本条のような民訴法のどの参加にもあたらないような『一種無類ノ参加』を規定する必要はない。債務者が債権者を害する意思でその財産を減らした場合、これを譲渡すれば譲渡した人と譲渡を受けた人が被告になる。転々していくならば、現在その財産を持っている人と債務者とが被告になるかもしれない。
高木豊三（一八巻一三四丁裏～一三六丁表）
本条二項は、早く言えば『訴訟ノ仕方ヲ教ヘル』ためのものである。このような規定は民法のための『欠点』であり、そのようなことは『当局者ニ任カセテ置イテ宜イコトト思フ』。つまり、訴訟法に譲っておいてさしつかえない。

二　『共同被告』への修正提案

高木豊三（一八巻一三七丁裏～一三八丁表）
折衷説を協議してもらいたい。本条原案にしても、債務者・転譲者を被告と『一ツニ引附ケル』という趣旨には違いない。そうすれば『利益ヲ受ケタ者又ハ債務者転得者及ヒ転譲者ヲ共同被告トシテ訴フルコトヲ要ス』としたらどうか。つまり『被告ト云フノト参加ト云フノト名ガ変ルダケデ裁判ノ効力モ確定力モ』変らない。
梅謙次郎（一八巻一三八丁表）
結果は同じことになるから『削ラレルヨリハ寧ロ今ノ方ガ宜イト思』う。私だけは賛成する。ただ、文言は『又ハ転得者及ヒ債務者並ニ転譲者ヲ共同訴訟人トシテ参加セシムルコトヲ要ス』とした方がよい。
穂積陳重（一八巻一三八丁表～一三九丁表）

参加と共同訴訟人とでは手続が違ってきはしないか。詐害行為の廃罷というのは『行為ノ結果ヲ廃罷スル訴権』である。歴史的にみても『其結果サヘ取消ヲスレハ宜イノデアリマスカラ本条ノ方ガ宜シイト思フ』。
高木豊三（一八巻一三九丁表〜裏）
参加とするのと共同訴訟人とするのではもちろん手続が変ってくる。むしろ参加とするよりは『簡易ニ出来テ費用モ減ジ裁判モ一ツニ往ク』ことになる。
富井政章（一八巻一四〇丁裏〜一四一丁表）
全部削除よりは高木委員の方がよい。全部削除になると解釈が分れる。

三　二項但書削除提案

井上正一
本条のようになると、今の訴訟法で動くことができるのか。現在の民訴法では債務者転譲者を訴訟に参加させる手続はないのではないか。（一八巻一二三丁表）
二項の但書以外は原案に賛成する。しかし但書は『民事訴訟法ノ精神ニ反スル』のではないか。債務者転譲者を原告の方から訴訟に参加せしめなければならないというのは『何ダカ此受益者又ハ転得者デ主タル被告トナルベキ人ニ原告カラ世話ヲ焼イテヤルト云フ感ジガアル』。『既ニ御説ノアツタ民事訴訟法ノ告知参加デ自分ガ被告トナツタラ損害ヲ受ケタ即チ告知参加ヲスレバ夫レデ宜カラウ』。但書の削除を希望する。（一八巻一三六丁表〜裏）
長谷川喬（一八巻一三九丁裏〜一四〇丁表）
井上委員に同意する。二項本文がなければ関係者を全て訴えなければならなくなる。

富井政章（一八巻一四〇丁裏～一四一丁表）
井上委員の修正案が通ると少し実質が変ることになる。
以上の議論の後、二項削除提案、但書削除提案、共同訴訟人へ改める提案の順に採決され、前二者が否決、最後の提案が賛成多数で可決された（一八巻一四二丁裏～一四三丁表）。その後、文章の修正は『整理ノ範囲内ニ置カレタイ』との穂積委員の発言があり（一八巻一四三丁表～裏）、了承された。

【民法修正案理由】

本条乃至第四百二十七条ハ所謂廃罷訴権ニ関スル規定ニシテ本条ハ既成法典財産編第三百四十条及ヒ第三百四十一条ヲ合シテ之ニ修正ヲ加ヘタリ。即チ既成法典第三百四十条第一項前段ノ規定ハ特ニ明文ヲ要セズ、且本条第一項ノ規定ノ裏面ヨリ推知スルコトヲ得ベク、又既成法典同条第二項ハ詐害行為ノ解釈ヲ下スモノニシテ之レ亦本案ノ法文ニ依リ自ラ明白ナルヲ以テ共ニ之ヲ削リ、独リ既成法典同条第一項但書ノ趣旨ニ本ヅキテ本条第一項ノ規定ヲ設ケ債権者ガ債務者ノ法律行為ヲ取消シ得ルコト及ビ其場合ヲ明示セリ。
本条第一項ハ何人ニ対シテ廃罷訴権ヲ主張シ得ルカヲ規定セリ。既成法典第三百四十一条第一項ハ債務者約束シタル者及ビ転得者ニ対シテ起訴スルモノトシ、又同条第三項ハ債務者ヲシテ訴訟ニ参加セシムルコトヲ要スル規定ヲ置キタリト雖モ是レ皆手続ニ属スルモノナレバ本案ニ於テハ之ヲ掲ゲザルコトトセリ」。
(5)　その後、整理会において、起草委員より、原案四一九条四二〇条を一条にまとめた案が提案された（民法整理会議事速記録三巻一四四丁表～裏）。

『第四百二十条　債権者ハ債務者カ其債権者ヲ害スルコトヲ知リテ為シタ法律行為ノ取消ヲ裁判所ニ請求スルコトヲ得但其行為ニ因リテ利益ヲ受ケタル者又ハ転得者カ其行為又ハ転得ノ当時債権者ヲ害スヘキ事実ヲ知ラサリシトキハ此限ニ在ラス
前項ノ規定ハ財産権ヲ目的トセサル法律行為ニハ之ヲ適用セス』
この提案につき、穂積陳重委員は、次のように趣旨を説明し、以下のような議論がなされた（三巻一四四丁裏〜一四八丁表）。
穂積陳重君　之ハ主義ハ前カラ少ナクトモ吾々ノ中ニハ定ツテ居ル此廃罷訴権ノ箇條ニ付テハ本議場ニ於テモ余程議論カアリマシテ其議論ヲ末遂ニ此黒字ノ如ク改ツタノテアリマスガ改マリマシタ結果後ノ四百二十五條抔ニ於キマシテハ『前條ノ規定ニ依リ取消スコトヲ得ヘキ行為ハ』何々『知リタルニ非サレハ其取消ヲ請求スルコトヲ得ス』ト云フヤウナ文章カアリマス、ソレテ此中テ訴訟ノ仕方丈ケハ訴訟法ニ譲ルト云フコトテ此二箇條ヲ斯ウ合セテ一箇條ニずらりト書テ仕舞ウコトカ出来ル。唯タ『共同訴訟人トシテ訴フルコトヲ要ス』ト云フノヲ除キマシタノハ訴訟法ニ譲ル積リテアリマス。其他ハ少シモ実質ヲ変ヘヌテ一箇條ニ纏メタ丈ケニ止ツテ居リマス、ソレカラ之ニ第二項ヲ加ヘマシタ『前項ノ規定ハ財産権ヲ目的トセサル法律行為ニハ之ヲ適用セス』之ハモウ諸君モ御分リニ為ツテ居リマセウガ、債権者ヲ害スルヤウナ法律行為ハ本條ニ依ツテ取消スコトカ出来ル、サウシマスルト隠居トカ婚姻トカ云フヤウナモノモ法律行為テアリマスナラハ債権者ヲ害スルコトヲ知ツテ隠居ヲシタ、サウスルト其隠居ヲ取消スコトカ出来ル。債権者ノ迷惑ニ為ルト云フコトヲ知リナカラ婚姻ヲシタ、サウスルト其婚姻ヲ取消スコトカ出来ル斯ウ云フ事ニ為ツテハ困ル畢竟法律行為トシテ本條ノ適用ノアルモノハ財産権ノ方丈ケニ止マルモノテアリマスカラソレ故ニ如斯制限ヲ置ク必要カ生シマシタ此必要ハ既ニ親族法ニ是迄規定ヲ置キマシタ所カラ起ツタコトテ、ソレハ諸君ノ中カラモ御論カアリ吾々カラモ述ヘテ置キマシタガサウ云フ疑ヒハ向フテ唄ウヨリモ此廃罷訴権ノ所ニ断ハル方カ宜シイト云フ考テアリマス其主義ニ基テ此新ラシイ二項ヲ加ヘマシタ
田部　芳君　此舊トノ第二項ノ規定ハ成程善イ悪ルイト云フコトハ別問題トシテモ兎ニ角是々ノ者ニ対シテヤラナケレハ取消ハ出来ナイト云フヤウナコトハドウモ民事訴訟法ノドコニ言ツテ宜シイカ共同訴訟ノ所ニシタ所ガ既ニ民法中テ関係カ極ツタ以上ニハあそこニ共同訴訟カ出来ルト云フコトヲ書クノテアルカラ斯ウ云フ類ノコトヲ民事訴訟法ノ中ニ書クノハ少シク穏當テナイト云フコトニ為リハ致シマスマイカ。舊トノ黒字ノ第二項ノ規定ガ或ハ悪ルイト云フコトテ改正スルノハ別問題テアリマスガ、サウ全体ヲ譲ルト云フコトハドウテゴザイマセウカ矢張リ此処テハ民法上ノ一般ノ廃罷訴権ノ事ヲ極メタノテアルカラ序テニ此処ニ極テ置カナイテ之ヲ民事訴訟法ニ置クノハ少シク穏當テナカラウカ知ラヌト云フ考カアリマス
梅　謙次郎君　只今ノ田部君ノ御説ニ別ニ反対スルノテモアリマセヌガ吾々ガ之ヲ削ツテ民事訴訟法ニ入レヤウトシタ理由ニ付テ丁度只今田部君ノ御論シニ為ツタ場合ヲ簡単ニ申シマスルト如何ニモ之ハ民事訴訟法ニ這入ラナケレハナラヌ規定トハ思ヒマセヌガ極公平ニ言ヘハドツチニ這入ツテモ宜シイ規定ト思ヒマス何セドツチニ這入ツテモ宜シイ規定カト言フト、現ニ共同訴訟人ニ関スル民事訴訟法ノ四十八條ニドウ云フ場合ニ『訴ヲ為シ又ハ訴ヲ受クルコトヲ得』ト云フ規定カアリマス。斯ウ云フ箇條モアリマスカラ田部君ノ言ハレルヤウニ民法ノ規定ニシナケレハナラヌト云フコトハナイ。ソレテアリマスカラ此処ヘ今ノ通リテハ往カヌカモ知レマセヌガ之ヲ書クノハ面倒テナイ共同訴訟手続ノコトヲ民事訴訟法ニ掲ケテ場合ヲ民法ニ掲ケルト云フコトナラソレテモ宜シ

イ、訴訟ノ仕方テアリマス権利ノ有ル無イト云フコトテナイ其アル権利ヲ訴ヘルニハドウ云フ方法ヲ以テスルカ共同訴訟人トシテ関係人ヲ皆訴ヘルカ一人トシテ訴ヘルカ、ドウモ……ノ棒ガカツテアルト思ヒマス。加之ナラスサウ云フ事ヲ同シク民法ニ定メルノハ危険テアル。現ニ今ノ民事訴訟法ト民法トハ往々ニシテ合ハナイ事ノアルノハ皆さんノ御承知ノ通リテ此廃罷訴権ト名ケタモノニハ外ノ共同的ノ訴訟ニ為ツテ居ナイ、所カ民事訴訟法ノ裁判ニ対スル廃罷訴権ニ付テハ共同訴訟人トシテ訴ヘルト云フコトニ為ツテ居リマス。あれらハドウモ実ニ困リマス。一体同シ性質ノ訴テアル一ツハ普通ノ法律行為テアルシ一ツハ訴訟行為テアル、ケレドモ、ドチラモ債権者ヲ害スル意思ヲ以テ為シタル行為テアル然ニ一ツ共同訴訟トシナイ一ツハ共同訴訟トスル実ニ不都合極マルテアリマスカラ、可成此手続ニ関スル事ハ民事訴訟法カ後トカラ定メラレルカラ、ソレハ民法ニ定メタヤウニ可成抵触シナイヤウニハ出来マセウガ其時ニ為ツテ能ク能ク考ヘテ手続ヲ民法テ極メタノハ不都合テアツタ民法ニ極メタ丈ケテハ不便テシヤウガナイト云フコトカアツテモ一旦民法テ極メタ以上ハ大概ナラハソレニ拠ツテ変ヘナイヤウニ一緒ニ出来ル法典テ変ヘルトカ同時ニ出ル法律ニ抵触シタ事カアルト云フヤウナコトハ極ハメテ不体裁テ今日ノ法典ノ非難ノ一部ニ為ルヤウナ恐レカアリマス、ソレテ自分共ノ責ヲ免レル為メテハアリマセヌガ実際ニ是カ斯ウ行レルト云フヤウニスル手続ニ関スル事ハ民事訴訟法ニ譲ツテこちらテハ規定セヌ方ガ宜シイト思ヒマス是非トモ書カナケレハナラヌモノハ充分利害ヲ討究シテ手続ニ関シテ此処ニ書テ置カナケレハナラヌ事ナラハ矢張リ書テ置カナケレハナラヌノテアリマスガ左モヤケレハ譲ル是迄規定ニ為ツタ八百條ノ中此処一箇條丈ケテ外ニナイ此処丈ケ置クノ理由カナイノテアリマスカラ旁々以テ削ルコトニ致シマシタ

田部　芳君　能ク當時ノ議場ノ有様ヲ覚エテ居リマセヌガ何ンテモ書キ方ニ付テハ斯ウ『コトヲ要ス』ト云フコトヲ今迄使ヒマシタガ書キ方ハ如何ニモ善クナイト思ヒマス、ケレトモ併シ此取消ヲ『誰々ニ対シテ請求スルコト

ヲ得』ト云フ風ニ書イタナラハ決シテ形チニ於テモ黒字ノ二項ノヤウナ見悪クイ規定テハナカラウト思ヒマス又『誰々ニ対シテ取消ヲ請求スルコトヲ得』ト云フヤウニ為ル方ガ至當ト思ヒマス、ドウモ取消ト云フモノハ誰々ニ対シテテナケレハ効力カ無イゾト云フ即チ効力ノコトヲ極メルノガドウモ民法ノ範囲テハナイカト考ヘマスカラ尚ホ一応諸君ノ御考ヲ願ツテ置キマス
議長（箕作麟祥君）『裁判所ニ』ト云フ字カ第一項ニアリマスガ此処ハ『裁判所ニ』トアツテモ宜シイノテスカ外ハ『請求、請求』トアリマスガ
梅　謙次郎君　単ニ『請求』ト言フト争ヒカアレハ裁判所ニ往ク此方ハ利害カ第三者ニ及フノテアリマスカラ、ソレテ是非裁判所ニ出ナケレハナラヌ
議長（箕作麟祥君）只今ノ田部君ノ御説ニハ賛成カナイヤウテアリマスカラ此四百二十條ハ朱書ノ通リニ決シマス」
(6)　以上から明らかなように、債務者を共同被告としなければならない、というのが法典調査会の決定事項であり、ただ、それは、訴訟手続上の問題であるから、民事訴訟法に譲るとしたのである（現行民事訴訟法でいえば、第四〇条、第四七条が、それである）[7]。すなわち、旧民法、現行民法の日本民法典立法史上、詐害行為取消訴訟においては、いずれの形にせよ、債務者を、その訴訟手続に参加させなければならない、というのが、一貫した立法者意思であったのである。すなわち、フランス法、ドイツ法、アメリカ法は措くとしても、ボアソナアド民法（旧民法）においても債務者を「強制参加」させなければならないとし（旧民法第三四一条第三項）、現行民法においては、共同被告としなければならないとしていたのである。そして、立法者は、ドイツ民事訴訟法を範とした当時の日本

民事訴訟法を前提として議論しているのであって、フランス民事訴訟法を意識していなかったのは、当然であり、それをもって、立法者を批判することは妥当でない。むしろ、フランス民事訴訟法の「強制参加」よりも、当時の日本の民事訴訟法を念頭において、先述の利益衡量を実現するには、債務者を「共同被告」とするのがよい、というのが、立法者の考えだったのである。すなわち、日本民法の体系が範としたのは、ドイツ民法の体系であった。ドイツ民法の体系は、ヴィントシャイトの〝洗礼〟を受けて、「訴権」とは訣別し[8]、実体法上の権利の体系として立法されたのである。したがって、日本民法に規定された詐害行為取消権も、実体法上の権利として、解釈するのが、妥当であり、「訴権」などという〝先祖返り〟した概念を用いて解釈することは妥当でない。さらに、理解し易い民法学を目指して、可能な限り〝中間概念〟を排除しようという近時の民法学界の動向にも、この「訴権」説は反していると評さざるを得ない。そして、ここに、比較法史研究が、日本民法の詐害行為取消権の〝解釈〟論には、有効でないことの証左がある。

したがって、佐藤岩昭教授の（日本民法の）解釈論にこそ、（日本の）詐害行為取消訴訟の基本的構造を見落とす、という重大な欠陥が潜んでいると考えざるを得ない。逆に自説にこそ、日本の詐害行為取消訴訟の解釈論として、賛同すべきであろう。しかも、それは、単に日本民法立法史研究からのみでなく、後述の如き詐害行為取消訴訟の機能とその理論的根拠からしても、自説は妥当なものといえよう。

最後に、佐藤岩昭教授の前田達明に対する第一と第二の批判について、簡単に述べておく。

佐藤第一批判は次の如くである。

「前田説の概略は以下のごとき内容である。即ち、民法四二四条の定める取消権は、『責任財産保全の為に、実体法が認めた取消権、したがって債務者の法律行為を取消すことができるという形成権（裁判上訴えの形式で行使しなければならない）という実体法上の権利がまず与えられている』と解すべきだと前田教授は主張されている。しかし、比較法的研究、及び、わが国の詐害行為取消権の沿革的研究から得られた結論を参考にする限りでは、前田教授の右の主張を裏づける根拠はほとんど無いに等しいと言ってよいと私は考える。このように私が考える理由については、第二章から第五章第一節までの叙述において述べてきたので、その詳細についてはここでは繰り返さない。しかし、敢えてその要約を述べるならば、フランス法、ドイツ法、アメリカ法においても、詐害行為取消権は一種の『訴権』として立法され、また、そのように解釈されてきている。そして、ボアソナード民法草案も詐害行為取消権を『訴権』として起草したのである。このような『訴権』法的な立法及び解釈論に対して、実体法的な解釈論を唱えた学説は、ドイツにおいて単独説に終わったHellwigの形成権説、及び、大審院以来の判例の準則を含めた日本の各種の学説のみである。また、ドイツのPaulusの責任説ですら、債権者取消権の行使は、執行忍容訴訟によることを認めているのであるから、これも一種の訴権法的解釈論であると評価して差し支えないと私は考えている。そうだとすると、有力な根拠も無しに、詐害行為取消権を直ちに実体法上の権利であると断言し、これを私法上の形成権であると主張する前田説には、比較法的見地、及び、沿革的見地から考慮しても賛成できないのである。

また、理論的に考えても、債務者＝受益者間の法律行為の意思表示に、瑕疵が無いにもかかわらず、詐害行為取消権の行使に民法一二一条と同じ効果を与えなければならない理由が前田説には明示されていないのではないだろうか。このように考えてくると、前田説の大前提——即ち、詐害行為取消権を実体法上の取消権（形成権）と考える立場——に私は賛成できないのである」。

まず、フランス法、ドイツ法、アメリカ法については措くとして、旧民法においては、確かに「廃罷訴権」という用語が用いられている（旧民法財産編第三四一条、同第三四二条、同第三四四条）。しかし、旧民法において「訴権」という用語は、直接履行請求権を「直接履行ノ訴権」（旧民法財産編第一部第二章第一節）、損害賠償請求権を「損害賠償ノ訴権」（旧民法財産編第一部第二章第二節）としている。そして、それぞれの条文は、ほぼ同じ内容で現行民法典に引き継がれている。そうすると、佐藤岩昭教授によれば、現行民法典の解釈においても、直接履行請求権や損害賠償請求権は「訴権」である、と主張されるのであろうか。さらに、前述のように、ボアソナアド自身が「訴権」を実体法上の「請求権」といったほどの意味で用いていたと考えるのが妥当である。そして、詐害行為取消権が、少なくとも現行民法典においては、立派な実体法上の権利である、ということは、前述の法典調査会の議論から明白であり、もし、「訴権」などという（未分化の）訴訟上の権利であるとすれば、前述の整理会の議論からして、詐害行為取消権自体の規定が、民法からは削除されて、民事訴訟法に規定されたであろう。さらに、起草者の一人である梅謙次郎が「形成権」という実体法上の権利である、としていたことも有力な証左といえよう。

次に、債務者＝受益者間の法律行為の意思表示に瑕疵がない、というのは誤解である。というのは、民法第九六条が「詐欺又は強迫」を「瑕疵」と把握し、その被害者に取消権を付与しているように、民法第四二四条は、債務者と受益者の「害意」を「瑕疵」と把握し、その被害者たる債権者に取消権を付与したのである。しかし、他人間の法律行為の効力を失わせることは、他人の契約自由の原則、私的自治原則に介入することであり、さらに、後述の如き詐害行為取消権をめぐる複雑な利益衡量からして、裁判所の訴訟手続を経て行使することとし、厳格な手続的保障を要求したのである。これを単に「もっぱら沿革的理由に由来する」（平井宜雄『債権総論』一九八五（昭和六〇）年（弘文堂）二一四頁（同書第二版では「取消権制度の沿革上のもの」一九九四（平成六）年（弘文堂）二八八頁とする。））というのは妥当でない。なぜなら、ローマ法以来の法制度が、現代にも保持されているのは、現代においても、その必要性があるからである。その必要性こそ、右に述べた詐害行為取消訴訟をめぐる実状なのである。

次に、佐藤第二批判は次の如くである。

「前田説の第二の問題点は、民法四二五条の判決効の拡張という法技術的意義に全く触れていないことである。そうだとすると、前田教授が、その実務に関する該博な知識を総動員されて、『取消の絶対的効力』と債務者に対する給付判決とを結合した理論を展開されたとしても、総債権者に対してどうやって詐害行為の取消しという判決手続上の効力を拡張されるのかについての説明が全く欠けていることになるであろう。

右の論点を詳論すれば以下のごとき内容となる。即ち、前田教授によれば、詐害行為取消判決は絶対的効力（債務者＝受益者間の法的行為の効力をも覆滅する）を有する形成判決であり、また、債務者をも共同被告とする形成訴訟である。さらに、これと同時に債務者に対する給付訴訟――債務者の資産中に戻った目的物からの被保全債権の弁済の請求を意味するらしい――を同時に提起できると解すれば、一回の訴訟手続で、取消債権者は被保全債権の回収が可能となると述べられている。しかし、繰り返し述べてきたことであるが、いくら取消債権者、受益者、及び債務者に取消の絶対的効力を及ぼしたとしても、取消債権者以外の債権者に、詐害行為取消という判決によって生じる効力が拡張される根拠は見あたらず、従って他の債権者が強制執行手続において配当要求をできる余地は生まれてこないのである。従って、『四二五条は、受益者が取消債権者に引き渡せという従来の給付判決（責任説や訴権説も）を否定する条文と、私は解しています』という前田説は、何ら民法四二五条の意義を説明するための解釈論とはなり得ていないことを、ここで私はあらためて指摘しておきたい」。

これに対する解答は、次の通りである。

詐欺や強迫の場合に、私人間の口頭による取消権の行使にさえ、「絶対的効力（対世効）」が認められるのであり、詐害行為の場合には、裁判手続という厳格な手続保障の下に取消権が行使されるのであるから、これに「絶対的効力（対世効）」を認めることは、当然である。さらに、判決の効力という点に、こだわるならば、この判決が形成判決である、と答えることで十分であろう（一般的承認義務。鈴木正裕「形成判決の効力」法学論叢六七巻六号（一九六〇（昭和三五）年）二七頁）。

さらに、次のような批判もある。

「また、前田説に従って、詐害行為取消訴訟が実務上で実現された場合を考えてみよう。この場合の債務者は無資力である。それゆえ、詐害行為の目的物が、債務者に現実に返還されたとすると、債務者がそれを隠匿したり、消費したりする――特に金銭の場合など――恐れが考えられる。そうだとすると、わざわざ、無資力の債務者の資産中に、詐害行為の目的物を現実に戻すということは、かえって取消債権者による被保全債権の回収の可能性を減少させる恐れが出てくると評価できる。このような見地からも、私は前田教授の学説には賛成できないのである。

以上が私見に立脚した前田説の評価である」。

このような批判は、全くの杞憂である。もし、自説が実務上採用されるならば、債権者（の弁護士）は、民事保全法上の手続をもって、その財産を確保し、詐害行為取消訴訟と併合した給付訴訟の確定判決をもって債務名義とし、民事執行法上の手続をもって、その財産を執行するであろう。それは煩雑である、と主張するならば、民事手続法の完備した日本において、そこまで詐害行為取消権を野放しにするのか、という批判に晒されることになるであろう。

四　結　び

(1)　ところで、近時、民法（債権法）改正検討委員会において「詐害行為取消権」について重要な改正提案が行なわれている（民法（債権法）改正検討委員会『債権法改正の基本的方針』別冊NBL一二六号（二〇〇九（平成二一）年）一六四頁以下）。この改正提案には、筆者は、全面的に賛成であり、特に本稿との関係で「債務者もまた被告とすべきである」（同一六五頁、同一七三頁。3、1、2、19）という点は大賛成である。[9]筆者としては、この提案要旨に賛同するものであるが、そこに、次のような一文がある。
「これに対して、本提案の詐害行為取消権の制度の下で債務者を被告とすべき理論的必然性の有無、債務者への訴訟告知による手続保障、債務者を常に被告とすることに伴う詐害行為取消訴訟の実効性の阻害等を勘案し、現行の判例および通説と同様に、債務者を常に被告に加えなければならないものとはしないとする考え方もある。」（同一七四頁）。

このような立法提案への反論に対しては、前田達明『口述債権総論第三版』一九九三（平成五）年（成文堂）の記述を引用して、再反論しておく。

「(3)　しかし、中小企業の倒産の場合には『内整理』というのが一番よく行なわれます。これは法律用語でなく、一般の取引社会で使われる言葉でして、これは、今いった破産、和議、会社整理、会社更生が裁判所の手を経て行なわれるのに対し、内々で行なうものです。裁判所の手をわずらわせると時間も費用もかかるので、中小企業の倒産で要らぬ時間と金を使うよりも、債権者間で話し合って内々に片付けよう、というもので、中小企業で、これが一番よく行なわれています（詳しくは、谷口安平『倒産処理法』一九七六（昭和五一）年（筑摩書房）二一八頁）。債権者取消権は、この『内整理』の際に非常によく問題になるのです。Sの取引状態が危ないと聞くや否や、先んずれば人を制す、とばかり、Sのところへ行って、Sの虎の子の一〇〇〇万円の銀行預金の債権を代物弁済として債権譲渡させ、うまいことをした、と大喜びでいるわけです。ところが、もう一枚上手がいて、G_3は四二四条を知っていて、待ってましたとばかりに、G_1を相手取って、その行為は四二四条の要件を満たすから詐害行為である、G_1のおろした一〇〇〇万円を引渡せ、と訴えるのです。本来なら債務者に引渡せと言うことになるのですが、現在の実務では後述のように、G_3はそれを受け取ることができます。受け取ってしまって、G_3は自分の債権と相殺してしまうのです（そこで、辻正美『詐害行為取消権の効力と機能』民商一九八七（昭和六二）年九三・四・四七四―四八九は、債権者取消権を、自己の債権満足のための一手段と考えるべきであるとします）。こんな形で、実は四二四条がよく使われるのです。ですから、いわば四二四条は『先手必敗の原則』なのです（吉原省三『詐害行為取消権についての一考察』判タ一九七四（昭和四九）年三〇八・六一）。こういう人間関係があるので、債権者取消権についてはいろいろな利害対立を調整しなければならないのです。四二三条の債権者代位権の場合は、それほど細かい利益調整はいらないわけで、せいぜい債権者と債務者の利益調整です（責任財産を保全したいという債権者の利益と自己の財産管理を自分で行ないたいという債務者の利益の調整だけを考えればよかったわけです）。しかし、四二四条では、責任財産を保全したいという債権者の利益と、自己の財産管理を自由に行ないたいという債務者の利益（特に自己の財産を処分して経済的な更生をはかろうとする利益）の他に、受益者や転得者の利益すなわち取引安全の保護という利益、さらに、競合する債権者間の利益（これは四二四条が今いったような場面で使われるということから）、という四つの利益を考慮しなければいけない、ということになってくるわけです」（二六三頁）。

「以上から明らかなように、私の考えでは、債権者は、債務者と受益者、あるいは債務者と転得者を訴えなければなりません。実は、このように債務者を常に訴訟に引っぱり込まなければならないという考え、すなわち単なる参加ではなくて共同被告にするという考えは起草者の考えでもあったわけであり（民商八三・六・一四九）、ただ、これが手続法上の規定であるということで、民法典から削られたのです。ゆえに、この解釈は起草者の意図にも適うものです。そもそも、債務者のなした意思表示を取消すわけであり、私的自治、意思自由、法律行為自由の原則という私法の大原則の例外をなすものであるのですから、当該意思表示者を抜きにして彼の意思表示の効果を奪ってしまうことは正に人権無視といってよいはずです。そして、『債権者取消権における利害の対立と調整』という観点からしても、債務者が自己財産の処分により経済的更生をはかろうとするとき（奥田二七四頁）、彼を訴訟に加えないことは片手落ちでしょう。それは、債務者が勝手に訴訟参加すればよいといった問題ではなく、債権者取消権そのものの構造からいって、債務者を共同被告とすべきであると考えます（転得者を被告とする場合でも、取消の対象は受益者と転得者の間の行為ではなく債務者の法律行為なのです。大判大正五・三・三〇民録二二・七六一）」（二七一頁）。
(2)　なお、このような考え方に立ったとき、その判決主文は、どのように書くべきか、という問いに対しては、前田達明「口述債権総論第三版」一九九三（平成五）年（成文堂）二六九頁に、その解答を用意している。

（1）　旧民事訴訟法第四八三条は、「第四編　再審」の中の規定で次のように定めていた。
「第三者カ原告及ヒ被告ノ共謀ニ因リ第三者ノ債権ヲ詐害スル目的ヲ以テ判決ヲ為サシメタリト主張シ其判決ニ対シ不服ヲ申

立ツルトキハ原状回復ノ訴ニ因レル再審ノ規定ヲ準用ス
此場合ニ於テハ原告及ヒ被告ヲ共同被告ト為ス」
(2) 旧民訴法五一条「他人ノ間ニ権利拘束ト為リタル訴訟ノ目的物ノ全部又ハ一分ヲ自己ノ為ニ請求スル第三者ハ本訴訟ノ権利拘束ノ終ニ至ルマテ其訴訟カ第一審ニ於テ繫属シタル裁判所ニ当事者双方ニ対スル訴（主参加）ヲ為シテ其請求ヲ主張スルコトヲ得
第三者カ原告及ヒ被告ノ共謀ニ因リ自己ノ債権ニ損害ヲ生スルコトヲ主張スルトキモ亦同シ」
(3) 旧民訴法五三条「他人ノ間ニ権利拘束ト為リタル訴訟ニ於テ其一方ノ勝訴ニ依リ権利上利害ノ関係ヲ有スル者ハ訴訟ノ如何ナル程度ニ在ルヲ問ハス権利拘束ノ継続スル間ハ其一方ヲ補助（従参加）スル為メ之ニ附随スルコトヲ得」
(4) 旧民訴法六二条「第三者ノ名ヲ以テ物ヲ占有スルコトヲ主張スル者其物ノ占有者トシテ被告ト為リタルトキハ本案ノ弁論前第三者ヲ指名シ之ニ陳述ヲ為サシムル為メ其呼出ヲ求ムルトキハ第三者ノ陳述ヲ為シ又ハ之ヲ為ス可キ期日マテ本案ノ弁論ヲ拒ムコトヲ得
第三者カ被告ノ主張ヲ争フトキ又ハ陳述ヲ為ササルトキハ被告ハ原告ノ申立ニ応スルコトヲ得
第三者カ被告ノ主張ヲ正当ト認ムルトキハ被告ノ承諾ヲ得テ之ニ代リ訴訟ヲ引受クルコトヲ得
第三者カ訴訟ヲ引受ケタルトキハ裁判所ハ被告ノ申立ニ因リ其被告ヲ訴訟ヨリ脱退セシム可シ其物ニ付テノ裁判ハ被告ニ対シテモ効力ヲ有シ且之ヲ執行スルコトヲ得」
(5) 旧民訴法五九条「原告若クハ被告若シ敗訴スルトキハ第三者ニ対シ担保又ハ賠償ノ請求ヲ為シ得ヘシト信シ又ハ第三者ヨリ請求ヲ受ク可キコトヲ恐ルル場合ニ於テハ訴訟ノ権利拘束間第三者ニ訴訟ヲ告知スルコトヲ得
訴訟ノ告知ヲ受ケタル者ハ更ニ訴訟ヲ告知スルコトヲ得」
(6) 旧民訴法六一条「訴訟ハ訴訟告知ニ拘ハラス之ヲ続行ス
第三者参加ス可キコトヲ陳述スルトキハ従参加ノ規定ヲ適用ス」

（7）この条文については、徳田和幸「独立当事者参加における請求の定立について　詐害防止参加の沿革を中心として」青山善充ほか編『民事訴訟法理論の新たな構築新堂幸司先生古稀祝賀（上）』二〇〇一（平成一三）年（有斐閣）七〇五頁参照。
（8）奥田昌道「ヴィントシャイトの『アクチオ論』について（一）、（二）」法学論叢六三巻三号一頁一九五七（昭和三二）年、六四巻一号二一頁一九五八（昭和三三）年、「ドイツ民法の請求権概念について（一）、（二）、（三・完）」六四巻六号二六頁、六五巻一号八四頁、六五巻二号一頁（一九五九（昭和三四）年『請求権概念の生成と展開』一九七九（昭和五四）年（創文社）三頁、九九頁）。
（9）この改正案に対して、片山直也「詐害行為取消権」法律時報一〇一三号（二〇〇九年）二四頁は、民法の「個人主義・自由主義」を尊重して、「絶対的効力」説に反対している。自説も、民法の「個人主義・自由主義」を尊重し、債務者「個人の自由」をも重視して、詐害行為取消訴訟に債務者も介入させるべきである、と考えるのである。さらに、「相対的効力」説を採用しても、敗訴した受益者や転得者は、債務者に対して訴求し得るのであるから（奥田昌道『債権総論（増補版）』一九九二年（悠々社）三二六頁）、実質的には、「無効」の効力は、債務者にも及ぶのである。とすれば、自説のように考えるのが、もっとも妥当な解釈論といえよう。

（後記）奥田昌道先生は、本年（二〇〇九年）、めでたく喜寿をお迎えになった。これまで、先生からは、京都大学法学部において、引き続いて、同志社大学法科大学院において、公私共に、多大の御恩を賜わった。その御恩に対して深甚なる感謝の念をこめて、本稿を、奥田昌道先生に捧げる次第である。

（同志社法学　第六一巻第五号　二〇〇九年）

（追記）私見に対して、近時、次のような批判がある（奥田昌道編『新版註釈民法（10）Ⅱ』（二〇一一年　有斐閣）（下森定）八〇八頁）。

(1)「債務者・受益者の悪意は害意たることを要しない」
(解答)　民法第四二四条第一項が「害する」と書いているので、それを引用しただけで、その内実は、判例通説に従って、「認容」であるとしているのであり（前田達明『口述債権総論第三版』（一九九三年　成文堂）二八三頁）、この批判はあたらない。
(2)「取戻しの目的物が不可分債務で被保全債権の額が目的物の価格をはるかに下回り、しかも他に債務者がいない場合を考えると、この説の結果の不当性が明白のように思われる」
(解答)　債務者、受益者、転得者に「認容」があるのであるから、詐害行為取消のリスクは覚悟すべきであり、この設例のような場合は（このような事例は稀であり、殆どの場合は多数の債権者が競合するであろう）、判例有力説も主張する「総合判断」をもって解釈すればよいのであって（前田・前掲書二七八頁）、この批判もあたらない。しかも、私見は、債務者を必ず被告としなければならない（近時の民法改正案も同様である）のであるから（前田・前掲書二七一頁）、債務者も必ず法廷で自己の利益主張ができ、本設例の場合も、役立つ理論といえよう。
(3)「取消の効果を絶対効とみるのか相対効とみるのか（おそらく前者と思われるが）、悪意（害意でなく単なる認識の場合）の転得者があらわれているときはどうなるのか」
(解答)　私見が「絶対効」であることは、すでに明示しており（おそらくではなく。前田・前掲書二八六頁）、「認容」ある転得者があらわれているときの対応についても、すでに解決を提示している（前田・前掲書二八四頁）。なお、「絶対的取消と解することは本制度の趣旨・目的から過剰であると解されることなどを考えると、この説を支持することは、困難であるように思われる」という批判もある（淡路剛久『債権総論』（二〇〇二年　有斐閣）二七八頁）。しかし、本制度の趣旨・目的が「絶対的無効」に不適合とはいえず（例えば、民法第四二五条）、「相対的無効」は複雑な法律関係を生み、しかも、それを主張する全ての学説は、日本の法制度に鑑み、欠陥を有している。さらに、改正案（私見も）のように、債務者も必ず被告にするという訴訟構造を採用すれば、「相対的無効」の実益は殆ど消滅するであろう。

著者紹介
前田達明（まえだ　たつあき）
〔略　歴〕
1940年　京都市に生まれる。
1964年　京都大学法学部卒業。
1978年　京都大学教授。
現　在　京都大学名誉教授、京都大学法学博士。

〔主要著書〕
不法行為帰責論（1978年、創文社）
判例不法行為法（1978年、青林書院新社）
民法Ⅵ$_2$（1980年、青林書院新社）
不法行為法理論の展開〔民法研究第一巻〕（1984年、成文堂）
愛と家庭と（1985年、成文堂）
口述債権総論（1987年、第3版1993年、成文堂）
民法随筆（1989年、成文堂）
史料民法典（編著、2004年、成文堂）
民法の“なぜ”がわかる（2005年、有斐閣）
風紋の日々（2010年、成文堂）
共同不法行為法論（共著、2012年、成文堂）

民法学の展開
民法研究　第二巻
2012年10月20日　初　版第1刷発行
著　者　前　田　達　明
発行者　阿　部　耕　一
〒162-0041　東京都新宿区早稲田鶴巻町514番地
発行所　株式会社　成　文　堂
電話 03(3203)9201　FAX 03(3203)9206
http://www.seibundoh.co.jp
製版・印刷　藤原印刷　　製本　佐抜製本

ISBN978-4-7923-2629-6 C3032　**検印省略**
定価（本体6000円＋税）

索　　引

あ　行

か　行

さ 行

た　行

な　行

は 行

ま　行

や　行

ら　行

わ　行